金陵全書

丙編·檔案類

江南水泥廠檔案

恢復重建

南京市檔案館 編

南京出版傳媒集團
南京出版社

圖書在版編目（CIP）數據

江南水泥廠檔案. 恢復重建 / 南京市檔案館編. --
南京：南京出版社, 2019.12
（金陵全書）
ISBN 978-7-5533-2420-3

Ⅰ. ①江… Ⅱ. ①南… Ⅲ. ①水泥－工廠史－史料－
南京 Ⅳ. ①F426.71

中國版本圖書館CIP數據核字（2018）第201496號

書　　名　【金陵全書】（丙編・檔案類）
　　　　　江南水泥廠檔案・恢復重建
編 著 者　南京市檔案館
出版發行　南京出版傳媒集團
　　　　　南 京 出 版 社

社址：南京市太平門街53號　　郵編：210016
網址：http://www.njcbs.cn　　電子信箱：njcbs1988@163.com
聯系電話：025-83283893、83283864（營銷）　025-83112257（編務）

出 版 人　項曉寧
出 品 人　盧海鳴
責任編輯　程　瑶
裝幀設計　楊曉崗
責任印制　楊福彬

製　　版　南京新華豐製版有限公司
印　　刷　南京凱德印刷有限公司
開　　本　889毫米×1194毫米　1/16
印　　張　31.5
版　　次　2019年12月第1版
印　　次　2019年12月第1次印刷
書　　號　ISBN 978-7-5533-2420-3
定　　價　1000.00元

南京出版社
圖書專營店

目録

壹　索討設備

貳　增資擴股

壹

索討設備

經濟部戰時生産局蘇浙皖區特派員駐江蘇省辦事處爲請江南水泥股份有限公司棲霞山廠（江南水泥廠）自行點驗清查被日方强拆之機件致該廠經理庾宗淮的通知（蘇字第217號，抄件）

檔　號：1041-1-7

（抄件）

蘇字第二一七号

通知

江南水泥公司棲霞工廠經理庾宗淮

項據呈送調查表四分該公司棲霞山工廠製水泥機器被日方强迫拆遷節略暨機件清單偽實業部訓令及通知抄件壹份並請求委託該公司技術人員赴張店代為接收軽金屬工廠等由查該公司初時未與敵偽合作致被拆遷後仍收受代價不無惋惜現派本處接收委員唐仲堅先率員將棲霞山該廠加以點驗清查仍責由該廠自行保管將来併案呈請核定後再行處理務仰該經理督率所屬妥慎協助為要特此通知

經濟部戰時生産局蘇浙皖區特派員駐江蘇省辦事處

三十四年十月廿四日

吳聞天

校對 成函 陳棟

經濟部戰時生産局蘇浙皖區特派員辦公處爲已請魯豫晋區特派員辦公處清查在張店之機件致江南水泥股份有限公司的公函（發字第656號，抄件）

檔　號：1041–1–7

抄件

發字第656號

逕啟者前准

送交江南水泥公司棲霞山工廠製水泥機器被日方強迫拆遷節略及

清单等件一份又奉

部長交下呈文一件先後到處查棲霞山工廠已由本處派　貴公司

自行接收至上項機器既經日方拆往山東張店已由處檢同原送

節略等件函請經濟部戰時生產局魯豫晉區特派員辦公處將上述裝

置在張店華北輕金屬工廠上項拆遷機件詳情查明見復再

行核辦即希

查照為荷此致

江南水泥公司

經濟部戰時生產局蘇浙皖區特派員辦公處啟

卅四年十月廿四日

經濟部戰時生産局蘇浙皖區特派員駐江蘇省辦事處請江南水泥股份有限公司自行籌備恢復生産的通知（蘇字第783號）

檔號：1041-1-7

蘇字第七八三號　第全頁

通知　江南水泥股份有限公司

三十四年十二月一日呈一件　呈爲商公司棲霞山工廠蒙派接收委員點驗清查業已竣事是否隨即發還仰祈鑒核示遵以便籌備復工由

呈悉查該公司於抗戰期間未與敵僞合作早經據情分别呈報在案至該公司棲霞山工廠當時以地居荒僻環境欠善致多損失用即派員點驗清查即交保管實並未予以接收所請籌備復工一節深合政府注重生産之主旨仰迅即妥慎自行辦理可也至於被敵拆遷至張店之機件亦已詳爲呈報自應另案併候核定特此

通知

卅四年十二月一日

江南水泥股份有限公司爲證明江南水泥廠機器系被日方强拆等事致庾宗溎、孫柏軒的復函（一九四五年十二月七日）

檔號：1041-1-4

一

桂
卓
兄大鑒接奉十一月廿四日
卓兄來函正副本附與吳特派員談話記錄及十一月十九日　桂兄來函暨十一月廿五日
卓兄來函（示與張嚴門先生對談事）又十一月卅日　桂兄來函（示晤王廳長及冷副參謀長
暨換晤秦縣長事）又十二月一日　卓兄來函附與吳南天先生談話記錄及十二月四日
卓兄來函均拜收呈　閱謹復如次

一、僞實部卅二、十二、十三第301號訓令正本在津昨佰照茲附函郵上

二、附抄特派員蘇字第七八三號通知一件又江廠致戰時生産局蘇浙皖區特派員駐江蘇省辦
事處函一件（遵令自行保管工廠由）又本公司呈特派員吳文一件（蒙派接收委員點驗

江南水泥股份有限公司

清查業已竣事是否遷即被遷析 不遷出）均歸檔備存

二

三、承詢與宋君相熟者啓新同人王紹基君與之同學相熟

四、張店爲匪所據係兩月以前之事惟聞重機器不致損毁遺失至最近情形如何此間尚未接得報告容探明再行奉告

五、關於備辦待派員辦公處調查應需之會計報册因 貴處月報久未寄滬此間只能儘在滬能故者造報備 貴處斟酌備用（該報册今日付郵）

六、關於本公司被强拆機件在公文上之証據 貴處洪次堅叔本德周密妥籌茲再就弟檢卷所及作一提要報告如次備 采用

江南水泥股份有限公司

二

甲、偽實部彙工字第一二五二〇一號訓令可證明第一批機件純係強迫拆遷被逼江南竭力抵拒

乙、偽實部工字第二九一號訓令可證明第二三批機件係強制勒限迫令交出並未提及代價僅表示「在上海能製造之機械撥由華北輕金屬公司代爲供給」

丙、偽實部抄發工字第四四二號致日使公函可證明(一)造價單係根據「代爲供給」之書係製造機械償還實物並非取得出售之代價(二)第一批機件明係強拆而曰暫時借用乃係一種文飾手段(三)造價單所列估價以三十三年十一月一日起至多以一個月爲限逾期無按物價變動比例另行估計完全以製造機件償還實物爲主旨在江南因拒交第一批機件僵持數月已遭敵方嫉視若再拒收其逾期強迫令收之造價恐激怒敵人且白白便宜敵人莫如暫予收存

四

纔不敷製造亦可保留為賠償損失之擔保金更可證明江南之非接收代價也惟當時在敝廠

會之下所有文字均含彈性經推敲後可有出入若官方不諒閱偽實部卷宗我方似宜摘要録

告以不抄全文為宜祇頌

台綏

弟

卅四　十二　七

江南水泥股份有限公司

孫柏軒爲接收被掠機件等致輔兄的信函（附其與豫魯晉潘承誥接收委員談話紀録及被劫水泥機件詳細單）

（一九四五年十二月八日）

檔　號： 1041-1-4

第　一　頁

輔兄大鑒：昨上午七日與張店潘接收委員談話紀録及今日致慶吉兄函副本、被拆機件清單一份計
呈閱。潘委員[illegible]能[illegible]政府多年對一般工業頗具熱心。
一、被拆機件名稱如能詳加以詳註，不但潘委員接收便利，尋覓我廠機件亦較迅速。除已函慶吉兄外，請
兄再去函或電話通知，頌[illegible]速予註明，[illegible]自送為荷。
二、張店機件事，請兄調查[illegible]完整，同時[illegible]張[illegible]函[illegible]阻，以便派技術人員持我方證明函赴張訪潘承誥先生，幫同認明為

卅年　十二　月　八　日

第二頁　　年　月　日

宜但請告知派去人員此行係非正式之協助性質並非会同接收以免誤会而有關支由我公司支付為何祈　荅

常董核奪

三、第一批机件之被劫録列錦偽令有「拆卸收之補償由日方一再提條係已有開列」云云而我方根本未對日方條件加以考（查机件被劫之後）慮前述節略對此並未予表敘應否補充祈　荅　核示遵

四、潘所索拆卸机件之日人名單前已檢去或交[illegible]面交（第結收後日起　廠長兼班頂）

公綏

弟　敬啓

卅、十二、七、柏軒与豫魯晋潘承誥接收委員談話紀録

潘　貴廠機件被敵日強迫拆遷節略本人在渝時即已閲及到滬後收到蘇浙皖張特派員卅、十、廿致豫魯晋楊特派員公函一件（談話時潘檢出交閲該公函摘由為「據江南水泥公司呈稱該公司製水泥機器被敵日強迫拆往山東張店請求發還等由請將詳情查明見復以便辦理由坿江南節略及被拆機件清单）查所坿被拆機件清单如篤達之類未將若干馬力詳細註明拆往張店製鋁工廠之機件非僅貴公司一家内容複雜希望貴廠有機件名稱詳单交來以便接收時容易找到故請郭秘書約孫先生來此一談

孫　昨接郭秘書電話本人即查閲敝處機件文卷但仍無詳单據本人所知天津常董會或唐山趙總工程師處定有一份本人可以去函索寄　閣下何日北上如唐山張店間交通無阻敝公司可否派員帮同点查

潘　目前交通工具缺乏本人何日赴魯尚難預測貴公司機件詳单請速寄滬如遲到時本人離滬可交敝同事何先生轉寄所謂派員帮同認清貴公司機件一節如係非正式性質關支由貴公司負担尚屬可行但絶對非會同接收因會同接收本人無權應允必須輾轉請示費時甚久且核准与否毫無把握原来拆機件之日人姓名如承查示本人可設法尋覓俾接收時認明何家機件多一帮助

孫　詳单自當索寄敝公司派員或派機匠前往可作為非正式性質一切開支由敝公司支付拆機

（1）

件之日人姓名可開單送上（並告以本公司因拒絕與敵日合作從未生產招致日方仇視機件強被拆還經過）

潘

本人任務專在接收其他非本人權力所及據本人所知關于產權問題國人產業被敵日劫奪未收代價者其產權當然屬于原業主已收代價者則產權屬于政府本人日後赴張几製鋁工廠帳冊亦在接收之列希望該廠帳冊所載付與貴公司之全額與貴公司自述收受之款為數相符未被他人居間侵佔本人至少可證明貴公司所述屬實不無有利於機件之發還查節略所附301号偽令有「至於拆卸後之補償辦法日方所提之條件內已有開列如該公司有何希望盡可提出」等語節略內所叙第一批機件被拆經過對此点未曾提及為貴公司設想應予補充日方所提補償條件如何亦不妨叙明

孫

敝公司對機件拆遷始終反對偽令雖有上述語句且第一批機價所值甚鉅但敝公司從未肯提出任何補償辦法應否補充節略容請示敝公司當局決定承熱心指示非常感謝至于收受二三批造價良非得已緣當日方提議增拆二三批機件時敝公司竭力反對根本無接受造價之意為避免拆遷起見申明各該件上海可造不料日方抱摧毀我工業之決心事實上有左列之演變

一、敵日以在滬定製緩不濟急必須先行拆用然後在滬造還

二、二三批機件被拆半年之後輕金屬公司始照偽實部等調查造價付出彼時物價

昂騰已不敷造還二三批之需改為不造還實物而以造價逕付給敝公司

以上演變實非敝公司始料所及當時環境惡劣如拒絕不收則敝公司不妥協之抗日行為

益見明顯餘存廠產更將岌二不保敝公司所收二三批造價據本人所知亦与輕金公司付出

者相符敝公司在顏董事長領導之下對於政府無不坦白陳述

潘　台端所云本人已甚瞭然盼下週一再來晤洽

談畢遂興辭而出

(3)

江南水泥公司棲霞工廠被劫水泥機件詳細單

P.1

卅四年九月十八日抄

編號	機件名稱及件數	
	偽實業部業工字第301號訓令及業工字第25號通知強迫交出之機件:	
A.主要機件	磨四部（原料磨二部，水泥磨二部）	4 Mills, [illegible].2 m x 14 m, (2 Raw Mills & 2 Cement Mills)
附件(1)	喂料盤 八個	8 Feeding Tables
(2)	油泵 四個	4 Starting pumps
(3)	齒輪 四個	4 Reduction Gears
(4)	馬達 四部	4 Motors
(5)	馬達用油開關 四個	4 Oil Switches for Motors
B.主要機件	旋窯 弍部	2 Rotary Kilns, 3.0 x 2.5 x 2.8 x 131 m.
附件(1)	馬達 弍部	2 Motors
(2)	馬達開關 弍個	2 Switches for Motors
(3)	煤風扇 弍個	2 High Pressure Fans.
(4)	滾輪 二十八個	28 Rollers
(5)	看火罩 弍個	2 Burners hoods & Coal pipes.
(6)	空氣開閉 弍個	2 Louvre dampers.
	偽實業部工字第921號訓令強迫交出增拆之機件:	
一	原料粉碎機及仕上粉碎機之附屬品	Accessories for raw mills and cement mills:-
(1)	Table Feeders 四台上之附屬品	Accessories for 4 Table feeders:-
甲	電動機 四	4 Motors
乙	減速機 四	4 Gear Speed reducers
丙	起動止動裝置 四	4 Starting & Stopping Equipments complete--Set
丁	電線 一式（即全部）	Complete installation of electrical wires.
(2)	635 K.W. 電動機四台上之附屬品	Accessorie for 4 635 K.W. Motors:-
甲	電纜及電線 一式（即全部）	Complete Installation of Electrical Cables and Wires.
乙	配電盤 一式（即全部）	Switches boards complete.
(3)	Slide Shoe Pumps 四台上之附屬品	Accessories for 4 Slide Shoe Pumps:-
甲	起動止動裝置 一式（即全部）	Starting & Stopping equipment complete set.
乙	管類，油，及其他附屬各件一式（即全部）	Pipes, Lubricating oil, & other accessories.

编號	機件名稱及件數	
(4)	減速機內所用潤滑油 全部	Lubricating oil for reductio gears.
(5)	吸塵機 管類 風車馬達 一台	Bag filter with bags, pipes, & motor Complete.
二.	原料及仕上機、電動機室內天井手動走行機 一具	Hand operated Crane.
三.	旋窯之附屬品	Accessories for rotary Kilns
(1)	Air Seal 二台	2 Air Seals.
(2)	吸烟風車 二台	2 Suction fans.
(3)	到煙突之鐵板烟道 二組	2 Steel plate ducks, smoke d hamsters, incl. motors.
(4)	電動機(包括起動止動裝置及電線) 弍組	2 Motors & accessories.
(5)	風車所用之電動機(包括起動止動裝置及電線) 全部	Motor for fan incl. starting stopping equip. & elect. wir
(6)	Control Panel (包括管類) 二組	2 control panels & pipes.
(7)	Roller bases for 2 Kilns 十八個	18 Roller bases for 2 Kilns.
(8)	鏈(附於窯內者) 二窯均有	Iron Chians in 2 Kilns.
(9)	備貯火磚 一式(即全部)	All Fire bricks stored in Wo
四.	立式空氣泵(馬達及附屬機器一套) 三座	3 Vert. air compressers with motors & accessories.
五.	室外變壓器 四座	4 High Tenssion Transformers
六.	振動式輸送機馬達在內(包括起動止動及電線) 一座	1 Shaking conveyor with motc accessories.
七.	原料泵(馬達及附屬機件一套 此外原料泵下面油泵等原料泵間鋼管一組) 五台	5 Slurry Pumps, with all St
八.	煤磨 20×7m 一座 連該磨附屬機器如下:	1 Coal Mill with accessories
(1)	送煤管子 一座	1 Set of coal pipes.
(2)	煤磨用馬達 一座 (包括起動止動裝置及電線一套)	1 Motor for Coal Mill, with accessories.
(3)	分別煤粗細之機器一座	Coal separator with pipes & exhauster.
(4)	餘熱利用管及煤磨附屬鋼管等一式(即全部)	Coal Feeders wigh hot air p
(5)	煤倉及粉煤引出裝置 二份	Coal bins, coal pipes, air p and accessories.
九	配電盤(但本廠採用配給水、電燈、發電石灰石煤堆及粉碎用部份除外)	14 switch boards.
十.	成品輸送泵 一座及輸送管一式(即全部)	Fluxo Transporter with cemen conveying pipes & other acce
十一.	成品計量自動秤一個	Automatic weighing machine motor and pipes.

This is copied on Oct. 22, 1945.

江南水泥股份有限公司爲將江南水泥廠機件清單寄給潘承誥接收委員致趙慶杰的信函（附孫柏軒來函及孫柏軒致趙慶杰函）（一九四五年十二月十日）

檔　號：1041-1-4

全

慶杰仁兄先生大鑒敬啓者茲奉上十二月六日孫柏軒兄來函一紙所云

台端存有江廠機件詳單候詢明潘接收委員北方辦公處地址再請

鍾督檢出直接寄交一節先祈

台洽俾得滬函再續陳祇請

台安

弟

附孫函一紙閱畢祈擲還歸卷爲感

卅四　十二　十

江南水泥股份有限公司

第一頁

補充之電十一月廿四本月一日四日兩函計先後達

覽江廠接收事自呈奉鈞處第七八三號通知後可謂已告一

段落惟該處來函索廿二日函復吾方提交收二三批造價之備

今並囑說明造價若干足數造還與否以便核轉呈核一事

為未照辦弟今晨謁　唐工談及囑函呈

常董請示弟意如置之不理在朱個人或據吾方對彼之提

議遂分轉祝　該　參閱廿四日抄函所擬談話紀錄　異日蒙交呈部條陳意見容與

我方不利　吾方如不提交該件造價數字應否備文陳述抑

待其下次催促時再行去復祈　呈核示遵

卅年十二月六日

袁大□

待于下次催促时再行声复请　呈
核示。适今晨接　郭秘书学舜兄电话，谓张店潘接收委员左
但以江南第一期所有被拆机件清单比较简单，例如马达均
未将若干马力注出，将于明晨十时往访，当请其查卷被拆各
件亦未详注，据弟所知　庆堂先生有机件详单，拟请潘向弟
北方办事处地址由弟函告，以免烦　庆先检出直接寄交，並询其
允否。张工函无阻，可否由我方派技术人员协助点收。余容续叙，祇颂
台绥
弟　[illegible]

範

副張
DUPLICATE

慶杰吾兄惠鑒：久疏音候，想 起居佳勝，慰如所祝。張君濤接收
委兄函語，昨約弟面談接，謂江南被拆機件清單未將各機件詞
牌標明，亦無詳細記載（側名為達標準，註明若干馬力），接收時不易認清，特此補
送詳單，以請查記，祥書（茲奉上被拆機件清單一份）
弟處有詳單一份，似由 許廣兄或 陸君兄保管，擬請吾兄
兄煩 廣吾兄一一詳註，為趕繕張不設法，於弟呈之原單右空粘
上白紙一張，俾可遂一加註明（以），並請迅用航函寄滬 弟處收轉，並祈示覆
台綏
弟 張柳和 敬啓

飛

庚宗淮、孫柏軒爲聯合國善後救濟總署及中國善後救濟總署蘇寧分署派人來廠視察等情況致輔兄的信函

（一九四五年十二月十四日）

檔　號：1041-1-4

第1頁

輔兄大鑒

一、聯合國善後救濟總署貝亞得君 Mr Baird 偕同中國善後救濟總署蘇寧分署陳耀奎君於十三日由鎮江來廠，弟等招待參觀，表示係以私人資格來廠視察，請将機器頭向蘇寧分署具呈請求。陳君对於機器被拆經過及收受第二三批遣價情形詢問甚詳，當經一一答復，又詢所收遣價僞幣六億七千餘萬元已用去若干，告以用去半數，陳君表示

第 之 頁

左開各點

(1)江南如得到新機器有無發展之經濟能力(不等告以可請股東增資接之以往情形極為順利)

(2)強迫拆移機件之經過以請東鄰中國水泥廠証明為宜(不等告以此点不易办到)

(3)第一批被拆機器如尚完整可由敝署援助運回

(4)第二三批機件如欲收回照理須得已收價款按照收進當時市價折合法幣繳交政府

年 月 日

第　頁

貝陳二君已於十四日下午赴京蘇寧分署之馬陸
子冬先生乃祖燕令兄 果公之舊部與 漱四兄友
善弟將曾以名片托陳耀奎兄先為轉介
二、弟當係於九日來廠
三、前請 尊處撥交 仲平兄家屬聯幣廿萬元該
幣弍萬元棲廠均已如數收清彼因京滬銀行滙
不克向津通滙 仲平兄家中需款甚殷擬懇
尊處再撥交渠家屬該幣弍萬元於

年　月　日

第4頁　年　月　日

特陈于三四天内赐拨并见复为荷

四、仲平兄十一月份薪津尚因调整尚未领到拟请

特知按照常董会十二月廿四日津总字第十一号函

示数额支给一月份薪津在调整办法未规定以

前并祈

先按十二月份数额发给俟后再行请算又楼

厂同人薪津系每月一日发给仲平兄在津支领尚请

特商于每月一日支付以归一律统希

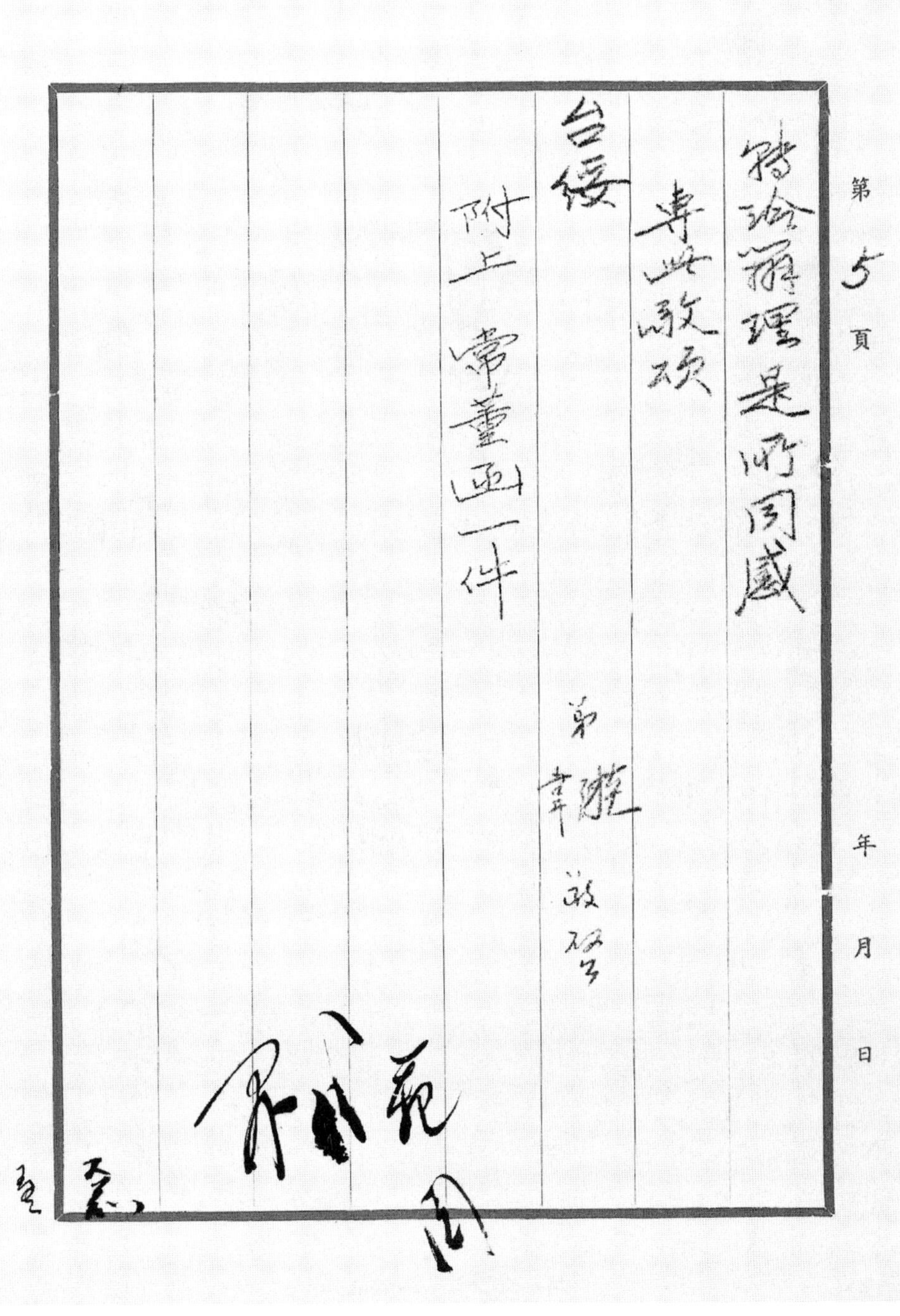

第 5 頁　　年　月　日

特給辦理是所同感

專此敬頌

台綏

附上常董函一件

弟 韋[illegible] 敬啓

閱 范

呈悉

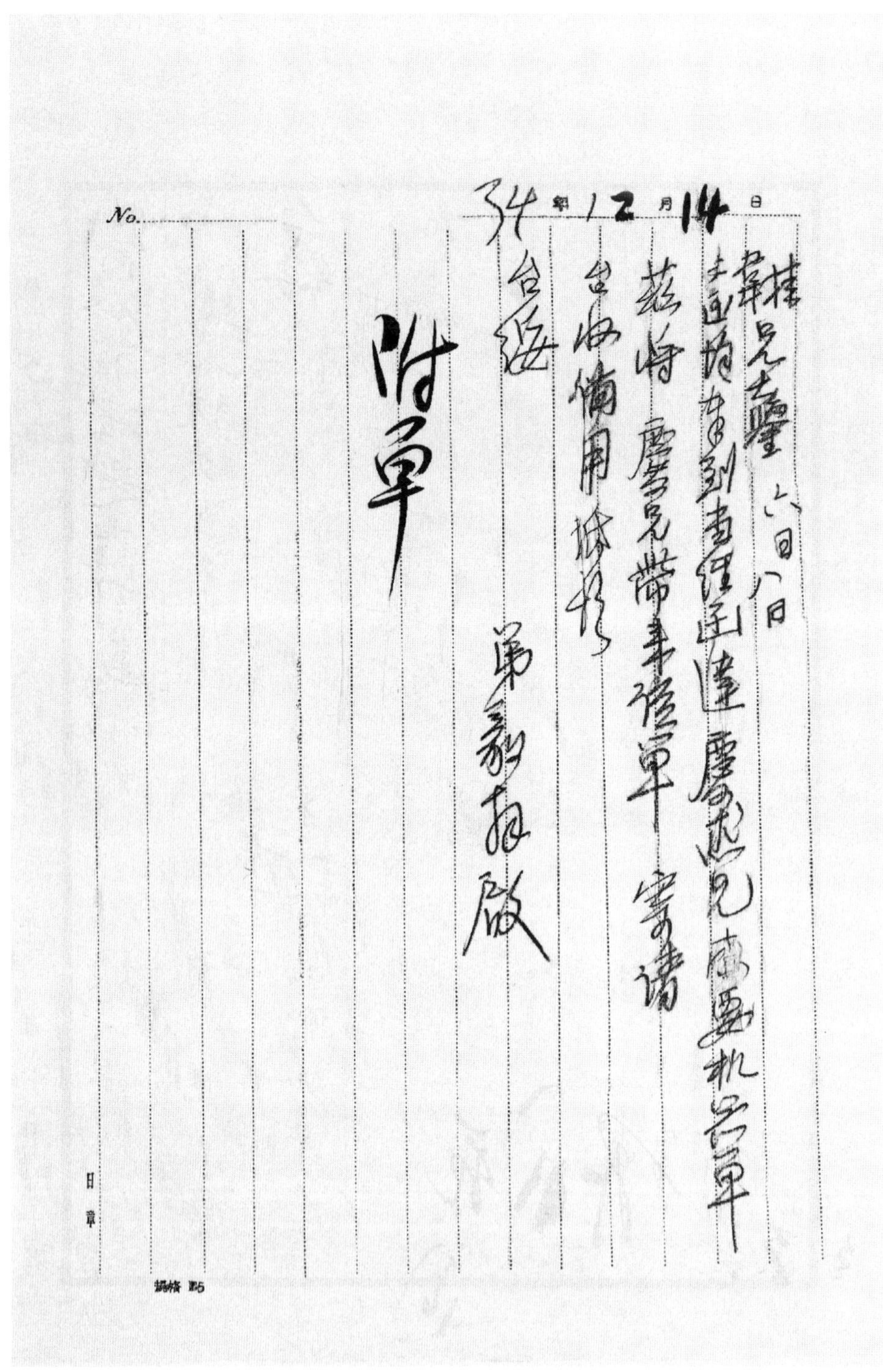

No.

34年12月14日

韓桂兄大鑒：六日、八日
來函均先後到達，經理遵
囑將慶兄帶來張單寄請
查收備用，據轉
台綏
弟嘉森啟

附單

日 章

庚宗湝將與蘇浙皖特派員辦事處朱仙栽專員詳談接收機件之事等致輔兄的信函（一九四五年十二月二十五日）

檔　號：1041–1–4

第 2 頁　　年　月　日

文件足可提出，並擬請派員會同接收張店廠件再請從速發還。渠允分為協助。渠之渠出同事數人將派往膠濟路接收工礦，故接廠務件仍在他力、事之範圍之內。請在津說友敝公朱君為之疏通，以免故意為難。此間係至為重要，請速辦理。

(2) UNRRA 及 CNRRA 方面正辦呈文及仁件等，送請救濟。

(3) 松波兄返滬未將黃君帶來，留江同人均甚失

第3頁　　年　月　日

望江南方面匯渝款中五百五十萬元，俾得退回。
但一時尚難收着，啟新沪處備有現款黃金
等，若不即在沪付還江南廠處，下月即無現款可
供開支。是否請啟新匯返數十萬元，抑先出售
張家宅路地產一塊（遇機出售），以供經常開支，請轉呈
核示，並乞從速詳示，俾預準備也。
(4)陳肖麟工程師已抵沪，將返江南任事。
(5)張處近狀若何，希詳示。聞最近將通車，望速

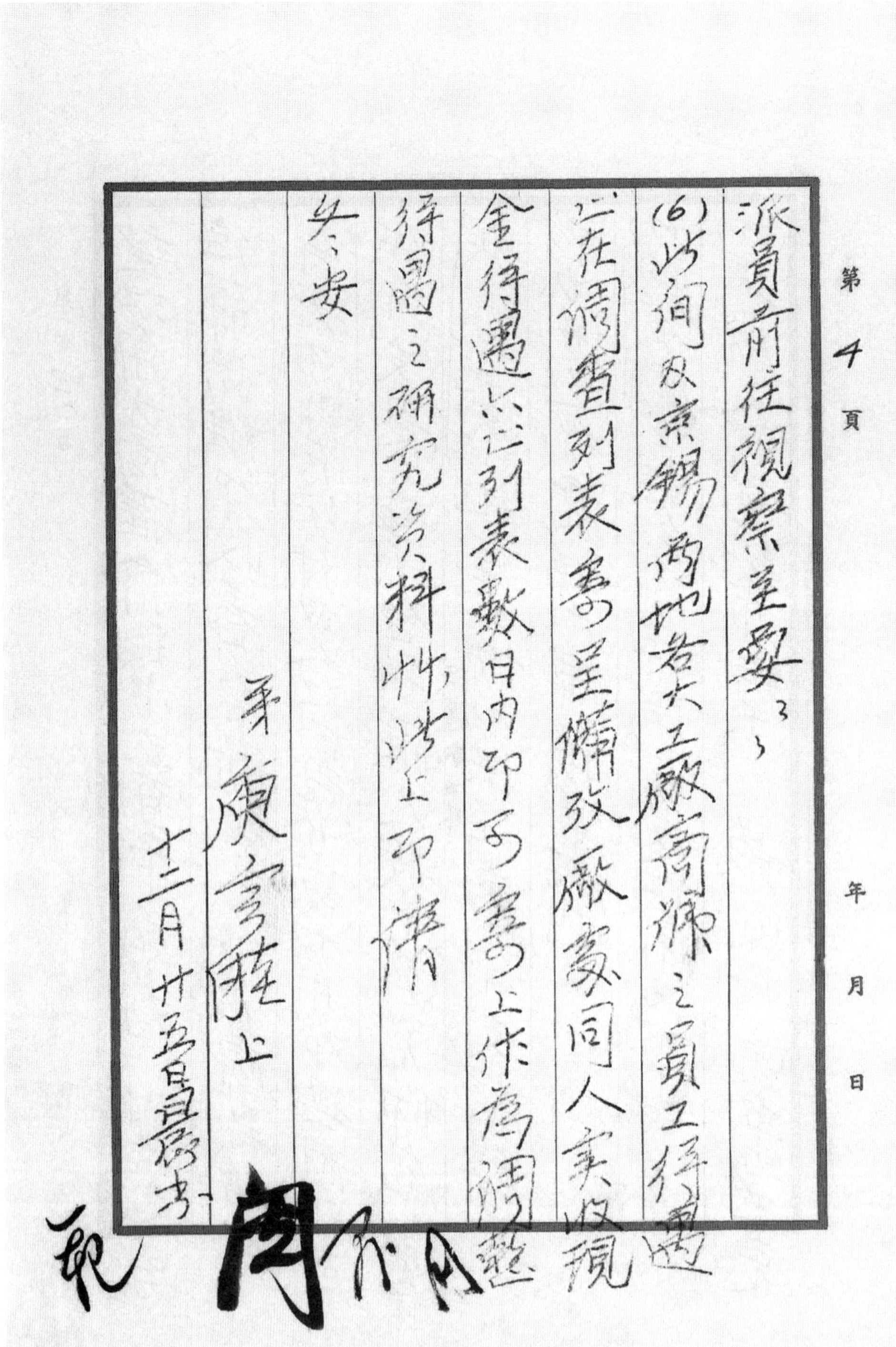

第4頁　　年　月　日

派員前往視察至要至要

(6)此间及京錫兩地各大工廠高級之員工待遇亦在調查列表寄呈備考。廠友同人要求現金待遇，亦已列表，數日內即可寄上，作為調整待遇之研究資料。此外此上即請

冬安

弟庚言雄上

十二月廿五日晨[illegible]書

江南水泥股份有限公司爲補呈被强拆之機件漏叙之事等致經濟部戰時生産局蘇浙皖區特派員駐江蘇省辦事處的呈文

（一九四五年十二月二十八日）

檔　號：1041–1–7

事由　呈為　商公司被敵强迫拆遷至張店之機件仰祈
鑒核准派　商公司技術人員赴該處會同接收
并迅賜發还以利籌備復工由

呈為　商公司被敵強迫拆遷至張店之機件仰祈
鉴核准派　商公司技術人員赴該處会同接收并迅賜發还以利籌備復工事竊　商公司於抗战期间拒绝与敵日合作從未生產招致敵方仇視机件被强迫拆遷至張店之経过已於十月十二日之節略及十月十八日呈翁部長呈文中詳細陳述而漏叙敵方强迫付交

代為委託上海机廠製造之第二三批机械造价謹為補呈
查敵方於三十三年七月三日嗾令偽實業部送來工字第九
二一号訓令飭將第二三批机件供出併叙明供出後凡在沪
飭製机件將由華北軽金屬公司代為供給云云敵方即
依據此項偽令來商廠强迫拆遷第二三批机件至八月中
旬全部拆移完竣事後經偽実業部及敵日外交官調
查第二三批机械在沪造价向軽金屬公司交涉造還歷時
八个半月軽金屬公司始允照办但变更原定計劃不願
直接向沪机廠造还而允付第二三批机件之造还价計

偽儲備券六億七千九百○六萬二千五百元於三十四年三月二十二日
由華北軽金屬公司在天津付交 商公司董事会自行委託
机器廠造還 商公司以環境悪劣該第二三批机件既被日方强
拆於先此項造還作如再拒收於後徒予敵方以經濟上之
便宜故暫為收受一面委請沪机器廠分别造还但因原
料缺乏電力限制未克如願祇得待至抗战勝利之後作
為机件拆遷運輸安裝等之費用並以補償机件
裝拆兩次所遭巨大損失以及遷还裝置耗費時
間対於營業上所受損失之賠償如尚有餘則退

还於我政府亦可以抵償日本賠償我國賠款之一部設或不數當請政府交涉補足此乃第二三批机件强被敵方拆遷经过八个半月之後交来造还价款一部分之经过如查阅(1)偽部三十三年七月三日工字第921号訓令所云「令仰該公司迅将单列各机件供出為要」足可証明該机件之為無代价强制拆遷絕非以代价交易又該偽訓令並載明「上项机器供出後几在上海能製造之机械擬由華北輕金属公司代為供給」是該项造还价係輕金属公司应担负归还强制拆遷机件之製造价而非

交易之代价(乙)該项第二三批机件係经卅三年七月三日伪实業部發出工字第921号訓令後即被闲始强迫拆遷而经过八个半月之久始由華北輕金属公司於卅四年三月二十日付价託代造还可証明敵方拆遷机件及单方面决定交付造还价款均係强迫行為絶非一般付代价交易性质(丙)商公司被伪实業部業工字第301号訓令及業工字第25号通知强迫拆遷之第一批主要机件六大件及附属机件之代价約為数百倍於二三批机件之代价商公司对於第一批机件被强迫拆遷後绝未與

之洽商補償办法何至情願接受第二三批机件價款而敵方所付第二三批机件造还價僅為當時該批机件市價百分之三四十商公司設非當時環境惡劣被敵日滋威脅迫亦決不至接受此一部分之造还價款綜上所述可知商公司處於敵寇威迫之下堅決抗拒絕不與之合作毫不被其利用苦心孤詣八載於茲現在抗战勝利天日重光商公司所遭受被敵拆遷至張店之机件仰祈

鑒核准派商公司技術人員赴該處会同接收得

以指認而利進行并懇將被拆机件迅賜發
还俾得運回棲霞工廠籌備復工生產供國
家建設之急需不勝迫切待命之至謹呈
經濟部蘇浙皖區特派員駐江蘇辦事處特派員吳
戰時生產局

江南水泥股份有限公司董事長

通訊處上海江西路406号三樓26号室　卅五年十二月廿八日
電話一七九七八

經濟部蘇浙皖區特派員辦公處爲準予派員會同接收被拆遷至張店的機件致江南水泥股份有限公司的通知（發字第6372號）（一九四六年三月七日）

檔號：1041-1-7

經濟部蘇浙皖區特派員辦公處通知

發字第6372 接114號

中華民國三十五年三月七日

事由 為准本部魯豫晉區特派員辦公處代電准予派員會同接收該公司被敵拆遷至張店之機件通知查照由

案准本部魯豫晉區特派員辦公處魯電字第八二號代電開：「本年一月十七日發字第四一七二號子篠代電以江南水泥公司機件被敵强迫拆遷至張店地方，現據該公司呈擬請准予派遣技術人員赴該處會同接收，似可照准，囑為查照等由，自應照辦，相應復請查照為荷」等由，准此，合行通知查照為要。

右通知

江南水泥公司

特派員　張茲闓

▲上海河南路宏大紙號出品▼

江南水泥廠爲機器被日方强拆遷至張店亟待發還致行政院山東青島區敵僞産業處理局的函（一九四六年）

檔　號：1041-1-7

爲江南水泥廠機器被敵日强拆遷至張店之敵僞輕金屬工廠亟待發還由

清單　照片

抄件

呈爲江南水泥廠機器被敵日强拆遷至張店之敵僞輕金屬工廠亟待發還爲檢呈證件及機器清單
仰祈
鑒核發還事竊商公司於抗戰期間拒絕與敵日合作致遭其仇視將棲霞工廠機件强行拆遷至張店
之輕金屬工廠迄去年日寇投降商公司於十月間將機器强被刼拆經過情形遞呈
經濟部暨蘇浙皖區特派員辦公處請求發還至本年三月間奉　蘇浙皖區特派員辦公處通知准商
公司派遣技術人員赴該處會同接收各在案爲查張店輕金屬工廠雖屬敵僞産業其中有江南水泥
廠被敵强奪之機器在内業經　經濟部蘇浙皖區特派員辦公處査明（附抄蘇字第七八三號通知
一件呈案）並經　魯豫晉區特派員辦公處復准商公司派遣技術人員前往會同接收（附抄原通
知文一件呈案）可資證明除呈請　經濟部魯豫晉區特派員核定發還日期以便招致技術員工遄
往接收領拆運回棲廠籌備復工外理合檢呈被敵强拆機器清單暨僞實業部文件照片（仍附抄該

件）及 蘇浙皖區特派員辦公處蘇字第七八三號暨發字6897號通知抄件等證明文件備文呈請

鈞局俯賜察核發還施行謹呈

行政院山東青島區敵偽産業處理局

附被敵强拆機器清單暨偽實業部文件照片（仍附抄該件）及 蘇浙皖區特派員辦公處

駐江蘇辦事處蘇字第七八三號暨 蘇浙皖區特派員辦公處發字6897號通知抄件

江南水泥股份有限公司 謹呈

董事長 顔惠慶

江南水泥股份有限公司

江南水泥股份有限公司爲補送證件及詳陳日方兩次强拆機件經過情形請鑒核并迅發還致經濟部魯豫晉區特派員的呈文（附僞實業部訓令等）（一九四六年九月二十六日）

檔　號：1041–1–7

副本

此呈由該公司董事長於卅五、九、廿六、在青島送至魯豫晉特派員辦公處再由楊特派員面交高主任秘書伯俊

爲補送證件及詳陳敵日兩次强拆機件經過情形仰祈鑒核迅賜發還由

補送證件

江南水泥股份有限公司

呈爲補送證件及詳陳敵日兩次强拆機件經過情形仰祈
鑒核迅賜發還事竊商公司爲被竊工廠之機件被敵寇强拆運至張店亟待領回曾檢同被拆機件清單
暨僞實業部訓令及通知照片抄件等呈請
鈞處垂示發還日期在案茲再遵照
鈞處規定補送證件照片六份並詳陳敵日兩次强行拆遷機件之經過於後

一、查敵日欲拆遷商公司水泥全部機械至張店鍊鋁係於三十二年七月十四日由北平敵日使館提出旋由商公司屢開董事會股東會一致反對拒絶拆遷並在上海與敵日使館及輕金屬公司技術人員據理力爭抗拒拆遷明知無效但藉此拖延敵方在張店鍊鋁計畫五個月之久旋敵方以商議妥協既不可能乃唆令僞南京政府以僞國防最高會議議决依照敵方意見辦理於是僞實業部於三十二年十二月十三日竟發來工字第二〇一號訓令（附照片證件第一號）內飭江南水泥公司棲霞工廠迅將指定製鋼所必需之機件交出繳又於同年十二月十七日送來工字第二一五號通知附來應行拆移之機件名稱件數清單一份（附照片證件第二號）敵日根據此項僞令及通知於同年十二月廿六日派武裝敵兵及技術人員並僞實業部部員入棲霞工廠時商公司以原售水泥機件之洋行老福斯公司代表丹麥人[illegible]及原售電器設備禪臣洋行代表德人[illegible]在廠看守機件抗拒無效卒以武力開始強拆通知單開之主要機件（即第一批機件）於三十三年三月十三日開始以敵黑田部隊名義用軍用火車陸續運往山東張店迄三十三年七月間第一批機件拆卸完畢尚未裝運之前均經由其索取還運（因重量過多未拆卸）按第一批強迫被拆機件均係主要製造水泥機器其重量及價值約占商公司棲霞廠全部機件百分之七十五商公司爲將來索還及賠償之根據曾一再向敵僞及輕金屬公司要求給予正式收據敵僞互相推諉一再拖延遲至三十四年五月八日始由[illegible]公司

司以其董事長趙智主一郎名義出具借用證（附照片證件第三號）此項借用證於機器拆運完畢十個月後始行補送足資證明强拆於先未得商公司之同意

二、查敵方强拆第一批主要機件其理由爲該項機件國內無法製造必須徵用至滬上能造或能購得者可自行造購乃至三十四年四月中旬第一批機件行將拆卸完畢之時又藉口滬造緩不濟急突於四月二十日提出增拆第二批及第三批附屬機件經商公司津滬兩方竭力反對並申明該項附屬機件滬上機器廠均可代製無須偏折徒多損失理由甚爲正大無奈敵方對我國重工業蓄意根本毁滅不允稍留恢復餘地迫不及待竟單方面決定先行拆遷允日後再爲在上海造還賠償實業部於七月三日送來工字第九二一號訓令（附照片證件第四號）飭稷霞工廠迅將敵日單列各機件（即第二批機件）供出後凡在上海能製造之機械撥由輕金屬公司代爲供給云云敵日依據該項僞令於七月四日强迫開始拆卸至八月十七日照單全部拆卸完竣至九月四日全部

機件均須運完離廠俾本裝運之商均向其索取運單（因單據過多未抄附）運完後商公司即向
敵偽實籍根據偽訓令應即由輕金屬公司代爲在滬製造供還棲霞工廠乃以由商公司在上海覓
能製造之廠家先行估計造價爲詞延不造還商公司屢敵偽食言隨即函請上海機廠到廠查勘開
列估價單計估計總額爲偽儲幣陸億柒千玖百壹拾陸萬貳千伍百元時上海物價變更甚劇估價
單聲明自三十三年十月一日起至多以一個月爲限逾期應按物價變動比例另行估計蓋商公司
之目的在收回實物俾將來工廠復興節省時間決不肯空懸一估價數字收取代價乃敵方拖延五
個月之久至三十四年三月廿二日始由輕金屬公司照三十三年十月間所估造價計偽儲幣六七
九、〇六二、五〇〇·〇〇元迫交江南領收其時物價工價較之五閱月前增加約爲三四倍而
敵方竟以原估造價爾迫使自造如商公司拒收該款要求重估需其估價擱置莫如暫予接收作爲
造還機件之十部分一面重行估計詎其時上海物料昂缺製造廠均不願接收定單無法製造商公司

司會向該輕金屬公司聲明機件不能代製該項建復除修葺工廠被强迫拆遷房屋建築破壞之部

其餘保留為被被拆遷之損失及運回安裝費用之賠償金

又商公司係於二十四年四月成立領有　實業部新字第四四七號登記執照理合檢同各證件照片及

該執照片六份并詳陳經過情形備文補送仰祈

將商公司被拆機件迅賜發還俾領回後工生產供國家建設之急需不勝迫切待命之至

鈞處鑒核詣呈

經濟部魯豫晉區特派員𦘔

附呈第一號證件係實業部工字第301號訓令照片及抄件各六份

第二號證件係實業部工字第25號通知照片及抄件各六份

第三號證件敵輕金屬公司借用證照片及抄件各六份

第四號證件係實業部工字第921號訓令及附件照片及抄件各六份

商公司登記執照照片六份暨二十六年六月南京市社會局第1790號批文照片六份

具呈人

（證明顧惠慶為江南水泥股份有限公司董事長法定代理人）

江南水泥股份有限公司

董事長　顧惠慶

通訊處　青島湖南路四五號華新紗廠轉

或上海江西路四〇六號三二一室

中華民國三十五年九月廿六日

江南水泥股份有限公司

日寇搶奪江南水泥機器（第一批）函件 1

偽實業部文件

事由 為日方擬拆移該公司棲霞山工廠之機件迅將指定部份交出勿延為要由

實業部訓令 業工第〇三〇一號

中華民國三十二年十二月十三日

令江南水泥股份有限公司

案查日方擬拆卸該公司棲霞山工場機件移往華北製鋁一案本部前准日本堀內公使暨外交部轉准日本谷大使先後來函業於本年十月二十二日抄譯以業工字第二號通知該公司在案嗣據該公司派員來部申叙困難情形復經本部召集雙方一再磋商終未得結論現以時間急迫不容再緩仰該公司迅將指定製鋁所必需之機件交出至於拆卸後之補償辦法日方所提之條件內已有開列如該公司有何希望盡可提出本部自當力為設法洽商辦理並仰知照

此令

部長陳君慧

日寇强夺江南水泥机器（第一批）证件2

抄件

伪实业部文件

事由　为日方拟拆移该公司栖霞山工场机件名称件数列单发交遵照办理由

实业部　业工字第〇〇二五号
中华民国三十二年十二月十七日

案查日方拟拆卸该公司栖霞山工场机件移往华北钢铁一案，该公司应迅将指定钢铁所必需之机件交出，本部业于本年十二月十五日以业工字第三〇一号训令在案。所有应行拆移之机件名称件数，除开列清单分函查照外，合行通知，仰即遵照办理为要。

右通知江南水泥股份有限公司准此

附发清单一纸

部长　陈君慧

THE KIANG NAN CEMENT COMPANY, LTD., TIENTSIN.

A 磨四部	(A) 4 Mills. (2.2m x 14m)
附件	Auxiliarys:
(1) 喂料機八個	(1) 8 feeding tables.
(2) 油泵四個	(2) 4 starting pumps.
(3) 齒輪四個	(3) 4 reduction gears.
(4) 馬達四部	(4) 4 motors.
(5) 馬達用油開關四個	(5) 4 oil switches for motors.
B 旋窰二部	(B) 2 Rotary Kilns. (3 x 2.5 x 2.8 x 131m)
附件	Auxiliarys:
(1) 馬達二部	(1) 2 motors.
(2) 馬達開關二個	(2) 2 switches for motors.
(3) 煤風扇二個	(3) 2 high pressure fans.
(4) 滾輪二十八個	(4) 28 rollers.
(5) 看火罩二個	(5) 2 burners hoods & coal pipes.
(6) 空氣開關二個	(6) 2 louvre dampers.

附件 1 為避錯誤起見之本件仍以英文所列品名數量為準

2 關於上述各件之[illegible]詳細[illegible]

日寇强奪江南水泥機器（第二、三批）證件

偽實業部文件

實業部訓令　工字第921號　中華民國卅三年七月三日

令江南水泥股份有限公司

案查日方擬繼續拆移該公司棲霞山工場機件一案，迭據該公司派員來部一再瀝陳，復經本部兩度向日方提出交涉，茲准日本堀內公使來函略以前送清單之機件希望全部供出，上項機器供出後，凡在上海能製造之機械擬由華北輕金屬公司代爲供給，又棲霞山水泥廠設以新法製造水泥，日本方面當盡力援助，請將江南水泥公司機器設備照前單於七月一日供出，以應急需等由。除函復外，合行抄附堀內公使來函暨開列應行拆移之機件名稱件數清單，令仰該公司迅將單列各機件供出爲要。

此令

附抄　瑞內公使來函一件

擬行拆移之機件名稱件數清單一份

經第二一三三號

逕啓者關於供出棲霞山江南水泥工廠機械設備一案於六月十九日准

大函詳示日本方面對於去歲十二月本使向

貴部長口頭陳述及六月十六日他秘第二〇八號函附清單之各項機器希全部供出上項機器供出後凡在上海能製造之機械擬由華北輕金屬公司代爲供給又棲霞山水泥工廠設以舊式方法製造水泥日本方面當盡力援助之亦經本使屢次口頭說明茲特函請將江南水泥公司機器設備照前單務於七月一日供出以應急需爲荷此致

實業部長

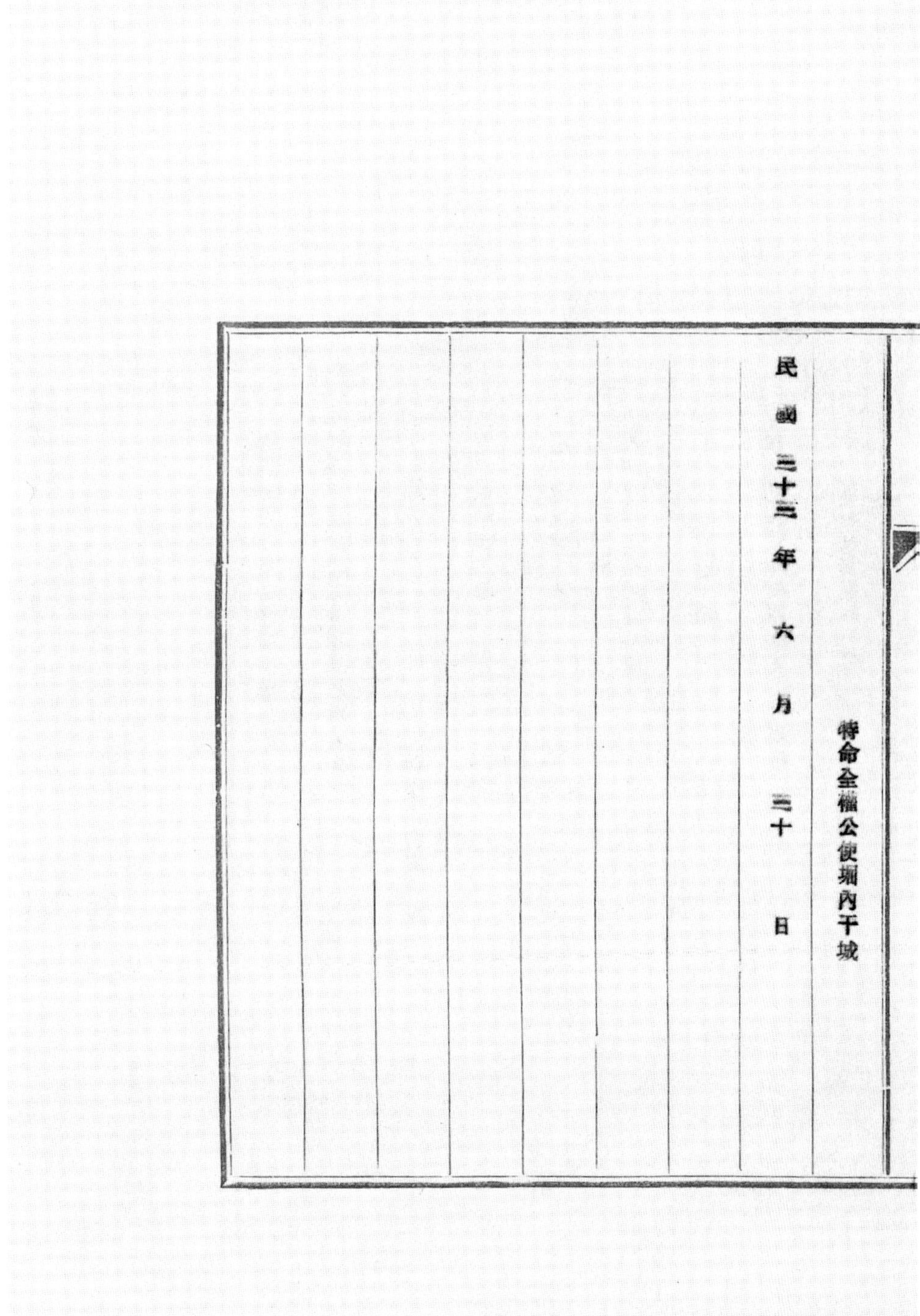
特命全權公使堀內干城
民國三十三年六月三十日

拆移機件之名稱件數清單

一、原料粉碎機及仕上粉碎機之附屬品

(1) Table Feeders 四台上之附屬品

甲、電動機 四

乙、減速機 四

丙、起動止動裝置 四

丁、電線 一式

(2) 六三五kw電動機四台上之附屬品

甲、電纜及電線共一式

乙、配電盤 一式

(3) Slide Shoe Pumps 四台上之附屬品

甲、起動止動裝置一式

乙、管類油及其附屬各件一式

(4)減速機內所用潤滑油 全部

○(5)吸塵機（管類、風車、馬達）一台

○(6)粉碎機內所用之鋼球

二、原料及仕上機電動機室內天井手動走行機 一具

三、旋窯之附屬品

(1) Air Seal 二台

(2) 吸煙風車 二台

(3) 至烟突之鐵板烟道 二組

(4) 電動機（包括起動止動裝置及電線）二組

(5) 風車行用之電動機（包括起動止動裝置及電線）

(6) Control Panel （包括管類）二組

(7) Roller Bases for 2 Kilns 十八個

(8) 鍊（附於窰內者）二窰均有

(9) 備貯火磚 一式

○四、立式空氣（馬達及附屬機器一套）三座

五、室外變壓器　四座

六、搖動式輸送機馬達在內（包括起動止動及電線）一座

七、原料泵（馬達及附屬機件一套此外原料倉下及由泵至原料倉間鋼管一組）五台

○八、煤磨20×7m　一座

該磨附屬機器

(1)送煤管子　一座

(2)煤磨用馬達　一座（包括起動止動裝置及電線一套）

(3)分別煤粗細之機器 一座

(4)餘熱利用管及煤磨附屬鋼管等 一式

(5)煤倉及粉煤引出裝置 二分

○九、配電盤（但工廠使用配給水電燈發電石灰石採掘及粉碎用部份除外）

○十、成品輸送泵 一座及輸送管一式

○十一、成品計量自動秤 一個

附記

一、上列機件中有○者准該公司以三個星期之考慮暫緩拆卸

二、上列機件中有粉碎機內所用之鋼球一項據該公司庾總理聲稱已售與華北

啓新公司該項產權已不屬於江南公司

三、上列各件應照現狀交出

（完）

江南水泥股份有限公司爲請發還被劫往張店的機件致經濟部的呈文及行政院山東青島區敵僞産業處理局的批示（抄件）（一九四六年十月十四日）

檔號：1041-1-7

呈爲商 公司因拒絕與敵方合作棲霞山工廠製造水泥機件被其强迫拆往山東張店仰祈鑒核迅賜發還由

三十四年十月十八日遞呈

呈爲商公司因拒絕與敵方合作棲霞山工廠製造水泥機件被其强迫拆往山東張店

仰祈

鑒核迅賜發還事竊商公司棲霞工廠自廿四年開始籌備建築廠房安裝機器迨八一三抗戰軍興仍進行不懈預定廿六年年底開機出貨不幸戰事迫近廠址遂告停頓當將一部份輕巧機械秘密收藏一面商請丹麥國等售機器洋行伴以債權人立場派員駐廠掩護故棲霞山淪陷未被日軍佔領但敵日數度來商合作製造水泥以供軍用威脅利誘無所不用其極商公司藉詞機械不全堅決拒絕敵方旋復督促開工歷五年之久均經商公司設詞婉拒敵日軍部俑恨商公司不與合作設策毀滅商公司工廠於三十二年秋間指使其北平外交官矣向商公司袁心武常董提出操强迫拆遷棲霞工廠

全部機械至山東張店供華北輕金屬公司鍊製人工礬土（即煉鋁原料）之用商公
司暨開董事會股東會甯爲玉碎一致反對拆遷而敵日加緊壓迫無可理喻商公司雖
明知抗拒無效然仍本抗戰精神從事折衝以他延時日如是者歷時五閱月又半日方
既知商公司無妥協可能終於嗾使僞南京政府以僞國防最高會議議決依照日方意
見辦理由僞實業部於卅二年十二月間先後發來工字第三〇一號訓令及工字第二
五號通知附被拆機件清單飭將單開機件迅速交出日方依據此項僞令遂派武裝日
兵及技術人員入棲霞山工廠以武力開始拆卸主要機件二窰四磨及其附屬機件運
往山東張店迨卅三年四月間日方又提議增拆第二及第三批附屬機件經商公司竭
力反對並申明增拆之附屬機件滬上機器廠均可製造無需向商公司工廠拆遷奈日

軍對我重工業必欲根本毀滅不允稍留餘地單方面決定先行拆遷日後再在上海造還仍復嗾使僞實業部於七月三日送來工字第九二一號訓令飭將第二三批機件供出并叙明供出後凡在滬能製機械將由華北輕金屬公司代爲供給云云日方依據此項僞令復於是年七月初强拆第二三批機件至八月中旬全部機械被拆移完竣事後經僞實業部及日外交官調查第二三批機械在滬造價向輕金屬公司交涉造還歷時半載輕金屬公司始允照辦但變更原定計劃不願直接向滬機器廠造還而允償付第二三批機件之造價交由商公司自行委託機器廠造還商公司以環境惡劣該第二三批機件既被日方强拆於先此項造價如再拒收於後徒予敵方以經濟上之便宜故暫爲收受一面委請滬機器廠分別造還但因原料缺乏電力限制

未克如願祇得待至抗戰勝利之後作爲機件拆遷運輸安裝等之費用並以補償機件裝拆兩次所遭巨大損失以及遷還裝置耗費時間對於營業上所受損失之賠償如尚有餘則退還於我政府亦可以抵償日本賠償我國賠款之一部設或不敷尚請政府交涉補足此第一及第二三批機件强被拆遷之經過也至於張店附近並無礬土 Baukite 可供造鋁原料商公司製水泥機械亦不適於煉製人工礬土之用是以事實上敵日在魯煉製人工礬土之計劃迄未成功不得不中途改爲製造水泥查張店不但無水泥銷場且無適宜水路可供運輸如大量生產運銷他埠成本過重不合承平時代之經濟原則綜上所述可知商公司處於敵日淫威之下爲拒絕與其合作停頓八年已損失不貲而全部機械復被其强迫拆遷受有甚大損害且未能於

抗戰勝利後迅速復工對國家建設早日有所貢獻痛苦殆難言狀所幸抗戰勝利重見

天日所有商公司工廠被拆機件理合備文連同機件清單及偽實業部訓令通知抄件

呈請

鑒核仰祈

鈞長垂念商公司愛國奮鬬不辭艱險將被拆機件迅賜發還俾運回棲霞工廠復工生

產供國家建設之急需不勝迫切待命之至謹呈

經濟部長翁

附呈被拆機件清單一份偽實業部訓令及通知抄件共三份

江南水泥股份有限公司董事長顔惠慶

事由：據呈為公司因拒絕與日敵合作致機器被劫往魯省張店鋁鎳祈迅賜發還等情已轉請資源委員會核辦仰即知照由

附件

擬辦

批示

行政院山東青島區敵偽產業處理局批

元字第六六七二號

中華民國卅五年十月二十四日

批江南水泥股份有限公司

呈一件 呈為商公司因拒絕與敵日合作致機器被其劫往魯省張店造鋁詳陳敵日兩次強劫機件經過情形祈迅賜發還由

呈暨詳單均悉查魯省張店之敵營輕金屬工廠已歸資源委員會接管院已將原呈抄轉資委會請迅予清查核辦外仰即知照

此批

局長 程義法

監印 丁濟川

校對 李守則

收文 字第 號

行政院山東青島區敵僞産業處理局關于制發分期付款表致江南水泥股份有限公司的通知（元字第 9669 號）（附分期付款表與所現存機件情形表等）（一九四七年二月十日）

檔　號：1041–1–7

事由　爲該公司請求發還被日人强買製造水泥機器運往張店造鋁一案經議定辦法提交審議會通過紀錄在卷製發分期付款表通知遵照辦理由

擬辦批示

行政院山東青島區敵僞産業處理局通知　(36)元字第九六六九號
中華民國三十六年二月十日發

案查前據該公司呈爲因拒絶與敵日合作致將製造水泥機器被
其劫往魯省張店造鋁詳陳兩次强劫機件經過情形請迅賜發還一案
當經轉函資源委員會查照辦理并批示知照各在案嗣由資源委員會轉交
山東鋁業公司籌備處核辦茲准該籌備處魯鋁籌36秘字第〇〇七號公
函節開「經會同該公司派來趙慶杰君實地查點結果所有該公司被日寇
移裝華北輕金屬公司之第一批及第二三批製造水泥機器零件多有散失

查上項機器曾由華北輕金屬公司於三十四年三月付給江南水泥公司價款偽儲幣六七九、〇六二、五〇〇.〇〇元遵照貴處抄送本處之行政院申號京任電令被敵偽強買之工廠發還原主時其原收價款應以黃金市價合現價繳還經根據貴局調查編製之青島金價表所列三十四年三月份之金價為每兩四萬四千元經核算江南水泥公司三十四年三月份所收華北輕金屬公司機器價款偽儲幣（儲幣折合聯幣照處理局規定100比18計算）六七九、〇六二、五〇〇.〇〇元折合聯幣彼時可購黃金二七七、九八三兩按三十五年十月份黃金每兩價二三六、九〇〇元計算應折合國幣六五八、一〇四、一七二、七〇元擬請貴局批示該江南水泥公司所有華北輕金屬公司強買該公司之全部機器附件多有散失應照實點結果予以發還惟該公司所收華北輕金屬公司之價款應照上項折合之國幣金額如數繳還本處以符規定相應開具實點華北輕金屬公司强買江南水泥公司機器清單隨函送請查照辦理見復等由到局查所擬機器照實點數目予以發還所得價款按黄金仲值折合國幣六五八、〇四、一七二、七〇元均無不合惟此項價款應照章繳付國庫并准分六個月限期繳清經提交本區處理敵偽產業審議委員會第四九次會議議決通過紀錄在卷茲製訂分期付款表一紙并抄同機件現存情形表一併附發該公司應於文到二十日內將第一期款項繳付後洽運機件除函復鋁業公司等備案查照外合行通知遵照辦理為要

附分期付款表一紙

抄機器現存情形表一紙

右通知江南水泥公司

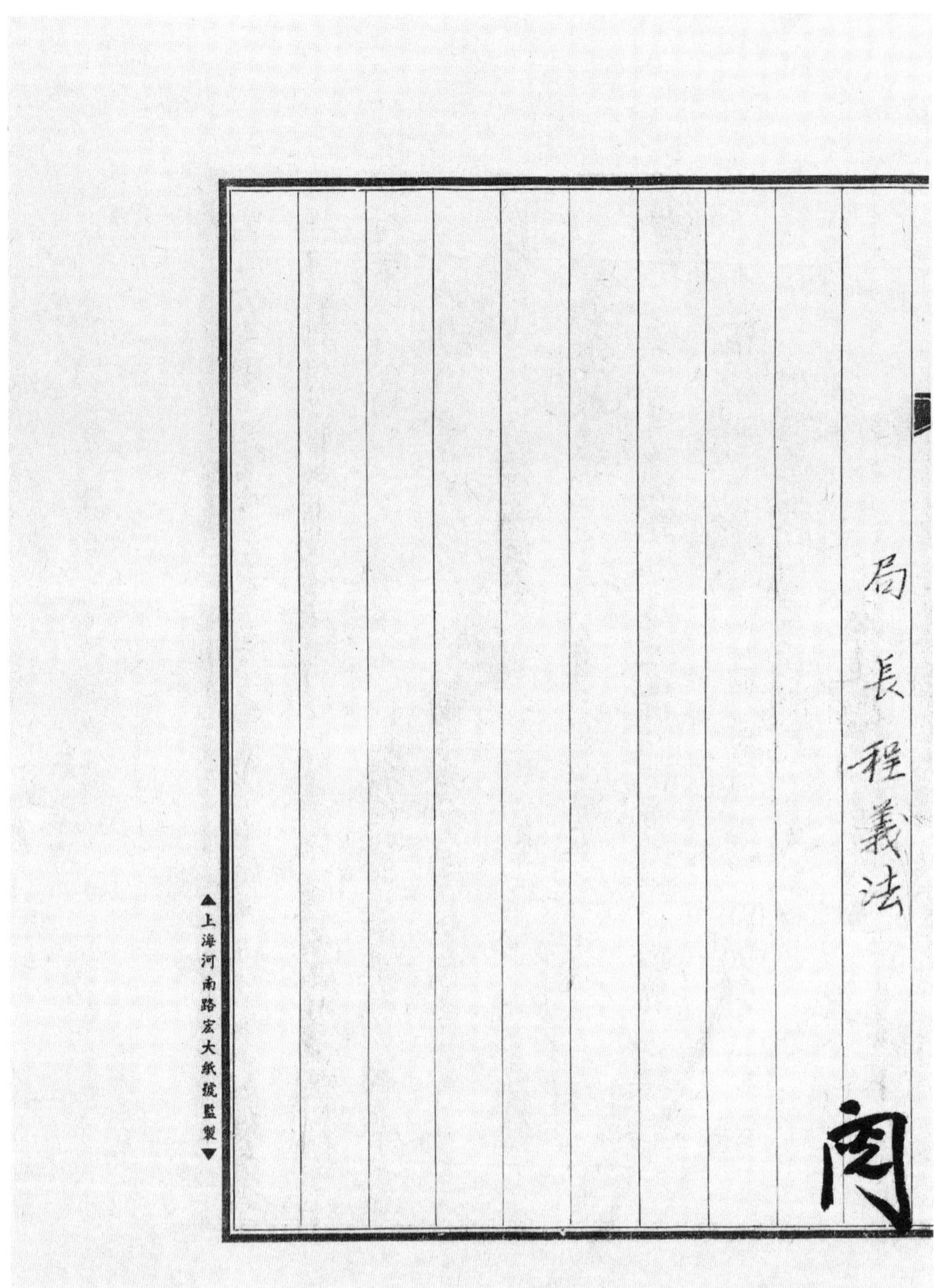

局長程義法

閱

▲上海河南路宏大紙號監製▼

分期繳款清單

户名：江南水泥廠

第　　頁

期別	日期			黃金折合国幣金額	敵偽遷建部分金額	合計	備攷
	年	月	日	百十億千百十萬千百十元角分	百十億千百十萬千百十元角分	百十億千百十萬千百十元角分	
1	36	2	15	10968402920		10968402920	
2	36	3	15	10968402870		10968402870	
3	36	4	15	10968402870		10968402870	
4	36	5	15	10968402870		10968402870	
5	36	6	15	10968402870		10968402870	
6	36	7	15	10968402870		10968402870	
	合計			6581041 7270		6581041 7270	

稽核　　　　會計

江南水泥公司机件現存情形

第　　頁

第一批未付款借用機件原数及現存数

機器名称	原数	現存数	説明	接收清册頁数
磨機	4	4	原料磨机2部 粉末〃〃〃	P21 P23 P27
磨機附件喂料盤	8	8		P20—23, P28
油泵	4	1		P21
齒輪	4	3	800H.P.	P21, 27
馬達	4	3	2200V 3∅ 635KW	P21, 27, 42
開関	4	0		
旋窯	2	4	二部割成四部	P25, 32
附件馬達	2	2	220V 3∅ 116KW	P24
開関	2	0		
煤風扇	2	0		
滾輪	28	0		
看火罩	2	0		
空气開関	2	0		

第二第三批已付款机件現存数

機器名称	原数	現存数	説明	接收清册頁数
收塵机		1	鉄板製	P23
吹風管		1	200m/m ∅	P24
Pipe Screw		2	200m/m ∅	P28
Wilfiegh Pump		4	損失10%	P31
合用電動机		5	380V 3∅ 150HP, 50HP, 40KW, 損失70%	P36, 39
〃受電〃盤		1	3300V, 損失50%	P41
変壓器		2	3300V/380V 2000KVH 1∅	P43
受電盤		1	3300V/300H, 損失70%	P44
配電盤		1	550V 〃〃	P44

稽核　　　　會計

江南水泥股份有限公司爲會同查點之數目不符擬請復點致行政院山東青島區敵僞產業處理局的呈文（一九四七年）

檔號：1041-1-7

呈為奉發造鋁公司籌備處所用由
敝商公司被日劫奪機件現在情形表查
去年十二月間與會同查點之數目不符候覆點
後給領有關聯修理機器仰祈
鑒核備案事竊案奉本年二月十日
鈞局(36)元字第九六六九號通知內開
案查前據該公司呈為因拒絕與敵
日合作致將製造水泥機器被其劫往

魯省張店造紙詳陳兩次陳報機件情形請迅賜答覆一案，當經轉函接收委員會查照辦理，並批示知照在案。茲由接收委員會轉據山東分會轉文山東紙業公司籌備處，函以該廠花紙，該籌備處魯紙籌乙紙字第〇〇〇七號函節開：該分公司派來趙慶成君定地查其結果，所有該分公司[illegible]

華北接收[illegible]

製造水泥機器零件多有散失在此
空白結果予以發還　惟該公司所收華北
輕金屬公司之價款應折合國幣如數撥還
本處以符規定相應開具空白華北輕金
屬公司購買江南水泥公司機器清單
隨函送請查照辦理見復等由到局
查所拆機器照空白數目予以發還
所得價款按黃金仲值折合國幣六
五八二一〇四八一七二、七〇元指無不合惟此項價

8 並查表上批明第一批未付款備用机件並第二第三批之付款机件

欽府並未徵付國庫 並准分六個月
限期繳清茲製定分期付款表一紙
并抄同机件現存情形表一併附發
該公司應於文到二十日內將第一期
款項繳付後洽運机件 令行通知
遵照辦理為要 等因附分期付款
表暨抄机器現存情形表一紙
奉此 謹當遵辦
鈞局 附查收之機件現

仰乞
鈞局俯賜察奪
俾紓民艱之至
忘欽感莫名
謹咨商
經濟部[illegible]司 謹將日寇劫奪之机件[illegible]案附件有被告者[illegible]當另案申報主管机關
館[illegible]一併辦理 此次發還之件自宜就會同實地查點記

存之机件点收△

存情形表内所開之机件名稱數目與

高公司去年十二月间所派總技師趙慶

杰君前往鉛業工廠会同實地查点所

具之報告單对照比較，[illegible]机件名稱向有

出入，數量亦短少甚多，[illegible]據趙君

報單[illegible]存表[illegible]机件之點

當时並[illegible]該單請鉛業公司存查

距今不過兩月，是項機件存鉛業公司

事備[illegible]下[illegible]已查明有[illegible]

[illegible]呈惟今[illegible]實地查点机件[illegible]大人其所[illegible]

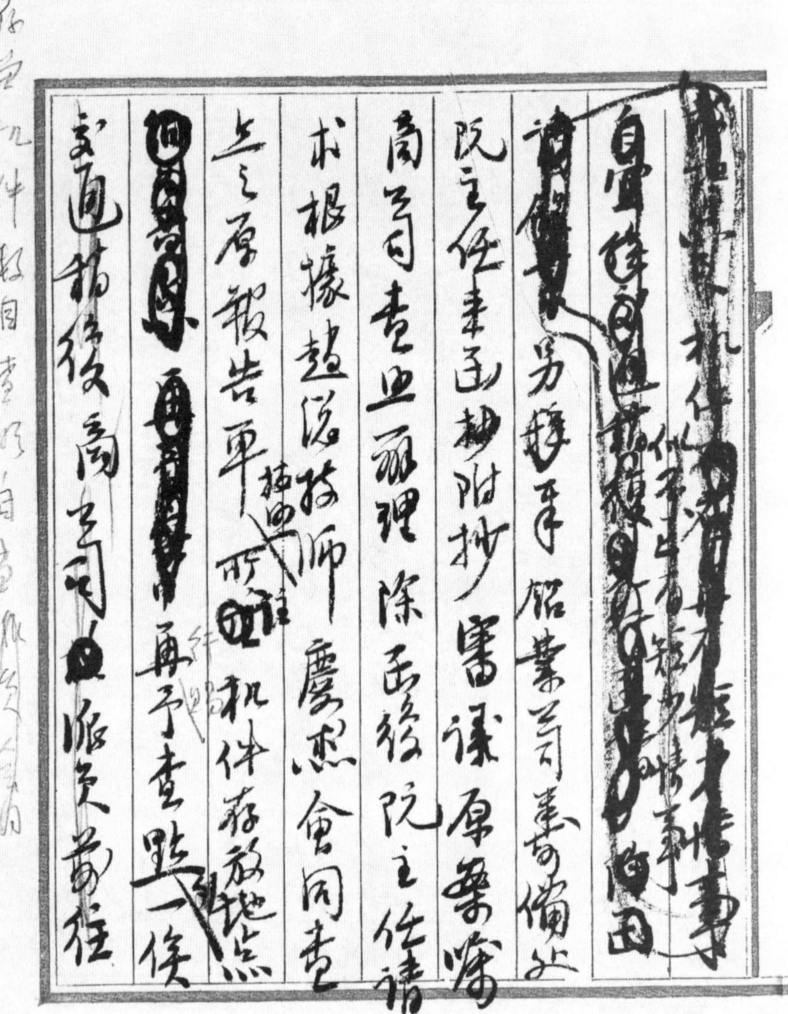
另擬予昭業司業備文
院主任秘書附抄審議原案咨
商業司查照辦理除函經濟院主任請
求根據趙技師慶恩會同查
之原報告單所有機件存放地點
再予查點一俟
查通稽復商業司派員前往

存留机件數目表

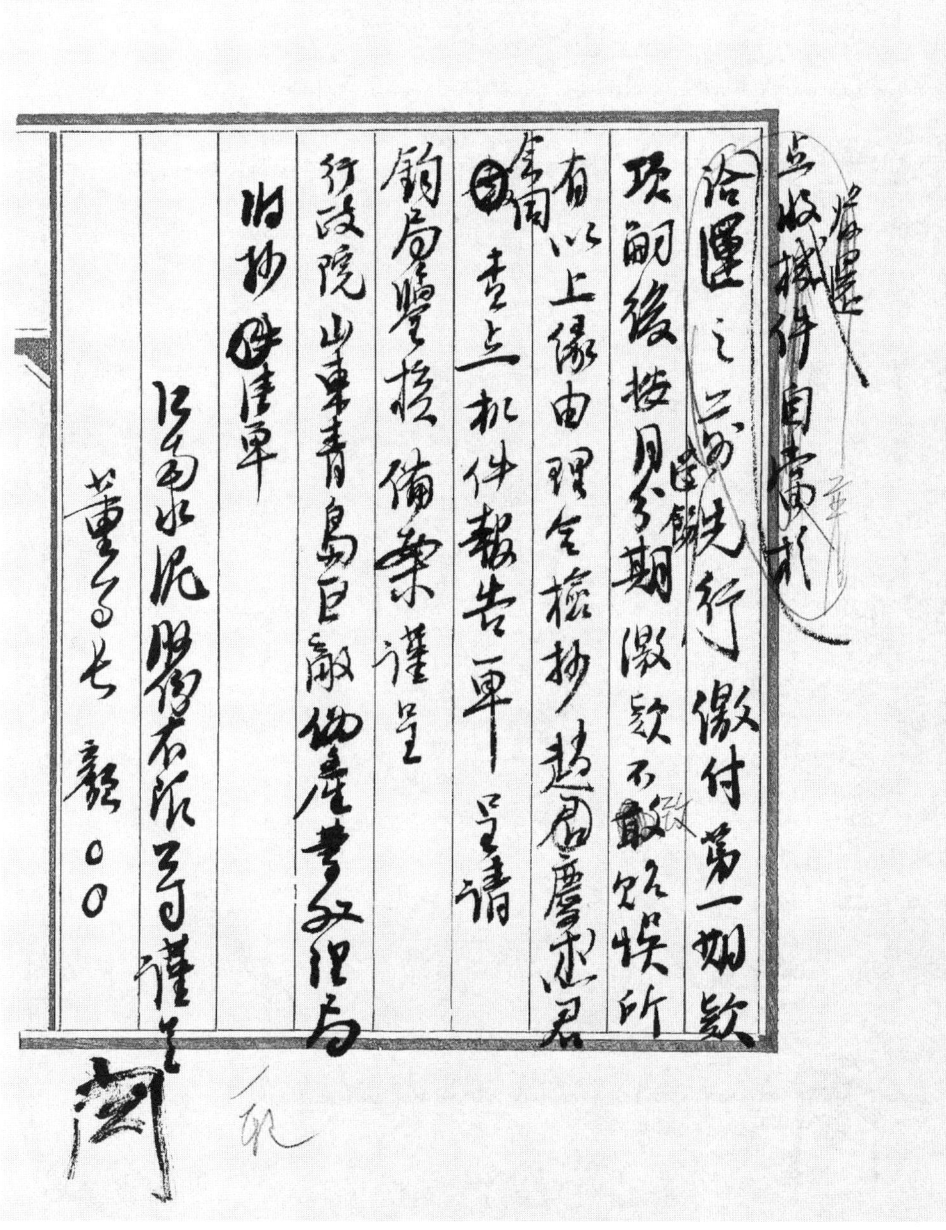
已收抄件自當……
洽匯之二萬先行繳付第一期款
項關後按月分期繳款不敢延誤所
有以上緣由理合檢抄趙慶杰君
原函壹件抄件報告一單呈請
鈞局鑒核備案謹呈
行政院山東青島區敵偽產業處理局
附抄件清單
江南水泥股份有限公司謹呈
董事長 顏〇〇
閱

行政院資源委員會山東鋁業公司籌備處阮鴻儀致陳範有的信函（附山東青島區處理敵僞産業審議委員會第四十九次會議記録）（一九四七年二月十一日）

檔　號：1041–1–7

行政院資源委員會山東鋁業公司籌備處

魯鋁籌(36)秘字第0160號　第　頁

範有吾兄大鑒：前

大駕蒞青，招待不週，至今猶引以爲歉。關於

貴公司請撥還被日強買之機件，業經處理局提請山東青島區敵僞產業審議

委員會第四十九次會議審議，用特抄送該提案全文及決議一份，敬祈

查照辦理爲荷。耑此，祗頌

台祺

弟阮鴻儀敬啓

附抄審議會處理江南水泥公司請求撥還機件案提案及決議文一件

中華民國三十六年二月十一日

電報掛號六九四六青島

閱

抄件

山東青島區處理敵僞産業審議委員會第四十九次會議紀錄

（上略）

三、移局長提議案據江南水泥公司卅五年十月一日呈報製水泥機器被敵刼往張店造鋁經過情形開具被刼機器清單請求發還到局經轉函資源委員會山東鋁業公司籌備處查照辦理去後茲准該處魯鋁籌字第〇〇〇七號公函節開「經會同該公司派來趙慶杰君實地查點結果所有該公司被日寇移裝華北輕金屬公司之第一批及第二、三批製造水泥機器零件多有散失查上項機器曾由華北輕金屬公司於卅四年三月付給江南水泥公司價款僞儲幣六七九、〇六二、五〇〇、〇〇〇元遵照貴處抄送本處之行政院申號京任電令被敵僞強買之工廠發還原主時其原收價亦應以黄金市價合現價繳還復根據貴局調查編製之青島金價表所列卅四年三月份之金價爲每兩四萬四千元經核算江南水泥公司卅四年三月份所收華北輕金屬公司機器價款僞儲幣六七九、〇六二、五〇〇、〇〇〇元（儲幣折合聯幣照處理局規定一〇〇比一八計算）折成聯幣彼時可購黃金二七七、九八三兩按卅五年十月份黃金每兩價二三六、九〇〇元計算應折合國幣六五八、一〇四、一七二、七〇〇元擬請貴局批示該江南水泥公司所有華北輕金屬公司强買該公司之全部機器附件多有散失應照實點結果予以發還惟該公司所收華北輕金屬公司之價款應照上項折合之國幣金額如數繳還本處以符規定相應開具實點華北輕金屬公司强買江南水泥公司機器清單隨函送請查照辦理見復」等由前來查所擬機器照實點數目予以發還其所得價款按黃金伸值合國幣六五八、一〇四、一七二、七〇〇元均無不合惟此項價款應照章繳付國庫并准分六個月限期繳清是否有當相應抄附江南水泥公司機件現存情形表一紙提請審議案（附件三）

（決議）通過

陳範有爲請代送交行政院山東青島區敵僞產業處理局的通知致阮鴻儀的信函（一九四七年二月二十七日）

檔　號：1041–1–7

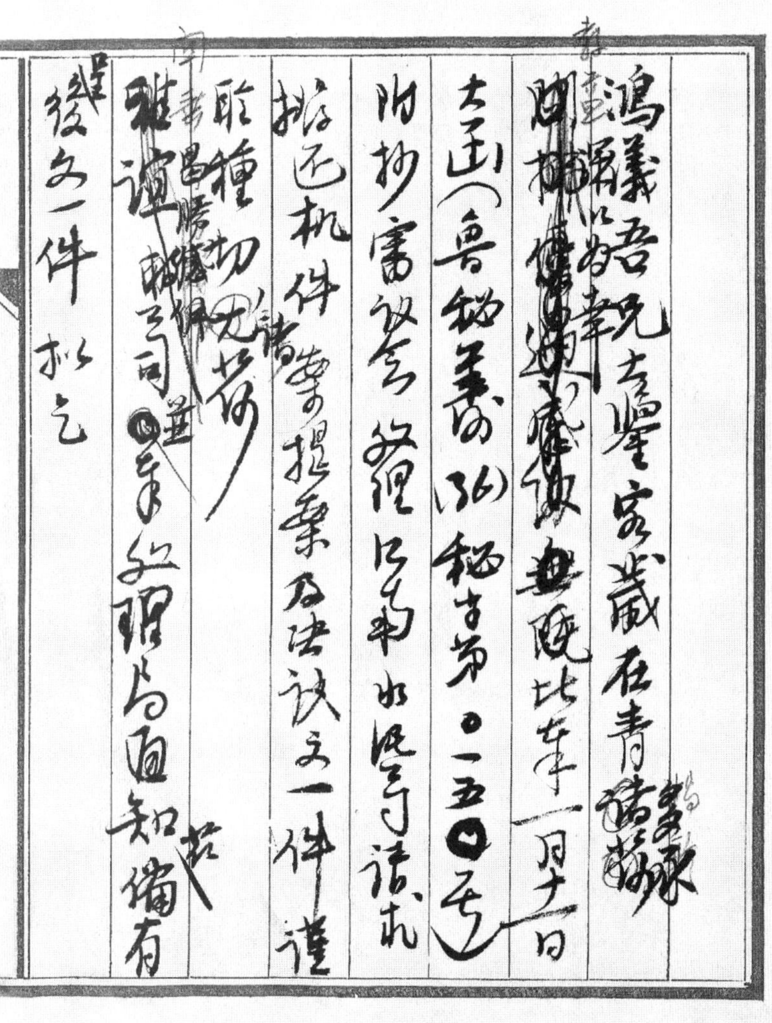

凤

閱後代為送交並抄來趙慶忠兄

所呈報告單一件請總

飭交貴廠按照單開機件存放

地點予以露點請予相符來湊

清神極為惶愧風仰吾

兄維持室業至希

鑒諒為禱肅此敬請

台安　弟陳□□敬啟

三六，二，廿六

閱

凡

贰

增資擴股

江南水泥股份有限公司常務董事會同仁一九四五年八月至十二月份收支文具報告表
（一九四五年九月六日至十二月三十一日）

檔號：1041-1-8

江南水泥公司常董會全人三十四年八月份收支文具報告表

8月日	物品	上月移來	新收	開除	實存	備攷
	小楷羊毫	0	10支	2	8	另有收據存
	便用條	1	30本	4	27	查備攷
	稿帋	1420	[illegible]	150	1270	〃 〃
	考貝鉛筆	48	—	3	45	〃 〃
	黑鉛筆	8	—	2	6	〃 〃
	烏龍水	6	—	6	0	〃 〃
	複寫本	9	—	—	9	
	紅鉛筆	3	—	1	2	〃 〃
	白印底帋	14	—	1	13	〃 〃
	洋卷夾	22	—	2	20	〃 〃
	洋文信帋	12	—	—	12	
	八行信帋	400	—	50	350	〃 〃
	五子五羊	1	—	1	0	〃 〃
	墨汁	0	好次 10瓶	約夠年內零用		
	象皮	0	1塊	1	0	趙慶熙用
	捲心	0	1支	0	1	
	蘸鋼筆	0	1支	1	0	寫股票用
	退字藥水	0	1瓶			公司用

三十四年九月六日造呈

江南水泥公司常董会全人三十四年九月份收支文具報告表

月日	物品	上月移來	新收	開除	實存	備改
9	小楷羊毫	8	—	3	5	另有收據存查
	便用条	27	—	4	23	〃 〃
	稿帋	1270	—	250	1020	打字○用
	考貝鉛筆	45	—	3	42	另有收據
	黑鉛筆	6	—	1	5	〃 〃
	鳥龍水	0	10	3	7	〃 〃
	複寫紙	9	—	1	8	〃 〃
	紅鉛筆	2	—	—	2	
	白印底帋	13		2	11	打字○用
	洋春夹	20		2	18	
	洋文信帋	12		1	11	打字○用
	八行信帋	350		100	250	〃 〃
	小楷兼毫	0	1	1	0	
	象皮	0	2		2	
	講义夹	0	2			公用
	捲心	1		1	0	另有收據

三十四年十一月八日造

江南水泥公司常董会公人三十四年十月份收支文具報告表

10月日	物品	上月移來	新收	開除	實存	備考
10.31	小楷羊毫	5	—	2	3	另有收據存查
	便用条	23	—	4	19	〃 〃
	稿紙	1020	0	170	850	〃 〃
	考貝鉛筆	42	0	2	40	〃 〃
	黑鉛筆	5	0	2	3	〃 〃
	烏龍水	7	0	7	0	〃 〃
	複寫本	8	0		8	
	紅鉛筆	2	0	2	0	〃 〃
	白印底紙	11	0	1	10	〃 〃
	洋卷夹	18	0	3	15	〃 〃
	洋文信紙	11	0		11	
	八行信紙	250	0	100	150	〃 〃
	象皮	2	0	1	1	〃 〃
	捲心 1支	0	1	1	0	〃 〃
	葉節筆	0	1	1	0	〃 〃
	糊	0	6瓶			公用
	紅墨水	0	2瓶			〃 〃
	西洋打字紙	0	1盒			〃 〃
	海棉	0	2件			〃 〃

三十四年十一月五日造呈

江南水泥公司常董会会人三十四年十一月份收支文具報告表

11月日	物品	上月移來	新收	開除	實存	備攷
30	小楷羊毫	3		2	1	另有收據存查
	便用条	19		3	16	〃 〃
	稿帋	850		100	750	〃 〃
	考員鉛筆	40		4	36	〃 〃
	墨鉛筆	3		2	1	〃 〃
	烏龍水	0	10支	7	3	〃 〃
	複寫本	8		1	7	〃 〃
	紅鉛筆	0	5支	0	5	〃 〃
	白印底帋	10		1	9	〃 〃
	洋卷夹	15		2	13	〃 〃
	洋文信帋	11			11	〃 〃
	八行信帋	150		50	100	〃 〃
	象皮	1		1	0	〃 〃
	捲心	0	1支	0	1	〃 〃
	蜈蚣釘	0	1盒			公零用
	松煙墨	0	1錠			〃 〃
	大并藍墨水	0	1瓶			〃 〃
	做公司木牌		2個			
	毛邊文才		100			送呈股會用

三十四年十二月十日造呈

江南水泥公司常董会仝人三十四年十二月份收支文具報告表

12月 日	物品	上月移来	新收	開除	实存	備考
	小楷羊毫	1	10	6	5	另有收據備查
	便用條	16		3	13	〃 〃
	稿帋	750		200	550	〃 〃
	考貝鉛筆	36		4	32	〃 〃
	黑鉛筆	1	10	4	7	〃 〃
	烏龍水	3	10	5	8	〃 〃
	複寫本	7		1	6	〃 〃
	紅鉛筆	5		2	3	〃 〃
	白印底帋	9		1	8	〃 〃
	洋卷夹	13		1	12	〃 〃
	洋文信帋	11		—	11	
	八行信帋	100		50	50	〃 〃
	象皮	0	6	3	3	〃 〃
	捲心筆	1		—	1	
	五紫五羊	0	5	3	2	〃 〃
	紅墨水	0	2瓶			公司用
	墨合代絲棉		2個			
	吃墨器		2個		表陈两常董用	
	三友印台		2台			
	玻璃板		2块			
	筆架 筆洗		2個			
	筆杆		2杆			
	印泥代盒		2盒			
	接头日戳		8個			
	筆帽		10个			公司用
	紫印油		1瓶			〃 〃
	糊		6瓶			〃 〃

34年12月卅一日造呈

江南水泥股份有限公司常務董事會同仁一九四六年元月至十二月份收支文具報告表
（一九四六年二月五日至十二月三十一日）

檔號：1041-1-8

江南水泥公司常董会仝人三十五年元月份收支文具報告表

月日	物品	上月移来	新收	開除	實存	備考
	小楷羊毫	5	—	4	1	
	便用條	13	—	5	8	
	考貝鉛筆	32	—	4	28	
	黑鉛筆	7	—	3	4	
	稿帋	550	—	100	450	
	烏龍水	8	—	5	3	
	複寫本	6	—	1	5	
	红鉛筆	3	—	—	3	
	白印底帋	8	—	1	7	
	洋卷夹	12	—	2	10	
	洋文信帋	11	—	1	10	
	八行信帋	50	—	50	0	
	象皮	3		1	2	
	捲心	1		—	1	
	五子五平	2		—	2	
	外債通中賬	2	本			会計股用
	刻皮章	1				会計股用
	大字筆	1	枝	寫條子用		
	硬皮英文練習本	1	本	填登記股票		
	稅法彙編	1	本	公司用		
	請假条	200	張			公零用
	大片刀	1	把	常董室用		
	南红官套	10				公零用
	红黄千墨汁	2	瓶	公司用		
	西洋筆夹	1	合	〃〃		

三十五年二月五日造呈

江南公司常董會仝人三十五年二月份收支文具報告表

2月日	物品	上月移來	新收	開除	實存	備考
	小楷羊毫	1	10	4	7	
	便用條	8		7	1	
	考貝鉛筆	28		4	24	
	黑鉛筆	4		3	1	
	稿帋	450		150	300	
	烏龍水	3	10	3	10	
	複寫本	5		0	5	
	紅鉛筆	3		0	3	
	白印底帋	7		0	7	
	洋卷夾	10		1	9	
	洋文信帋	10		0	10	
	八行信帋	0	500	50	450	
	象皮	2		1	1	
	捲心	1		1	0	
	豆子豆筆	2		1	1	
	墨汁		2瓶		公0	用
	白線繩		2團		〃	〃
	漿糊		半打		〃	〃
	打字用複寫帋		1盒		〃	〃
	刻牛角章		3方	陳王言三位		

三十五年三月四日造呈

江南水泥公司常董会仝人三十五年三月份收支文具報告表

3月日	物品	上月移來	新收	開除	實存	備考
	小楷羊毫	7		3	4	另有收據
	便用條	1	10	4	7	存查
	考貝鉛筆	24		5	19	〃 〃
	黑鉛筆	1	24	3	22	〃 〃
	稿帋	300		100	200	〃 〃
	烏龍水	10		3	7	〃 〃
	複写紙	5		2	3	〃 〃
	紅鉛筆	3		0	3	〃 〃
	白印底帋	7		1	6	〃 〃
	洋卷夹	9		6	3	〃 〃
	洋文信帋	10		1	9	〃 〃
	八行信帋	450		150	300	〃 〃
	象皮	1		1	0	〃
	捲心	0	1	1	0	〃
	五子五羊毫	1		1	0	〃
	墨汁	0	1瓶			公衆用
	膠皮事	0	1方			〃 〃
	請客帖	0	50份			〃 〃
	葉劬筆	0	1	1	0	

三十五年四月六日造呈

江南水泥公司常董會仝人三十五年四月份收支文具報告表

月日	物品	上月移來	新收	開除	本月結存	備考
	小楷羊毫	4		2	2	另有收據存查
	便用條	7		4	3	〃 〃
	考貝鉛筆	19		4	15	〃 〃
	黑鉛筆	22		2	20	〃 〃
	稿紙	200		100	100	〃 〃
	烏龍水	7		4	3	〃 〃
	複寫本	3			3	〃 〃
	紅鉛筆	3			3	〃 〃
	白印底紙	6			6	〃 〃
	洋卷夾	3		1	2	〃 〃
	洋文信紙	9			9	〃 〃
	八行信紙 不代辦	300		150	150	〃 〃
	捲心筆	0	1	1	0	〃 〃
	起字藥水	0	2瓶			公塞用
	沙船藍墨水	0	1大瓶			〃 〃
	元糊	0	6瓶			〃 〃
	墨汁	0	2瓶			〃 〃
	紅白憚光	0	各五份			〃 〃
	鉛印名片	0	1盒			陳八爺用

三十五年五月三日造呈

江南水泥公司常董會公人三十五年五月份收支文具報告表

月日	物品	上月移來	新收	開除	本月結存	備考
	小楷羊毫	4	10	6	8	均有收據存查
	便用條	3	20	4	19	〃　〃
	考貝鉛筆	15		5	10	〃　〃
	黑鉛筆	20		3	17	〃　〃
	稿帋	100	1000	100	1000	〃　〃
	烏龍水	3		1	2	〃　〃
	複寫本	3		1	2	〃　〃
	紅鉛筆	3			3	〃　〃
	白印底帋	6		1	5	〃　〃
	洋卷夾	2	12	3	11	〃　〃
	洋文信帋	9			9	〃　〃
	八行信帋	150		100	50	〃　〃
	捲心	0	1	1	0	〃　〃
	双璽墨汁	0	2			公塞用
	時毛边	0	100			打股票用
	葉筋筆	0	1	1	0	写股票
	呈文帋二扣		10			
	布面稿簿		1			發信記票數賬
	税法新編		1			公司用
	大修刀		2			公用

三十五年六月五日造呈

江南水泥公司常董会会人三十五年六月份收支文具報告

月日	物品	上月移来	新收	開除	本月结存	備註
	小楷羊毫	8		5	3	另有收據存查
	便用条	19		5	14	〃 〃
	考貝鉛筆	10		2	8	〃 〃
	黑鉛筆	17		5	12	〃 〃
	稿帋	1000		100	900	〃 〃
	烏龍水	2		2	0	〃 〃
	複寫本	2		—		
	紅鉛筆	3		—		
	白印底帋	5		—		
	洋卷夹	11		4	7	〃 〃
	淨文信帋	9		—		
	八行信帋	50		50	0	〃 〃
	捲心七孑洋	0	3	3	0	〃 〃
	五孑五洋	0	2	2	0	〃 〃
	修理墨合	壹個				言三P
	墨汁		2瓶			公口用
	元糊		6瓶			〃 〃
	刻總計二字皮章		1个			會計用
	白吃墨帋		8			〃 〃
	刻英文劃條皮章		1方			六P用
	刻白光二字牛角章		1方			
	絹云鏡聯		1对			送龔老太太
	藍墨水		2瓶			
	白帳簿		十份			
	打字印油		1瓶			

三十五年七月六日造呈

江南水泥公司常董会公人三十五年七月份收支文具報告表

7月 物品	上月移來	新收	開除	實存	備考
小楷羊毫	3		2	1	另有收據存查
使用條	14		4	10	〃 〃
改貝鉛筆	8		4	4	〃 〃
黑鉛筆	12		4	8	〃 〃
稿紙	900		50	850	〃 〃
烏龍水	0	10	3	7	〃 〃
複寫本	2		2	0	〃 〃
紅鉛筆	3		—	3	
白市底紙	5		—	5	
洋夾夾	7			7	
洋文信紙	9			9	
八行信紙	0	500	50	450	〃 〃
擦心	0	1	1	0	〃 〃
墨汁	0	2			公室用
大曲別針	0	5			〃 〃
蘸鋼筆	0	1	1	0	
牛皮紙		10			〃 〃

三十五年八月三日造呈

江南水泥公司常董会仝人三十五年八月份收支文具报告表

8月 物品	上月移来	新收	開除	实存	備考
小楷羊毫	1		1	0	另有收據存查
便用条	10		4	6	〃 〃
玻貝鉛筆	4		4	0	〃 〃
黑鉛筆	8		2	6	〃 〃
稿帋	850		100	750	〃 〃
烏龍水	7		4	3	〃 〃
複写帋	0			0	
紅鉛筆	3			3	〃
白印底帋	5		2	3	〃 〃
洋卷夾	7	12片	7	12	〃 〃
洋文信帋	9		1	8	〃 〃
八行信帋	450		100	350	〃 〃
捲心	0	2支	1	1	〃 〃
~~墨汁~~	~~0~~				
大曲别針	1				
糨糊	0	6瓶			公司用
請客帖		30份			〃 〃
墨汁		2瓶			〃 〃
象皮		5块	1	4	另有收據存查
鋼筆杆		2支	1	1	〃 〃
名片		3盒			陈八爷二合 京三印二合
刻木章		1			公司用

三十五年九月三日造呈

江南水泥公司常董会仝人三十五年九月份收支文具報告表

9月	物品	上月移来	新收	開除	实存	備攷
	小楷羊毫	0	10	3	7	[illegible]
	便用條	6	—	4	2	〃 〃
	弦月鉛筆 165	0	12	4	8	〃 〃
	黑鉛筆	6	—	2	4	〃 〃
	稿帋	750	—	150	600	〃
	烏龍水	3	—	2	1	〃
	複寫本	0	5	1	4	
	紅鉛筆	3	—	2	1	〃
	白印底帋	3	—	2	1	〃
	洋卷夹	12	—	7	5	〃
	洋文信帋	8	—	1	7	〃
	八行信帋	350	—	100	250	〃
	捲心	1	—	1	0	〃
	象皮	4	—	—	4	〃
	鋼筆杆	1	—	—	1	〃
	墨汁		2			公[illegible]用
	蓝墨水		3小瓶			〃 〃
	葉筋筆		2	1	1	
	起字药水		1			公[illegible]用
	打字用複寫帋		1盒			〃 〃
	呈文帋		20張			
	鋼絲釘		1盒			〃 〃
	牛皮帋		10大張			[illegible]
	吃墨帋條		50小張			[illegible]用

三十五年十月四日造呈

江南水泥公司常董会全人三十五年十月份收支文具报告表

月日	物品	上月移来	新收	開除	實存	備考
	小楷羊毫	7	0	2	5	另有收據存查
	便用條	2	0	2	0	〃 〃
	改良鉛筆	8	0	3	5	〃 〃
	黑鉛筆	4	0	3	1	〃 〃
	稿紙	600	0	150	450	〃 〃
	烏龍水	1	10	3	8	〃 〃
	複寫紙	4	0	0	4	
	紅鉛筆	1	0	0	1	
	白印底紙	1	10	1	10	〃 〃
	洋簽夾	5	12	3	14	〃 〃
	洋文信紙	7	0	0	7	
	八行信紙不代銜	250	0	100	150	〃 〃
	捲心	0	3	3	0	〃 〃
	白線球		2			公零用
	起字藥水		1			〃 〃
	號碼戳		1			〃 〃
	拌印色		2合			
	漿糊		6瓶			〃 〃
	木水筆杆		2支		2	

三十五年十一月二日造呈 [印] [印：申夫]

江南水泥公司常董会仝人三十五年十一月份收支文具報告表

11月日	物品	上月移来	新收	開除	实存	備攷
	小楷羊毫	5		2	3	另有收據存查
	便用條	0	20	4	16	〃 〃
	玫貝鉛筆	5		4	1	〃 〃
	黑鉛筆	1		1	0	〃 〃
	稿帋	450		150	300	〃 〃
	烏龍水	8		5	3	〃 〃
	複写本	4		1	3	〃 〃
	紅鉛筆	1			1	
	白印底帋	10		1	9	〃 〃
	洋卷夹	14		1	13	〃 〃
	洋文信帋	7			7	
	八行信帋不代衔	150		50	100	〃 〃
	捲心	0	2	2	0	〃 〃
	葉筋筆	1		1	0	〃 〃
	曲别針		5盒			公〇用
	請客帖		30分			〃 〃
	元糊		6瓶			〃 〃
	西洋銅夹子		6個	3	3	王主任用
	紫印水		1瓶			公〇用
	紫印油		1瓶			〃 〃
	大双毫墨汁		2瓶			〃 〃
	刻牛角章		1方	江南改補之章八字		
	西洋書釘		1合			〃 〃
	木筆桿	2支			2	
	红宣金帖		10			公〇用

三十五年十二月三日造呈

江南水泥公司常董会仝人三十五年十二月份收支文具报告表

12月日	物品	上月移来	新收	开除	实存	备考
	小楷羊毫	3	10	3	10	领收据存
	便用条	16		11	5	〃 〃
	改良铅笔	1	24	8	17	〃 〃
	黑铅笔	0	24	22	2	〃 〃
	稿纸	300	400	400	300	〃 〃
	鸟龙水	3			3	〃
	复写纸	3		1	2	〃 〃
	红蓝笔	1	2	3	0	〃 〃
	白印底纸	9		4	5	〃 〃
	洋卷夹	13		4	9	〃 〃
	洋文信纸	7		1	6	〃 〃
	八行信纸 石印行	100		50	50	〃 〃
	捲心	0	2	2	0	〃 〃
	曲别针	0	5			开股东会用
	吃墨纸	0	10			公○用
	派克墨水	0	3			〃 〃
	八寸毛边	0	600			印简章用
	珠算 十七位	0	2			会计科用
	订稿簿	—	2	股东会签到簿		
	排印泥	—	2合			
	白帐笺	—	10份			公○用
	化学板	—	3			〃 〃
	刻发章	—	7			会计股用
	刻牙章	—	2		董事长，公司印章1	
	55墨汁	—	1			公○用
	笔套	—	2打			公○用
	红印油	—	2瓶			〃 〃
	营业日历	—	2个			〃 〃
	米尺	—	1			刻用
	胶皮圈	—	1合			公○用
	订报纸	—	1册			沪国日报
	大头针	—	5合			公○用

三十五年十二月三十一日造

胡薪角爲繼承祖父遺留股票致江南水泥股份有限公司的信函及公司董事部的復函

（一九四六年七月二十四日至三十日）

檔　號：1041-1-10

江南水泥股份有限公司收文面

發件者：胡薪角先生

通訊處：南京交通部航政司

摘由：為胡鶴壽堂户股票因祖父及乃父去世依法由本人繼承上項手續祈惠予查明示復由

附件

收件者

主任常務董事：八

常務董事：祀

常務董事

常務董事

批行

審核：股主任　股主任　股主任　股主任　秘書

擬辦

來件投遞方法：電報　雙掛　單掛　平信　包裹　快信　專送　保險　明片　面遞

歸檔：文卷　檔號　年　月　日

備考

收文　字第547號　三十五年七月廿九日　時到　馮敏齋

交通部用箋

字第　號第　頁

逕啟者家祖父胡鏡盦生前曾持有
貴公司第六六五号股票一纸计卅六股股东记名胡
鹤寿堂後因家祖父於廿六年秋逝世随即抗战
軍興天津淪陷迄未能与
貴公司保持通讯現因抗战勝利家父啟龍又已
去世上項股票依法由本人继承曾函詢啟新
洋灰公司後函嘱逕向
貴公司接洽特函奉達請將下列各点

七月十四

中華民國　年　月　日

胡鏡盦印

交總座No. —6.35.—35000

交通部用箋

字第　號第　頁

（一）該股票是否須過户换留本人印鑑其一切手續如何

（二）自廿六年起至現在止之股息可否補發其領取手續如何

（三）有無其他應由本人辦理之事項

惠予查明示復爲荷此致

江南水泥股份有限公司

胡新角啓　七、廿四

通訊处：南京交通部航政司

中華民國

交總處No.—6.35.—35000

敬復者頃接七月廿四日

大函敬悉兹分復如下

一、承示　令祖父胡鋀盦先生于廿六年秋逝世生前持有錫壽堂戶第六六五號股票計卅六股依法由　台端繼承是否須過戶換留本人印鑑其一切手續如何見復一節查關於此項辦法敝公司章程中規定「股東有因繼承或其他原因取得股份所有權請求過戶時須由請求人填具轉股證書提出證據連同原股票及原留印鑑交由本公司審核無訛方准過戶登載股東名簿改換戶名發給股票」如欲用原戶名而代表人不變更另

江南水泥股份有限公司

二

換本人新印鑑時須塡具本公司印鑑之股東更換印鑑通知書（每張售法幣貳拾元）加蓋原留暨新存印鑑并塡送印鑑票一張（每張售廿元）卽可照爲辦理附寄轉股書及更換印鑑通知書備用

二、又承詢自廿六年起至現在止之股息可否補發具領取手續如何見復一節查敝公司機器安裝未竣卽遭事變至今尚未復工開機故迄未發有股息僅于去年五月間經股東臨時會議決每股墊發維持費聯鈔貳拾元（折合法幣肆元）已通知

貴戶領取（該函寄長沙想未收到）在卷茲將前函檢寄一份統祈

江南水泥股份有限公司

台洽爲荷此致

胡新畬先生

三

江南水泥股份有限公司董事部啓

附寄聽股書及更換印鑑通知書等件

捨[illegible]一件

廿五年七月廿

江南水泥股份有限公司

江南水泥股份有限公司資產負債表（一九四六年十月三十一日）

檔號：1041-1-28

資產負債表

截至民國卅五年十月卅一日止　　　　第一頁

資產（百十億千百十萬千百十元角分）	科目	負債（百十億千百十萬千百十元角分）
	負債類	
	股本	800000000
	未付機器款（欠¥10,104-6-1）	12630375000
	未付工料款	5604499
	未付利息（欠¥420-5-9）	525362500
	暫收款	103566179
	暫存還移機件造價	339531250
	暫存收益	11687899929
	資產類	
22448490	地基	
168995135	房屋	
4321322354	機器	
15621974	交通設備	
7263390	公用設備	
442617	雜項設備	
283261801	器具	
209667879	材原料	
5255813	開辦費	
20000000	電廠欠款	
41539919	未收利息	
1600000	電費保証金	
6283680	各項保証金	
10952720	預付煤款	
10723710155	暫付款	
757300750	房地產投資	
1156698861	股票投資	
12618732900	備付機價	
3500000000	短期放款	
5221965391	滬處往來	
25549534729	過次頁	26092339357

常董　　　　會計　　　　製表

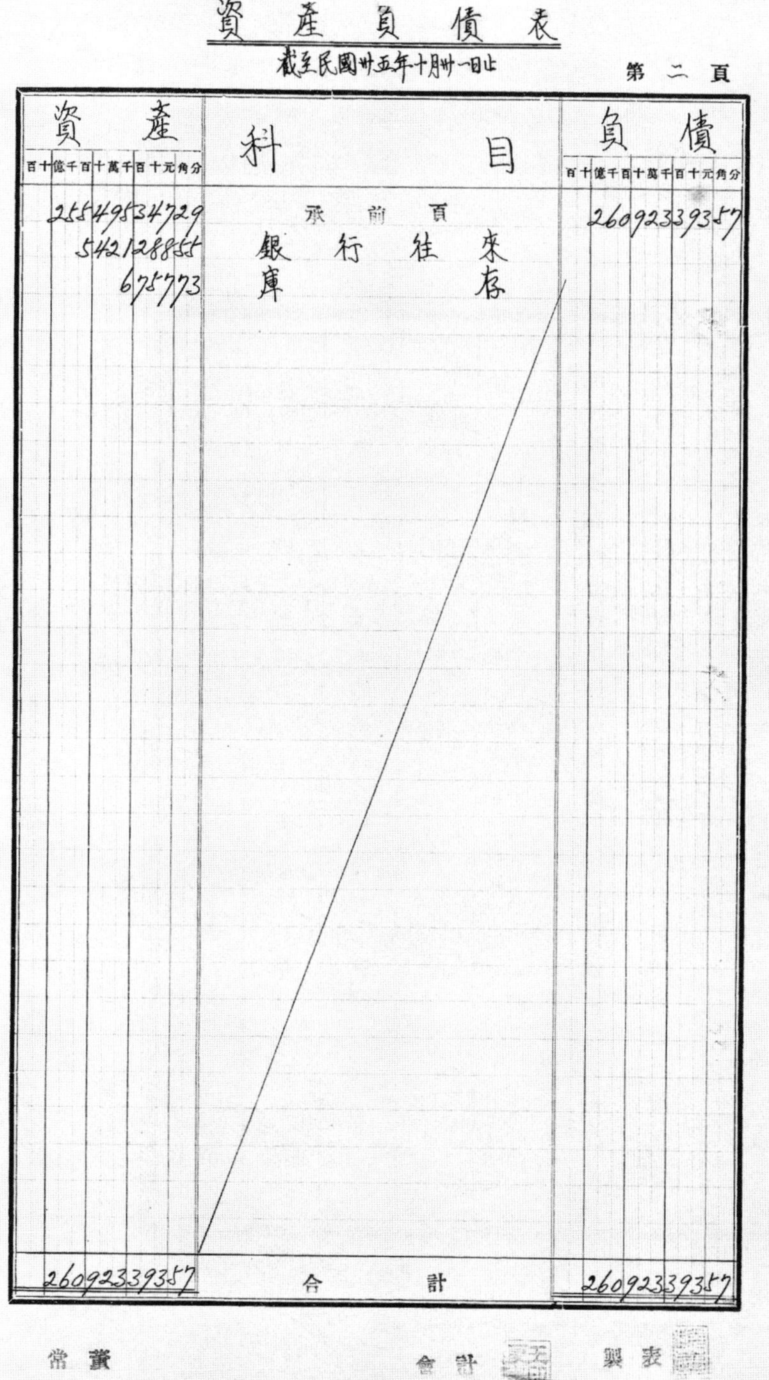

資產負債表

截至民國卅五年十月卅一日止

第二頁

資產（百十億千百十萬千百十元角分）	科目	負債（百十億千百十萬千百十元角分）
25549534729	承前頁	26092339357
542128855	銀行往來	
675773	庫存	
26092339357	合計	26092339357

常董　　會計　　製表

江南水泥股份有限公司股東臨時會決議記録（附致股東函及增資繳股公告）（一九四六年十二月二十日）

檔號：1041-1-28

江南水泥股份有限公司股東臨時會決議錄

日期 三十五年十二月二十日午後三時

地址 天津第一區大沽路一〇三號二樓

到會股東 六十五人

到會股數 五十四萬七千二百八十二股

公推周實之先生臨時主席全體肅立行禮如儀主席報告股東到會六十五人計五十四萬七千二百八十二權現在到會股權已達總數三分之二依法宣告開會

一、董事會報告二十八年六月三十日本公司股東臨時會議

決第三次增資股款已於三十年一月十八日以前全數按

法幣收足本公司資本總額國幣八百萬元已全收足案

監察人宣讀調查報告書

股東無異議

二、董事會提議修改章程宣讀草案請股東逐條表決

全體股東起立通過

三、董事會提議照章改選董事監察人主席宣請股東投票

臨時公推股東李少波吳澤春爲檢票員開匭檢查計選舉

董事票六二張選舉監察人票六二張

主席報告當選董事監察人姓名權數如左

董事　顔惠慶先生　五十三萬六千六百十一權當選

董事　周實之先生　五十三萬零四百三十一權當選

董事　袁心武先生　五十二萬八千六百三十九權當選

董事　俞君飛先生　五十二萬七千二百十九權當選

董事　孫章甫先生　五十二萬二千七百九十五權當選

董事　陳範有先生　五十二萬一千五百九十九權當選

董事　周志俊先生　五十一萬九千一百四十八權當選

董事　曾養甫先生　五十一萬七千五百六十四權當選

董　事　盧開瑗先生　五十一萬七千五百四十四權當選

董　事　庾宗濉先生　四十九萬六千八百四十四權當選

董　事　吳少皋先生　四十九萬五千零五十四權當選

監察人　包培之先生　五十三萬三千三百四十四權當選

監察人　葉秀峰先生　五十二萬六千三百四十七權當選

監察人　陳鳴一先生　五十二萬六千二百九十二權當選

全體股東均鼓掌

四、董事會報告接洽收回被日寇强奪之機器現歸資源委員會核辦可望發還本公司於十一月間派技術事家趙慶杰

先生前往張店察看機器情况已查明主要機器多無損壞

輕便機件大部遺失運回重裝或在他處設廠如經整理補

充後效率可與新機器相等

全體股東均鼓掌

五、董事會報告訂購水泥機器事已荷行總暨聯總許可代爲

訂購美國斯密芝廠所造之新機器二窰四磨及附屬配件

共計價款美金一百七十二萬餘元事　　股東無異議

六、董事會提議將本公司股本總額增至國幣陸拾肆億元分

爲陸億肆千萬股每股國幣拾元除原有股本國幣八百萬

元外應收現金股款陸拾叁億玖千貳百萬元一次由原股東比例認繳用以支付購機價款限三十六年一月廿日以前全數繳足屆時舊股東不繳者作爲棄權另招新股東認繳

主席付表決

全體股東起立通過

六、董事會報告請股東照本公司登報公告日期攜帶股票或股據及印鑑來本公司董事部辦理認繳增資股款手續

股東無異議

江南水泥股份有限公司增資股款展限十天公告

本公司增資繳款經卅五年十二月二十日臨時股東會決議限於卅六年一月廿日以前繳齊業經登報公告除大多數股東業已如期照繳外尚有少數股東因遠道未及滙繳茲經一月十八日董事會議決將繳款期限延展十天至本年一月底爲止屆期如再不繳即作棄權務請尚未繳款諸股東持憑股票股條及印鑑至天津大沽路一〇三號本公司辦理繳款手續爲荷

董事會敬啓

大公、民國、

十九、二十、

二十一、二十二、

二十五、

已付廣告費

大公報封面

大公益世

顯著地位

吳沖霖

江南水泥股份有限公司

股東朱炳文等爲詢增加資本外埠如何繳法等致江南水泥股份有限公司的信函及公司董事部的復函
（一九四六年十二月二十八日）

檔號：1041-1-14

41-1-14

江南水泥股份有限公司收文面

發件者：朱炳文先生
通訊處：華亭路崇福里內第四號庫士院
摘由：爲函詢增加資本外埠應如何繳法祈詳示由
附件
收件者

收文 字第五六〇號 卅五年十二月三十日 時到

主任 常務董事 常務董事 常務董事 常務董事
審核 股主任 股主任 股主任 股主任 秘書
擬辦
批行
來件投遞方法：電報 快信 雙掛 專送 單掛 保險 平信 明片 包裹 面遞
歸檔：文卷 檔號 年 月 日
備考

逕啓者頃閱報載
貴公司增加資本各股東應繳股款限於廿六年一月廿日以前繳齊等情不知遠在北平者應如何繳法并無股票應繳若干及今年有無股息發給祈詳示知為盼此致
江南水泥公司台鑒
朱炳文啓 十二月廿日
再舍下已遷移北平後門內竺廉子庫十四號一并聲明

287

41-1-14

敬啓者本年十二月廿日本公司股東臨時會議決增加資本計本公司資本總額共爲國幣陸拾肆億元分爲陸億肆千萬股每股國幣拾元限三十六年一月廿日以前繳齊逾限作爲棄權除在天津北平上海南京重慶五處登報公告外特此函達即希

貴股東或代表人持憑股票或股據攜帶印鑑至天津大沽路一〇三號本公司董事部辦理一切手續爲荷此致

股東　先生

江南水泥股份有限公司啓 卅五年十二月廿一日

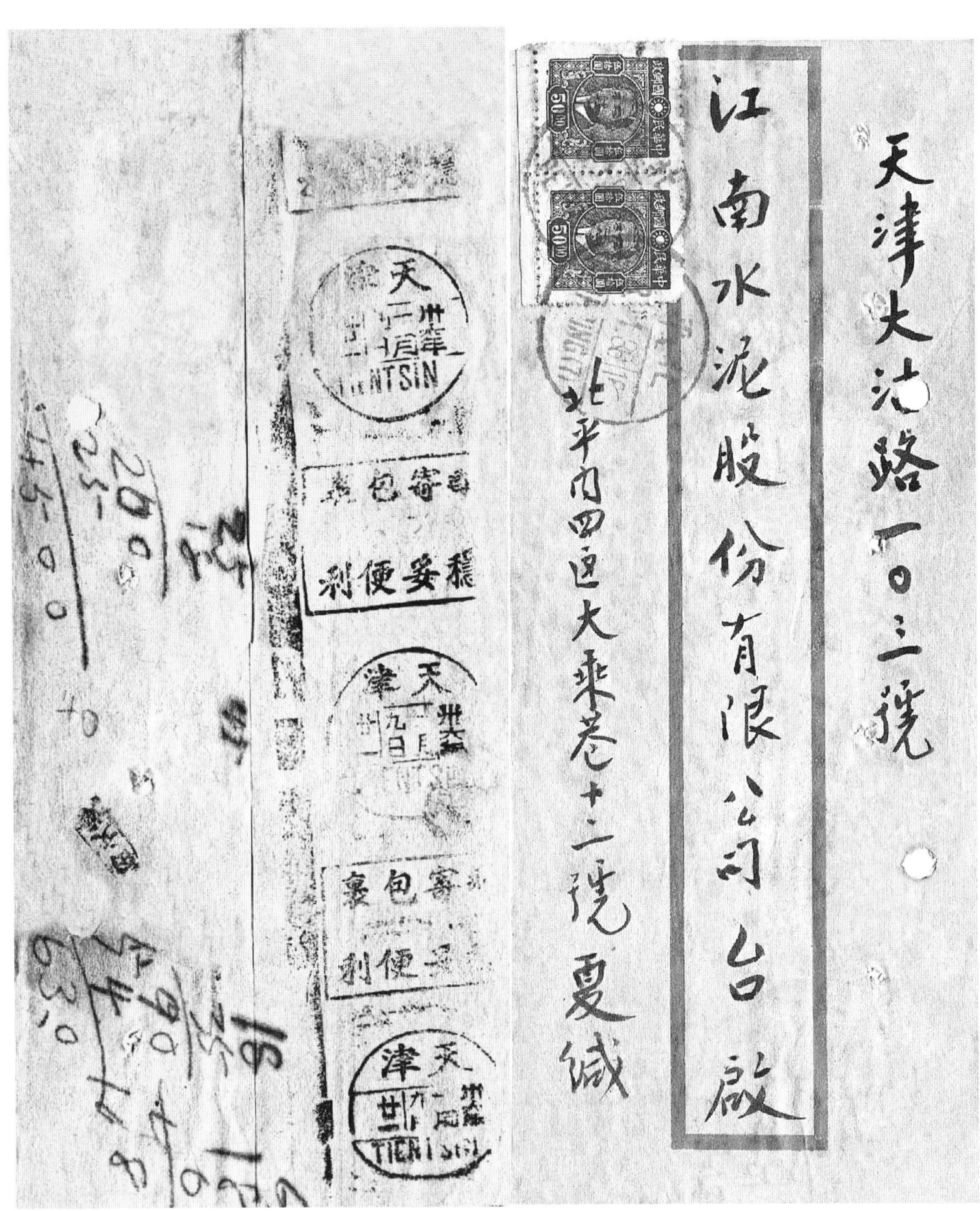
天津大沽路一〇三號
江南水泥股份有限公司 台啟
北平内四區大乘巷十二號夏緘

2531—18股

敬啟者敝人持有

貴公司股票今閱報載經股東會議決增資本額為六十四億元應繳股款限一月廿日繳齊否則棄權等語查每股應補繳款數若干並未言明即祈

貴神迅予示知若蒙將議決案惠賜一份尤所企盼俾便攜以繳款至紉公誼此致

江南水泥股份有限公司

北平內四區大乘巷十二號 夏庸儒啓

一月六日

No.　　　　年　月　日

敬復者接奉六日
大函敬復如下
1. 每一老股權利說明如另單
2. 每一老股得自由認繳(甲)按票面國幣拾元之金額入式百伍拾股(乙)連認式百股按每股繳國幣式拾伍元
3. 查貴廠持有第2531號舊票壹拾捌股計可換領新股六千叁百股(老股每股擬作價記後再換發股票)又可按每股票面十元認入四千伍百股計應繳股款四萬伍千元
4. 如貴廠對於連認股不能放棄仍願按每股認入連認股二百股者(每一股按國幣廿五元繳款)請來函聲明並照繳股款(外埠股東可郵匯[illegible])
5. 茲寄上印鑑票二張甲乙種申請書各一張

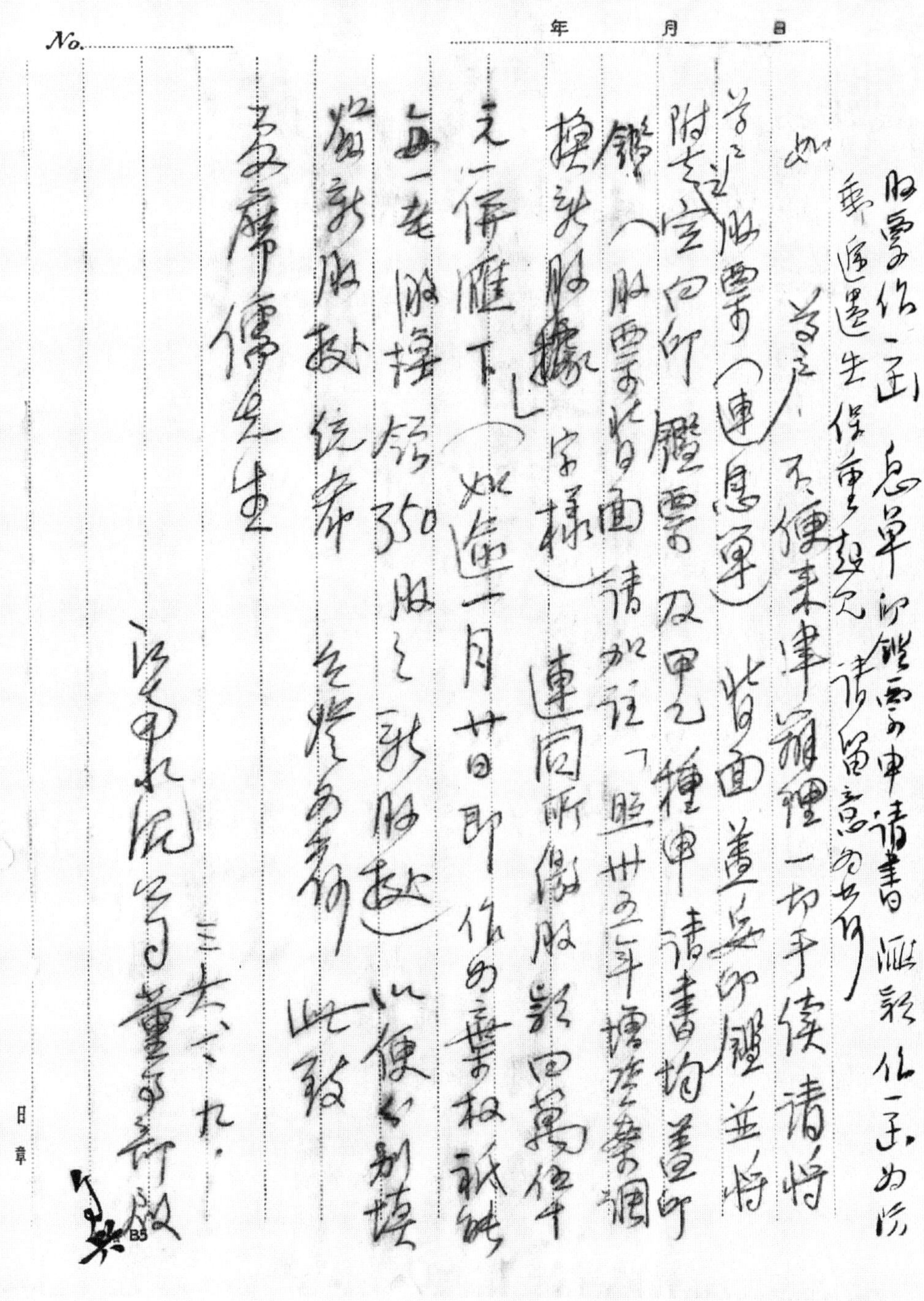

No.

年　月　日

股票作一批，息單印鑑票申請書派發作一批，為防乘虛遞生假冒起見，請留意為荷。

如尊處不便來津辦理一切手續，請將附去之股票（連息單）背面蓋具印鑑，並將空白印鑑票及甲乙種申請書均蓋印鑑（股票背面請加註「照卅五年增資調換新股據」字樣）連同所繳股款四萬伍千元一併匯下（如逾一月廿日即作為廢紙），每一老股換發350股之新股款，以便分別填發新股款，統希惠賜為荷。此致

李席儒先生

江南水泥公司董事部啟

三六、一、九

日章

天津大沽路一〇三号
江南水泥股份有限公司董事郭
北平和平门外前孫公園四十二號徐志文上
41.1.14

江南水泥股份有限公司大鉴 敬启者 据载

贵公司增本六十四亿 敝股东 有股票一张号码025555号 计十四股 票面

一百四十元 又股条八元（即零尾凭单）号码1160号 共合票面一百四十八

元 因未知最多许可购若干新股 需款若干元 有何章程 兹特专

此不弃权 请函覆一一示知 以便交款是荷 专此

顺颂

大安 41-1-14

徐志文 上言

卅六年一月十三日

住北平和平门外前孙公园四十二号

No.

逕復者，接奉一月十五日

1. 大函，詢各節，謹分列如下：

承詢許可認購若干股份一節，查此次增資

辦法為每一老股得按票面每股十元全

額認入二百五十股，又得連認三百股，此三百

股按每股繳國幣廿五元。

連認限二百股

2、承示當户持有零尾憑單八元，亦可按

每股比例辦理。

3、如當户不便來津辦理，逕函（繳

款用匯票）辦理亦可，總管上甲

認購申請書及空白印鑑票請均蓋

印鑑連同股票（帶息單）背面及

息單背面均蓋印鑑，並請於股票背

面加註"照三十五年增資案請換新股"字樣

41-1-14

稿紙 B5

No.　　　　年　　月

字樣連同繳款通知書一併寄下以便照填新股收據

4. 繳股款期以本年一月廿日為限其連認股（即上開按廿五元繳一股股款之股份）权繳款期以三十五年十二月底為限但逾期股東來函在一月廿日以前聲明保留者敝公司自當為之保留

5、凡股東決定認繳連認股权股份者請於申請書附註欄註明願認連認股權等字樣

6. 凡老股東放棄認入新股者（即上開兩種股份認股权均放棄）亦得憑收票（連息單）或股摺每一老股換領三百五十股之新股收據

日　章

規格 B5

No.

36年1月17日

7、貸款憑單經向銀行換取通知書一方
能照換臺灣股款，但經股東郵函委託
願為代為換取者亦可代辦
以上各節統希
台洽為荷 此致
徐志文先生
江南水泥公司董事部啟

請以印鑑及息單股單作一函
附票及申請書作一函分裝一函以資
保重

日 章

規格 B5

交通部用箋

字第　號第　頁

逕啟者頃閱卅五年十二月廿九日天津民國日報載
貴公司增資通告一則前因不知詳情如何曾函請
貴公司查示迄未見復茲依照通告將本人所持
貴公司第九〇四一号股票一张计叁拾陆股及現
金壹千元一併隨函奉上即請
查收核办見復如另有其他手續亦請隨時
示知為荷此致
江南水泥股份公司董事部

胡蘄角拜啟 元、十四

南京交通部航政司

附股票一張
法幣壹千元

中華民國　年　月

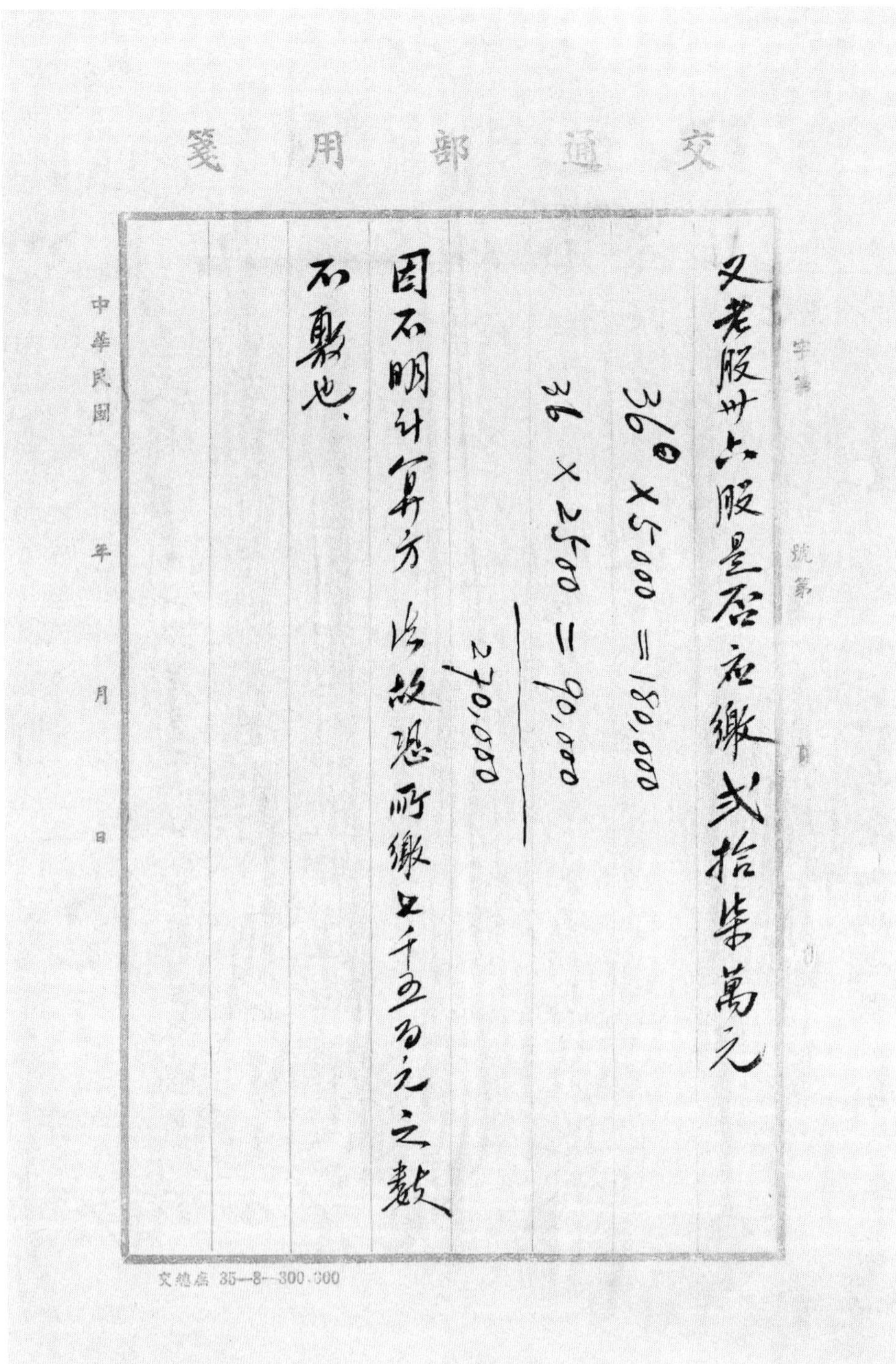
交通部用箋

字第 號

又老股卅六股是否應繳貳拾柒萬元

$360 \times 5000 = 180,000$

$36 \times 2500 = 90,000$

270,000

因不明計算方法故恐所繳五千五百元之數不夠也。

中華民國 年 月 日

文總店 35—8—300.000

交通部用箋

逕啟者，接奉一月九日
復書，祇悉。查本人原持有
貴公司第9041号股票一張，計卅六股。原股票連
同息單已於昨日由郵寄交
貴公司董事部，想已收到。茲附上甲乙種申請
書各一紙，正副印鑑票各一張，及七千五百元匯
票一張，一併寄請
查收核辦。此次繳股款計算錯誤之處，請賜

中華民國　年　月　日

交總區No. --6,35.--35000

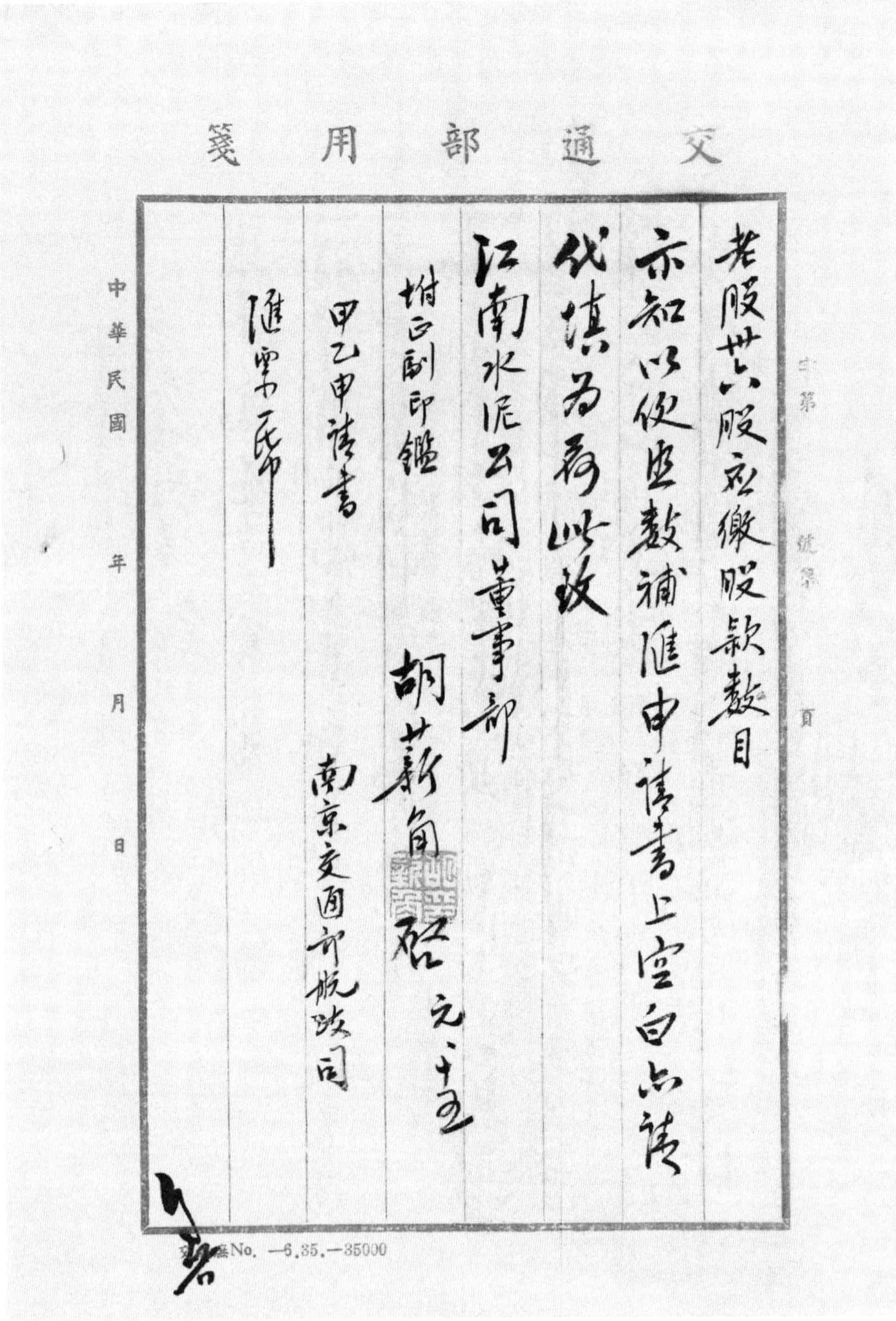

交通部用箋

字第　號第　頁

老股卅六股应缴股款数目

亦知以便照数补汇申请书上空白亦请

代填为荷此致

江南水泥公司董事部

胡薪甸启 元、十五

南京交通部航政司

附正副印鉴

甲乙申请书

汇票一纸

中華民國　年　月　日

No. —6.35.—35000

No. 36年1月20日

發

敬復者，接奉一月十五日
大函二件，所附寄之9041號卅六股江南股票一張及
甲乙種申請書暨印鑑票又郵匯洋仟伍百元現
鈔壹仟元均收到。承
詢老股卅六股應繳股款是否爲式拾柒萬元一節，
查老股每一股得認入二百五十股新股（按票面
每股十元全額繳款）計爲二千五百元，又得連認三百
股（每一股按廿五元繳款）計爲五千元，以上共爲七
千五百元，是三十六老股如不放棄連認股份則應繳
之股款共爲式拾柒萬元，除將
尊處匯寄之國幣伍百元暫予收帳外，相應函
復，即希
補足認繳股款，以憑照換股撥案，專此，敬
胡薪甫先生
江南水泥公司董事部啟

日章

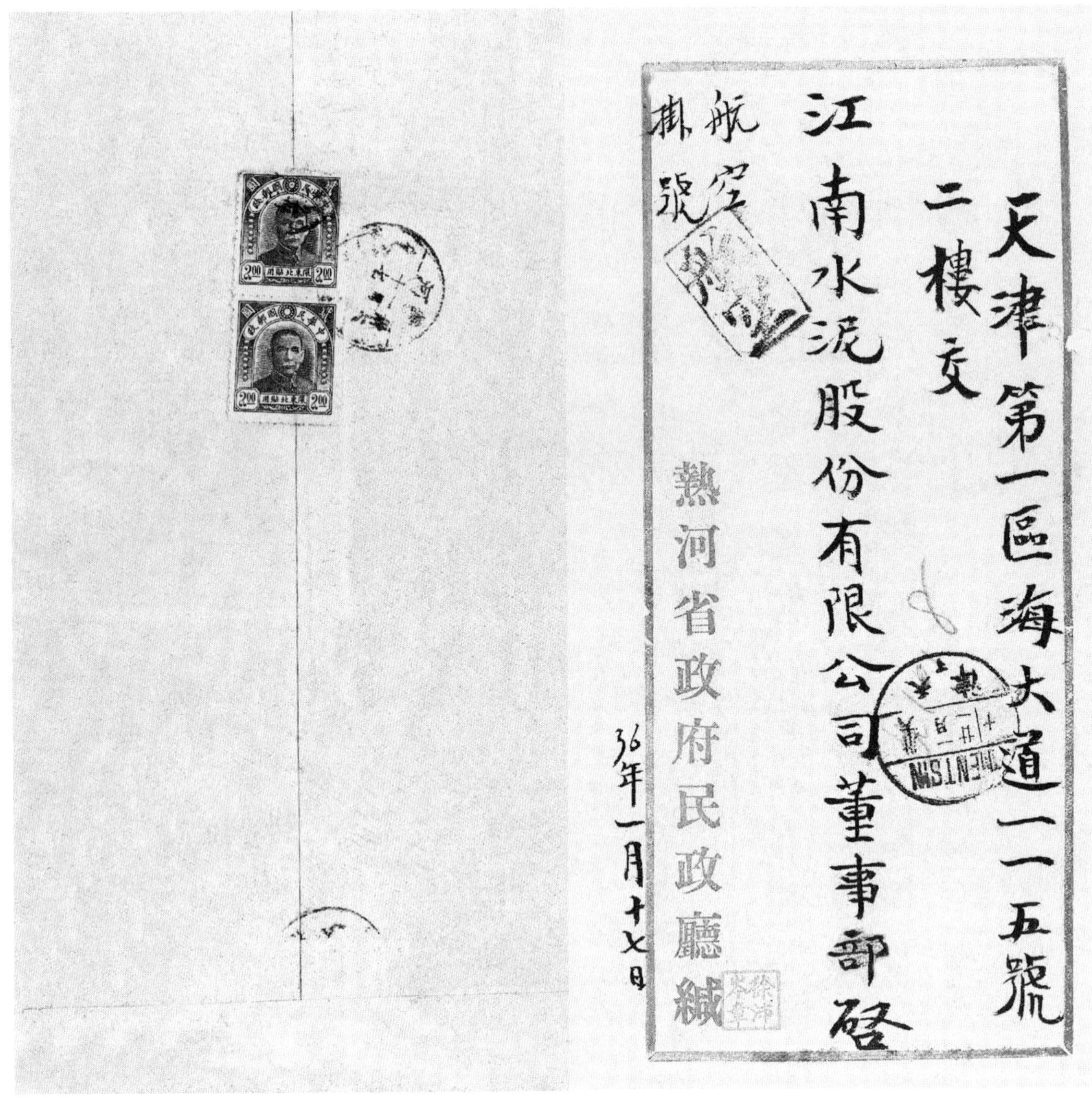
天津第一區海大道一一五號
二樓交
江南水泥股份有限公司董事部啓
熱河省政府民政廳緘
36年一月十七日
航空
掛號

逕覆者一月十七日接奉 大函敬悉一切函覆如下

(一)公司限一月二十日以前繳納股款日限已近未接賜函不知數目故於一月十五日從郵局航空掛號附寄法幣貳千元茲准來函應繳法幣五千元除已寄上二千元外應再補繳法幣三千元

41-1-14

寄上請分别查收再熱河郵局與關裡不通滙兌故以法幣代替滙信址上其前寄法幣二千元不知郵到否

(一)敝人股票息單均存家鄉因亂出外未從帶出已去信查找現下家鄉仍不通信一俟明年春間可能稍來在從郵寄上办理手續

熱河省民政廳公用箋

01-1-14

（一）公司登下正副印鑑二紙申請書二紙均加蓋印鑑寄上其未填完全之處請分神代為注明

（一）鄙人通訊地址現下在熱河省政府民政廳第一科服務現時來信請寄現下住址可也再原籍住址河北遵化縣城內鼓樓西街十三號（因乱不能回里以熱河唐山兩處為宜）唐山市住址唐山市東興後街十六號徐和記轉交可也此致

江南水泥公司董事部台照

徐沛岑啓

一月十七日

熱河省民政廳公用箋

No.　　　　　　　　　　　　36年1月23日

逕復者：接奉一月十四日大函附繳增資股款貳仟元，又奉一月十七日大函附繳增資股款叁拾萬元，均已收到。惟查

台端原留印鑑係徐師長榜園篆字章（帶自邊）及楷字（不帶自邊）之章兩方，印鑑核與

台端來函所用印鑑不符，除將兩宗增資股款國幣伍仟元暫予保留外，相應函達即希

台端用原留印鑑來函聲明，如要因遲繳股份經憑股票（連息單）及原留印鑑辦理，若兩者俱無，則難憑核辦，並希

亮詧為荷。此致

徐師長先生

江南水泥公司董事部啟

規格 B5

江南水泥股份有限公司董事部爲增資事務與啓新洋灰有限公司董事部的往來信函（一九四七年一月十六日）

檔號：1041-1-14

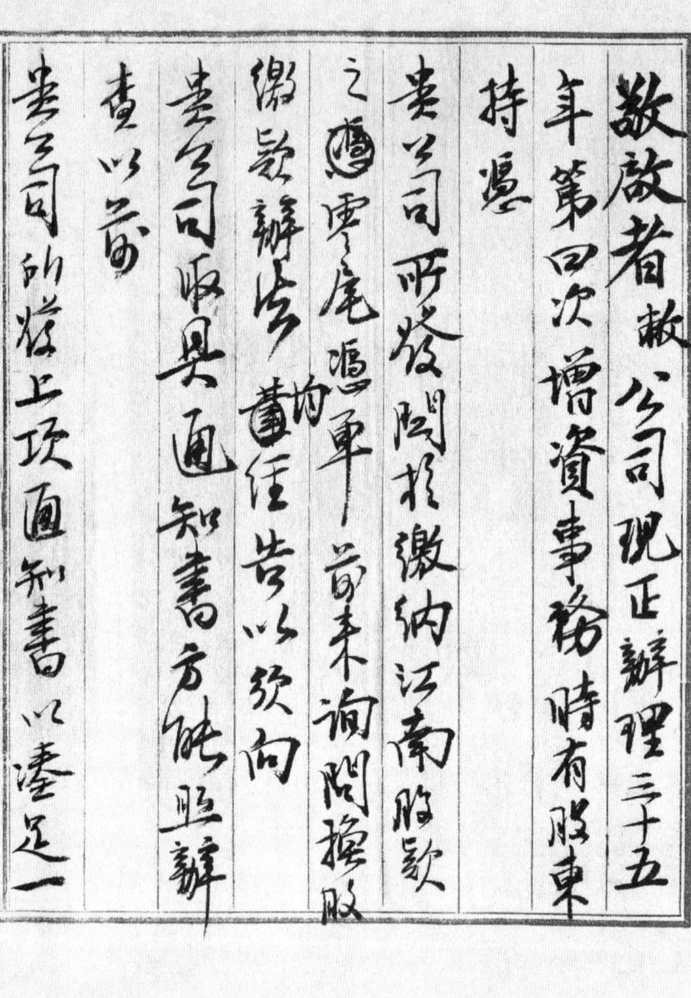

敬啓者 敝公司現正辦理三十五年第四次增資事務 時有股東持憑
貴公司所發關於繳納江南股款之零尾憑單前來詢問換股繳款辦法均經告以欲向
貴公司取具通知書方能照辦
查以前
貴公司所發上項通知書以湊足一

照以上為原則 藉為備案電氣憑

草起見擬徵求

貴公司同意可否照改以滿足一元

僅以上由為原則

貴公司核發通知書以便敝公司

憑以辦理即祈

見覆為荷 此致

啟新洋灰股份有限公司董事部

江南水泥股份有限公司董事會啟 三六、十一、十五

41-1-14

啟新洋灰有限公司董事部書牋

字第　號

逕復者接奉

大函藉悉種切查敝公司所發

貴公司股份之零尾憑單原以湊足壹股始能換發通知書現在

貴公司爲結束此項零尾憑單起見改以湊足壹元換發通知書敝

公司深表同意自即日起照此辦理惟不足壹元者使股東向隅深

恐引起誤會擬請

貴公司不必拘於湊足壹元與否凡有股東持憑零尾憑單者照數

換發通知書用特奉復即希

中華民國　年　月　日

第壹頁

啟新洋灰有限公司董事部書箋

字第 號

查照爲荷此復

江南水泥公司

啟新洋灰有限公司董事部啟

中華民國卅六年一月二十日

第貳頁

天津中孚銀行爲飛機失事致股據憑證遺失事致江南水泥股份有限公司的信函及公司董事部的復函

（一九四七年一月二十日）

檔號：1041-1-14

天津中孚銀行

逕啓者查敝上海總行於本月四日寄津託敝行代辦增資之

貴公司孫恂方抬頭第2319號股票一張計一百四十二股第5205號股票一張計一股第1696號入股証一紙計二股又孫君記抬頭第2321號股票一張計四十一股因飛機失事業已遺失兹特函請

挂失並請

惠允將上項股票及入股証增資手續先行辦理是荷此致

江南水泥公司

天津中孚銀行啓

中華民國卅六年一月廿日第全頁

廿四

逕啓者，接奉一月廿日

大函承示

委上海總行於本月四日寄津託敝

行代蘇塘塗之孫倫方抬頭記名第

2319號股票一張計一百四十二股第5205號

股票一張計一股第1696號南洋股證一紙

計二股又孫君記抬頭第2321號股票一

張計四十一股因飛機失事業已遺失

請為掛失請查

嗣將上項股票及股證擲還，以便

先行辦理等因，茲附上股票掛失

申請書及補發股票保證書各一紙，請

用原留印鑑並登報五日，

以便照章補發股票股證。至擲還保留權益

請為持憑敝公司

此函先行繳納擲還股款，統希

查照為荷。此致

天津中孚銀行

江南水泥股份有限公司董事會啟

股東楊鴻聲爲請準予注册更正股據印鑑致江南水泥股份有限公司董事部的信函（一九四八年三月十七日）

檔號：1041–1–10

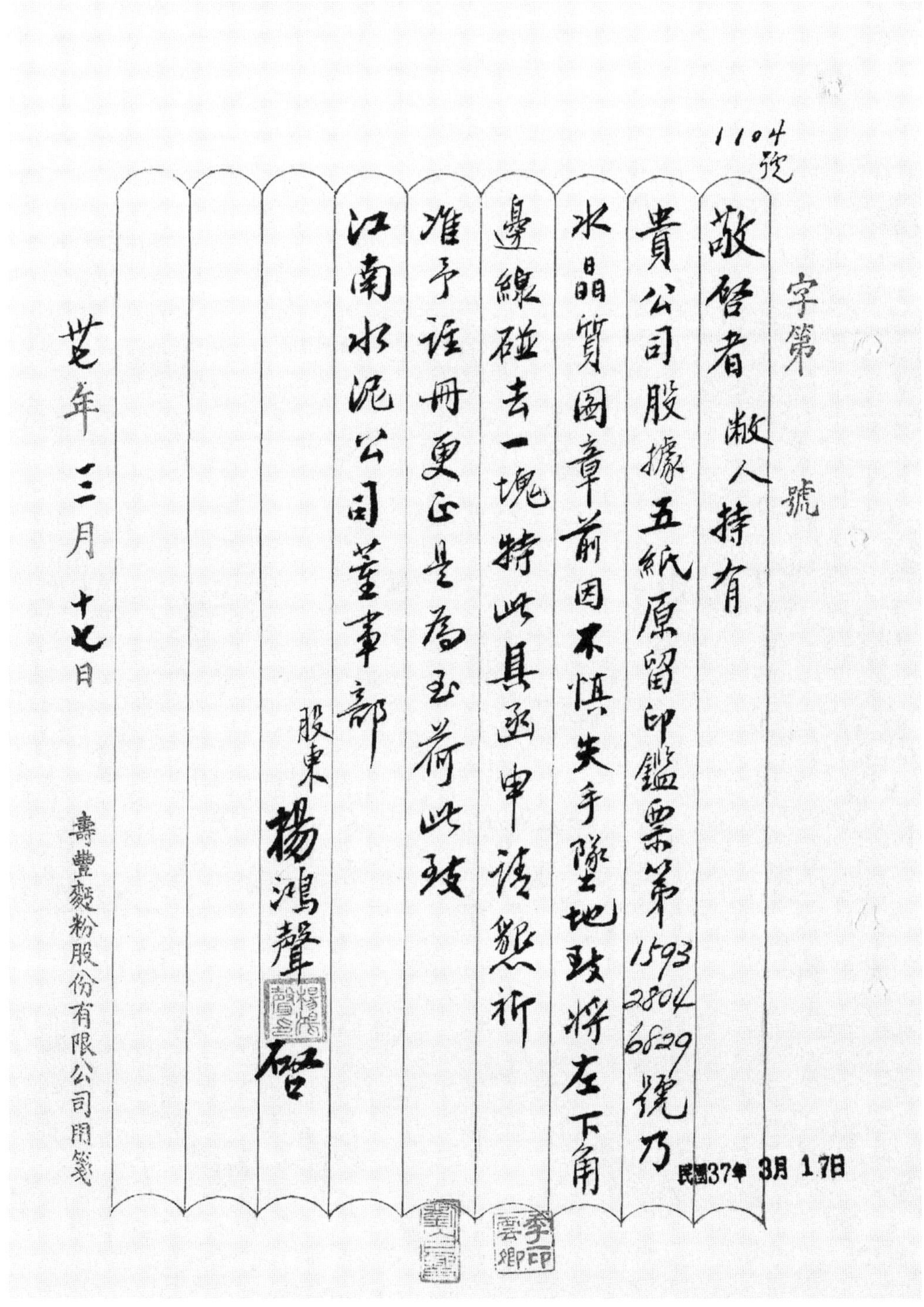
1104號

字第　號

敬啓者　敝人持有

貴公司股據五紙原留印鑑票第1593、2804、6829號乃

水晶質圖章前因不慎失手墜地致將左下角

邊線碰去一塊特此具函申請懇祈

准予注册更正是爲至荷此致

江南水泥公司董事部

股東楊鴻聲（印）啓

卅七年三月十七日

民國37年3月17日

壽豐麵粉股份有限公司用箋

叁

恢复建设

江南水泥股份有限公司棲霞工廠上海辦事處爲寄送登記案往返文件及查明借用啓新水泥公司機具情形等致常務董事會信函（滬南字一至三號）（一九四六年三月二十七日至六月二十七日）

檔號：1041-1-41

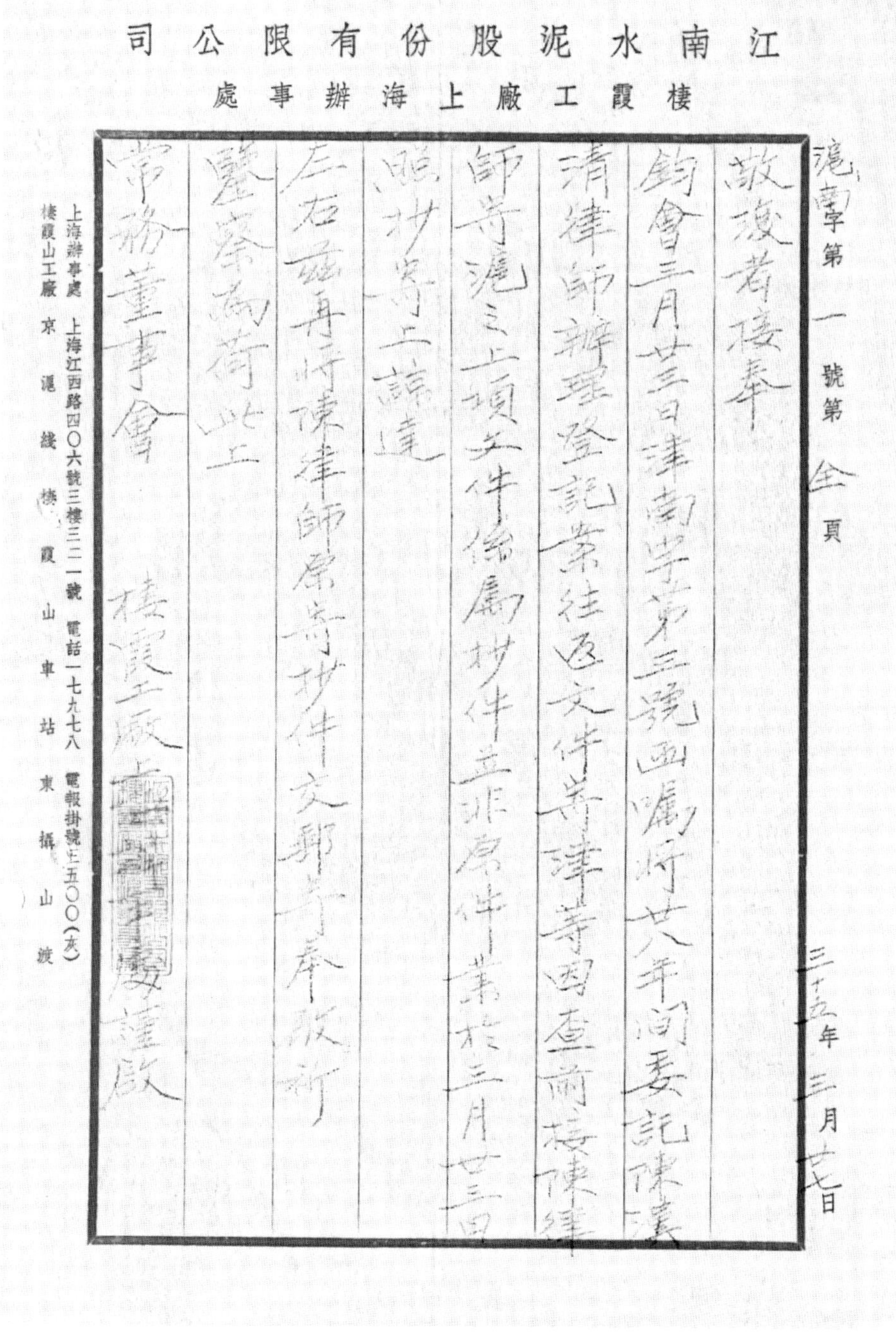

江南水泥股份有限公司

棲霞工廠上海辦事處

滬南字第一號 第全頁

敬復者接奉

鈞會三月廿三日津南字第五三號函囑將廿六年間委託陳漢清律師辦理登記案往返文件寄津等因查前接陳律師寄滬三項文件係屬抄件並非原件業於三月廿三日照抄寄上諒達

左右茲再將陳律師原寄抄件交郵寄奉敬祈

鑒察爲荷此上

常務董事會

棲霞工廠上海辦事處謹啟

三十五年三月廿七日

上海辦事處 上海江西路四〇六號三樓三二一號 電話一七九七八 電報掛號二五〇〇（[illegible]）

棲霞山工廠 京滬綫棲霞山車站東攝山渡

江南水泥股份有限公司
棲霞工廠上海辦事處

字第　號第　頁

寄上甫棲陳漢清律師并泥登記案文件如左
一、經濟部商字一二五五一號批一件
一、本公司代理人陳漢清律師呈綫經濟部文稿一件
一、經濟部商字五三一七〇號批一件
計叁件

年　月　日

上海辦事處　上海江西路四〇六號三樓三二一號　電話一七九七八　電報掛號七二五〇〇（灰）
棲霞山工廠　京滬綫棲霞山車站東攝山渡

江南水泥股份有限公司
棲霞工廠上海辦事處

泥南字第二號第一頁

敬復者前奉
尊處一月卅一日津南字第元號函以廿五年四月間棲廠
借用啟新唐廠十噸千不拉兩具囑查明有無殘損
現置何處等因查該項千不拉兩具經詢據棲廠賈
瑞林君稱確於廿六年抗戰開始前由渠監督裝箱
運還啟新唐廠不悉是否並未運到但棲廠現無何項
證明文件應如何處理即祈
裁奪函復啟新為荷此上

卅五年三月廿九日

上海辦事處 上海江西路四〇六號三樓三二一號 電話一七九七八 電報掛號三五〇〇（灰）
棲霞山工廠 京滬綫棲霞山車站東攝山渡

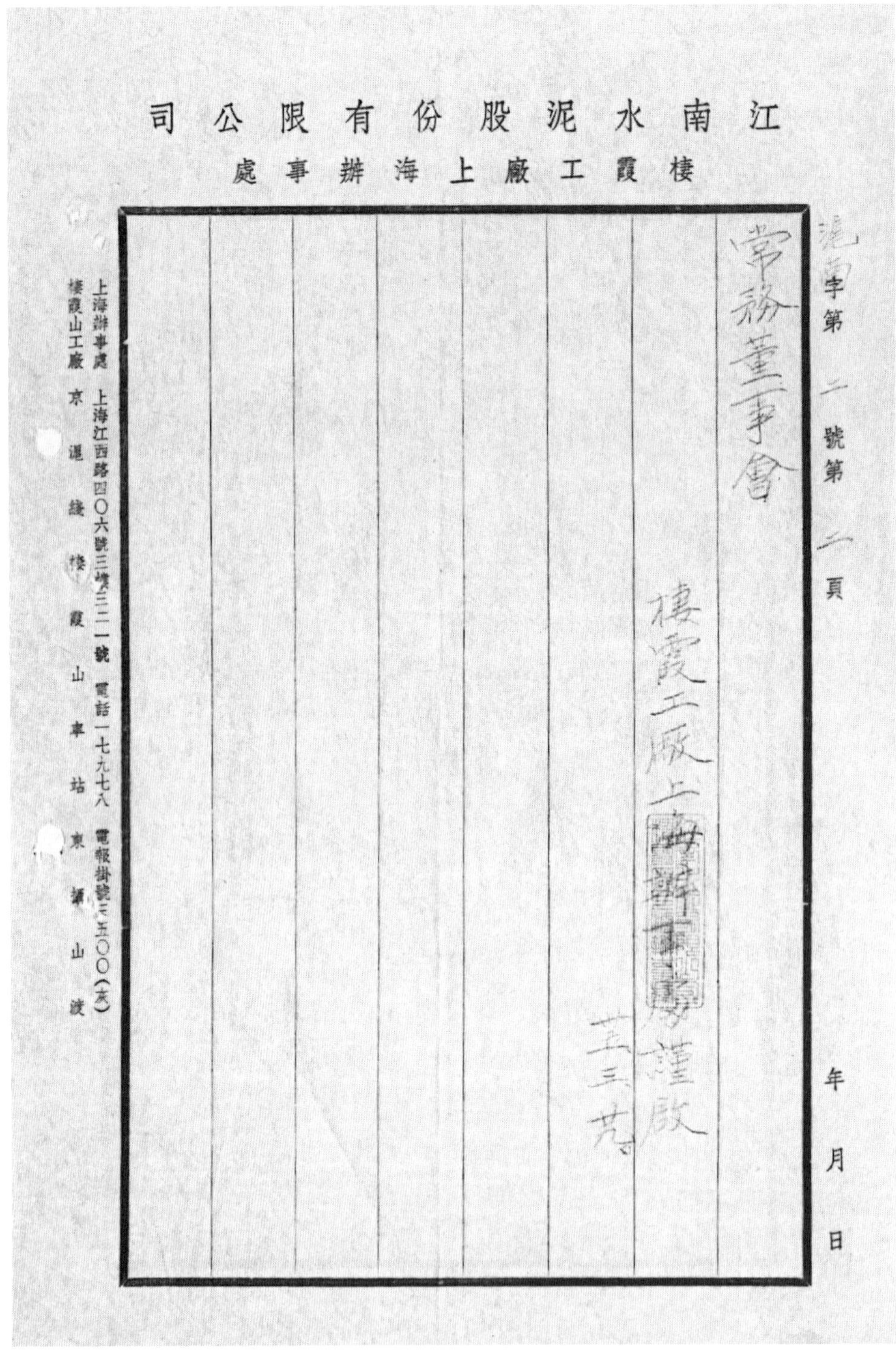

江南水泥股份有限公司
棲霞工廠上海辦事處

滬字第 二 號第 二 頁

常務董事會

棲霞工廠上海辦事處謹啟

廿三.三.廿九

年 月 日

上海辦事處 上海江西路四〇六號三樓三二一號 電話一七九七八 電報掛號三五〇〇（太）
棲霞山工廠 京滬綫棲霞山車站 京滬山波

江南水泥股份有限公司
棲霞工廠上海辦事處

副
DUPLICATE

滬南字第三號第一頁

敝公司者奉津南字第六號
大函敬悉
一、承 囑調查上海大華銀號曾否顧若干何人創辦各節，因敝
處與該號向無往來，故不知其內容，已托友查詢，另紙錄呈。
二、承 寄來收字第二之號轉帳單一紙，已收到，自當分别照付轉帳。
三、陳董事長在敝處支取法幣捌拾伍萬元，應轉
鈞會帳祈 填寄收款轉帳單為荷。
四、羅叔書仲平前在 尊處支取法幣伍萬元，已交還敝處收

卅五年六月廿七日

江南水泥股份有限公司
棲霞工廠上海辦事處

滬南字第三號第二頁

鈞會帳請　填寄付款轉帳單爲荷此致

常務董事會

棲霞工廠謹啟

廿八 芝

附上海大華銀號調查記錄乙紙

年　月　日

上海辦事處　上海江西路四〇六號三樓三二一號　電話一七九七八　電報掛號三五〇〇（夾）
棲霞山工廠　京滬綫棲霞山車站東攝山渡

上海大華銀號調查記錄

地址　上海江西中路298號　電話　一五七四九

一、沿革　抗戰前原有大華銀號在抗戰期間由原合夥人出盤與現合夥人仍沿用原商號名稱繼續經營

二、資本額　無定額

三、組織　合夥無限公司

四、創辦人　唐信才、吴逸民等

五、經營業務　錢莊存放進出口、投資等

六、内容　信譽尚佳

七、現任經副理　經理　唐信才　副經理　吴逸民　福建人

一九四六年江南水泥股份有限公司常務董事會致棲霞工廠（江南水泥廠）上海辦事處流動資金借款、支用辦公費等的信函（一九四六年三月三十日至十二月二十九日）

檔　號：1041-1-41

津南　　四　　全

敬啓者本年三月二十日

廣經理致言秘書函（為劉子益君承滙渝款交割逾期計算補償事）已呈

閱悉

常董會予核減係以卅四年六月九日與十一日美金行市之平均數計算（附

算草一紙計約可減少壹百肆拾叁萬餘元）請

參酌與之商洽並說明友誼關係經

貴處與敝處函商計算損失務求低平合理請其諒解是荷此致

棲霞工廠上海辦事處

常務董事會啓

三　五　三　卅

副本

津南　五　全

敬啓者接滬南字第一號

大函附寄陳漢清律師抄件（爲公司登記事）已收到另寄照抄該件亦收到茲以流動金不敷周轉已向交通銀行津分行以棲廠存石膏三百噸爲擔保品與之訂立質押透支契約借款額以伍百萬元爲限以六個月爲期月息三分六釐（自四月一日起）現由該行送來工礦事業調查表一份照抄格式一份寄請

將尊處能塡者儘量塡記寄下以便彙塡爲荷又廠存石膏共尚有若干噸存放地點請繪略圖見示以備交通銀行津行洽詢統希

台詧爲荷此致

棲霞工廠上海辦事處

常務董事會啓

附抄表一份

三五　四　二一

副本

滓南　六　全

敬啓者敬前號函計達

大覽茲將奉達之事列左

一、查棲廠建廠時購用啓新洋灰尚欠啓新南店貨款國幣玖萬貳千玖百貳拾肆元（原額玖萬柒千柒百伍拾陸元扣去退袋款肆千捌百叁拾貳元實欠玖萬貳千玖百貳拾肆元）該款應由啓新南店向本公司總店收取者請尊處備款逕交啓新上海辦事處收帳爲荷

二、上海大華銀號資本額若干何人創辦其內容若何現任經副理何人請查示爲荷

三、寄上收字第二七號轉帳單一紙請照付轉帳爲荷此致

棲霞工廠上海辦事處

常務董事會啓

附轉帳單一紙

三　五　六　十九

江南水泥股份有限公司

津南 七 全

敬啓者接滬南字第三號

大函敬悉分復如次

一、關於 陳常董在 貴處支用辦公旅費法幣捌拾伍萬元本應由 貴處填寄通知單通知敝處轉帳

但 貴處已有月報册敝處可按月報轉帳故 貴處亦可省填通知單希

查照爲荷

二、關於羅秘書仲平前在敝處借支法幣伍萬元及補給六月份薪津之一部計法幣肆萬零伍百捌拾元

之付字第157A及159號轉帳通知單各一紙已於七月二日寄上諒荷

收督矣

三、貴處七月廿七日寄來中華水泥工業聯合會爲呈請改訂水泥進口稅率及呈請通令各機關儘先採

用國貨水泥呈院，部，會文稿已收閱歸檔此致

棲霞工廠上海辦事處

常務董事會啓

三 五 七 卅一

江南水泥股份有限公司

副本

津南 八 仝

敬啓者接泥南字第四號

大函已悉分復如下

一、關於華新水泥公司函商借用手提鑽四具及移動壓氣機一具事均可借

給其華新來函中所稱「如蒙慨允盼將機件及鑽鋼之折耗應如何作價

示知俾需照付爲荷」一節請

貴處斟酌函復該公司爲荷

二、承抄中華水泥工業聯合會滬第二三、二四號函均悉此致

棲霞工廠上海辦事處

常務董事會啓

三五 八 十

江南水泥股份有限公司

津南　九　全

敬啓者茲寄上本公司訂十二月廿日召開股東臨時會登報公告稿一式二份除
在天津登報外請
貴處在滬報登載自十二月五日起（星期二有開滬飛機此函四日晨可到）間
二日或三日登至開會日止爲要此致
棲霞工廠上海辦事處

常務董事會啓

附公告稿

三五　十二　二

江南水泥股份有限公司

江南　十一　仝

敬啟者本月十八日第四十六次董事會討論同人待遇調整案並討論董事長常務董事董事監察人近年來雖酌加津貼惟爲數極微因公車會酬應所需不敷遠甚議決酌予貼補藉賠公誼按照董監事任職年月分別致送并敬除在津董監由敝處分送外計在京滬董監應送上開補償費數目如下

以董事長　國幣叁百萬元

曾董事　國幣壹百伍拾萬元

庾董事　國幣壹百伍拾萬元

栗監察　國幣壹百伍拾萬元　即希

貴處備款代敝處分別致送並開附款知照單寄下轉帳爲荷此致

棲霞工廠上海辦事處

常務董事會啟

附寄　登記呈文正本副本一份　決議錄二份　股東名簿一式二份另封郵

三五　十二　廿九

江南水泥股份有限公司

庾宗湛、孫柏軒爲保護廠中山場林木致中國陸軍總司令何應欽的信函（一九四六年四月八日）

檔　號：1041-1-41

第一頁　　卅五年四月八日

呈爲呈請

頒發佈告保護商廠森林事竊商廠爲防止旱潦點綴風

景全部山場自廿三年起開始植樹十餘年來苦心經營始長

大成林人力物力所耗甚鉅乃近日偶有少數士兵未知造林

之艱難砍作柴薪業經投請駐軍官佐予以制止外懇

鈞長垂念此項森林培植匪易出示保護嚴禁砍伐理合備文

呈請仰祈

鑒核施行實爲德便謹呈

第二頁

中國陸軍總司令何

江南水泥有限公司總經理處

經理 顏密生

副經理 徐柏甫

年 月 日

江南水泥股份有限公司棲霞工廠（江南水泥廠）現存固定資産表（一九四六年七月）

檔號：1041-1-55

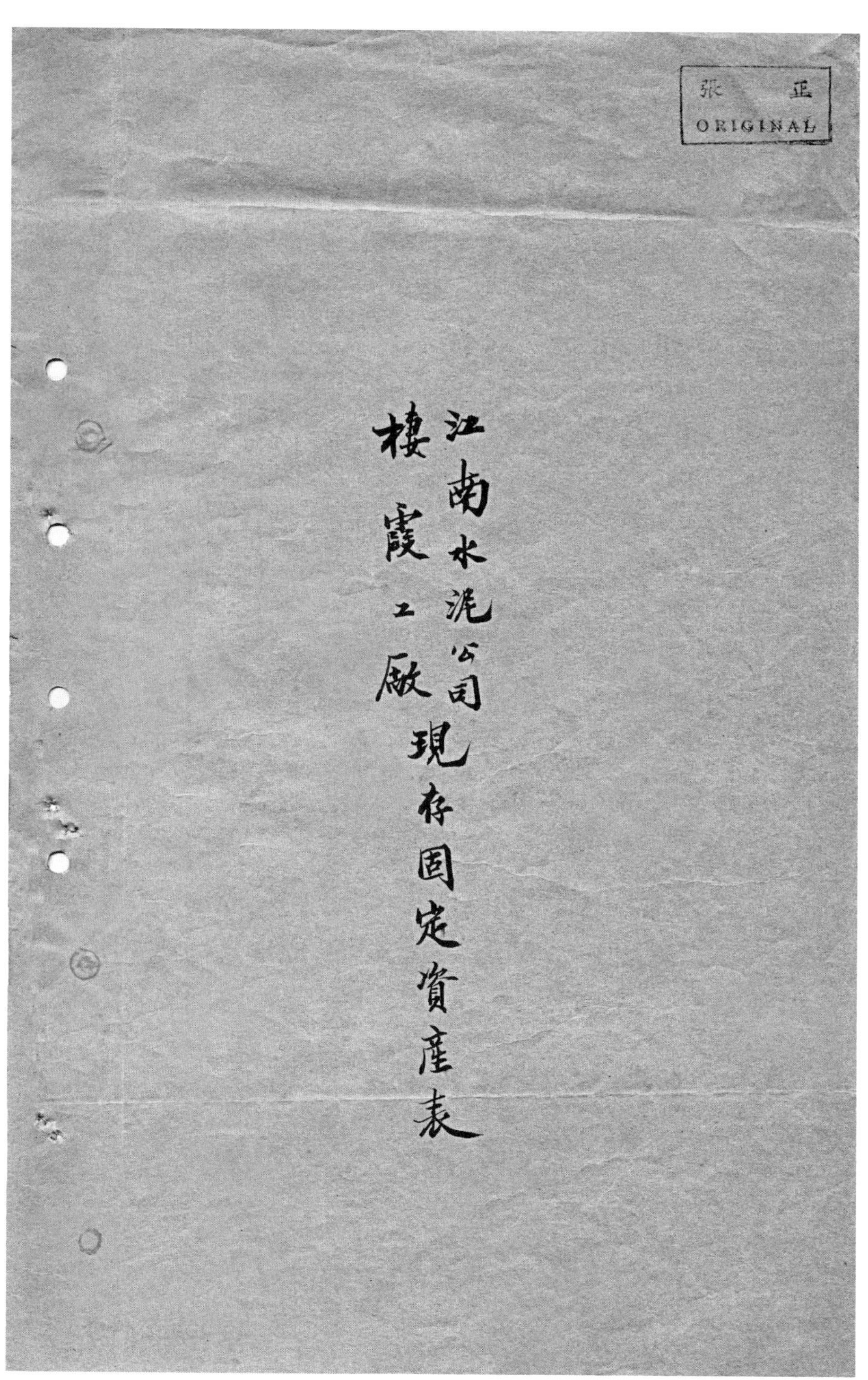

張　正
ORIGINAL

第五頁

建廠用地畝工料機件增值倍數表

民國35年7月編

細目		單位	25·26年市價（法幣）	⊗最近市價（法幣）	增值倍數
地畝	稻田	畝	5000	30000000	6,000倍
	山地	〃	1500	10000000	6,700倍
	合計				12,700〃
	平均				6,350倍
建築工料	小工工資	一工	35 40	500000 600000	15,000倍
	瓦木匠工資	〃	50	800000	16,000倍
	洋松	每千呎	10000	80000000	8,000〃
	本松	〃	7000	33000000	4,700〃
	鋼筋	噸	11000	60000000	5,500〃
	水泥	桶	450	2200000	4,900〃
	石子，沙子	方	1000 1500	20000000 25000000	18,000〃
	青磚	萬塊 約	7000		
	石灰	担 約	80	1100000	13,700〃
	鋼骨房架	噸	12000	80000000	6,700〃
	石棉瓦				
	合計				92,500〃
	平均				10,300倍
機器配件				2.5×2,000/3.3	1,500倍

⊗此係35年7月間市價該時美匯率為美金1元折合國幣2020元。

會計

棲霞山工廠現存固定資產增值表

民國36年7月編

第1頁

細目	26年底止帳冊原值	根據增值表酌定倍數	※估計現值	備考
	十萬千百十元角分	十萬千百十元角分	十萬千百十元角分 億千萬	
購置地畝	152,937.00	6000倍	918	
工廠地價	121,858.12	〃	731	
岔道汽車道等地價	31,078.88	〃	187	
挖墊廠基	71,547.90	10000倍	716	
土質測驗	1,508.28	〃	15	
廠基土方	68,837.58	〃	688	
蓧場填土	1,202.06	〃	12	
建造房屋	1,689,951.36	8000倍	13520	
1. 碾石房	27,079.27	〃	217	原料漿倉179,455.29
2. 原料漿倉及泵房	199,005.01	〃	1592	原料[illegible]房14,810.13
3. 原料及水泥磨房	111,653.91	〃	893	水泵房4,739.59
4. 煤磨房	79,598.12	〃	637	
5. 旋窯房	184,971.26	〃	1480	
6. 烟囱	35,249.77	〃	282	
7. 水泥儲棧房	330,944.22	〃	2648	
8. 碾石膏房	18,309.26	〃	147	
9. 水泥倉及運輸大橋	363,332.13	〃	2907	內運輸大橋58,474.36
10. 水泥棧房	42,584.39	〃	343	
11. 發電廠	22,134.68	〃	177	
12. 修機廠	50,134.91	〃	401	
13. 化驗室及辦公室	44,288.61	〃	354	
14. 材料庫房	15,680.94	〃	125	
15. 職工房屋	128,324.32	〃	1027	
16. 俱樂部房屋	22,430.27	〃	179	
17. 小學校舍	8,227.49	〃	66	
18. 蓧場房屋	5,666.79	〃	45	
現存機器	1,013,284.76	1500倍	1520	
採石機	69,473.14	〃	104	
過次頁	1,983,909.39		15258	

※ 此係36年7月間估計之資產價值，該時外匯率為美金一元折合國幣2,020元

會計

棲霞山工廠現存固定資產增值表

民國36年7月編　　第二頁

細目	26年底止帳面原值	根據增值表所定倍數※	估計現值	備考
	十萬千百十元角分		百億 十億 億 千萬 百萬	
承前頁	1983909.39		15257	
碾石機	97011.64	1500倍	146	
泥漿機	32144.07	1500倍	48	
碾石膏機	28682.53	〃	43	
水泥存倉機	72339.45	〃	109	
灌漿機	208976.15	〃	316	
提運機	85483.22	〃	128	
水泵	7611.72	〃	11	
柴油引擎發電機	54116.71	〃	81	
剩餘馬達等　約	54795.57	〃	82	
電笛	1859.41	〃	3	
電燈電話設備	9366.90	〃	14	
修機廠機器及設備	66817.82	〃	100	
化驗室儀器及設備	25539.22	〃	38	
機器配件	199166.71	〃	299	
交通設備	156219.74	7000倍	1094	
火車路道	77255.67	〃	541	
汽車道	39793.74	〃	279	
河道	37437.63	〃	262	
廠內道路	1732.80	〃	12	
公用設備	72633.80	6000倍	436	
自來水工程設備	42215.32	〃	253	
衛生工程設備	5298.02	〃	32	
溝渠工程設備	13648.03	〃	82	
消防設備	2168.41	〃	13	
樁柱	6097.67	〃	37	
籬笆	3206.45	〃	19	
雜項設備	4426.17	6000倍	27	
過次頁	3,156574.65		18203	

※ 此係36年7月間估計之資產價值該時外匯率會計為美金一元折合國幣12000元.

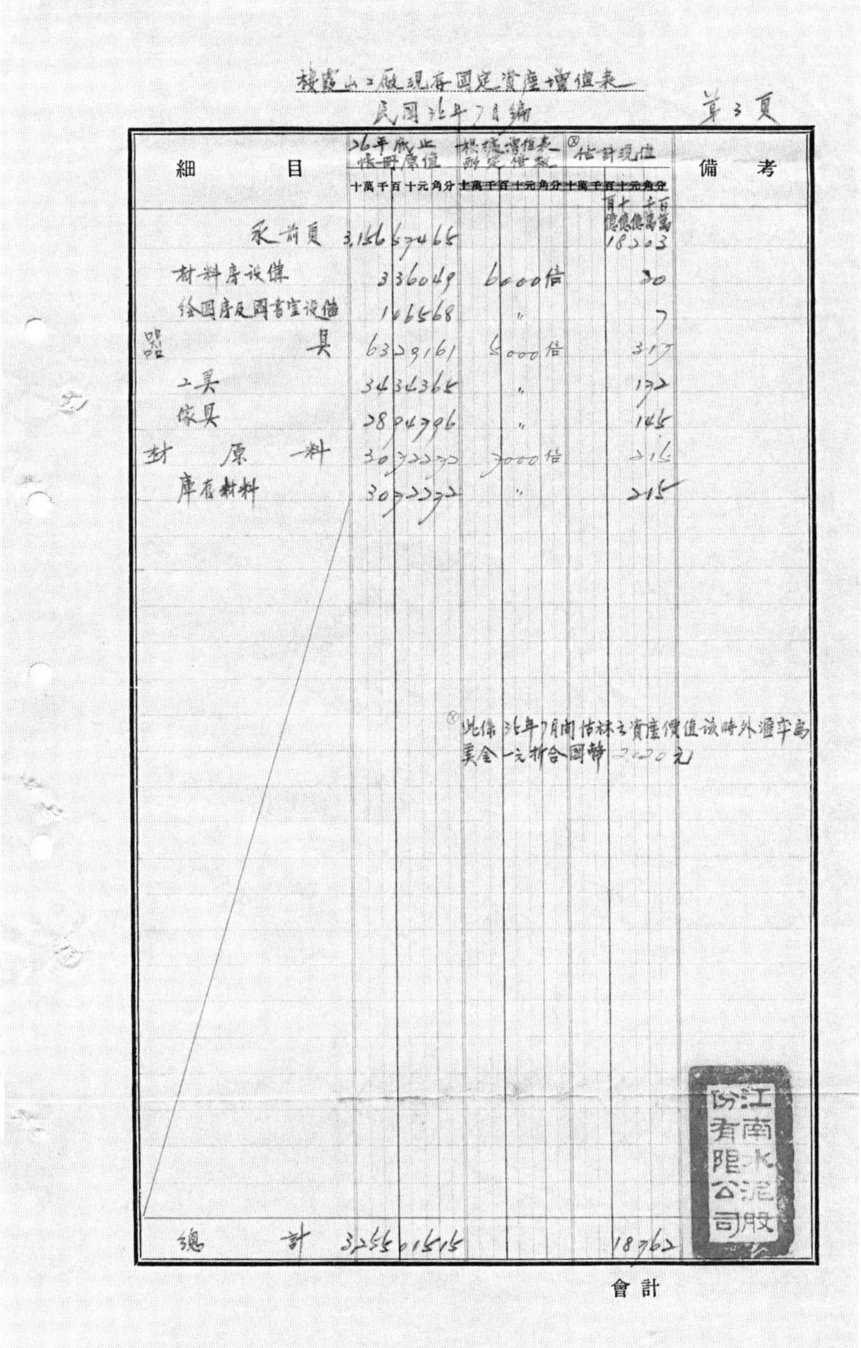

棲霞山工廠現存固定資產增值表

民國36年7月編　　第3頁

細目	36年底止帳册原值	根據增值表所定倍數	⊗估計現值	備考
	十萬千百十元角分	十萬千百十元角分	十萬千百十元角分（百億十億億千萬百萬）	
承前頁	3,166,574.66		18,203	
材料庫設備	3,360.49	6000倍	20	
繪圖房及圖書室設備	1,165.68	〃	7	
器具	63,291.61	5000倍	317	
工具	34,343.65	〃	172	
傢具	28,947.96	〃	145	
原材料	30,722.32	7000倍	215	
庫存材料	30,722.32	〃	215	
總計	3,255,015.15		18,762	

⊗此係36年7月間估計之資產價值，該時外匯率爲美金一元折合國幣2020元

會計

江南水泥股份有限公司

請改訂水泥進口稅率及請通令各機關盡先采用國貨水泥的呈文（一九四六年七月二十七日）

檔　號：1041-1-41

中華民國卅五年七月廿七日收到

呈請改訂水泥進口稅率文

飭令新改院轉飭財政部

轉咨財政部

咨行政院轉飭財政部

飭令財政部

轉請國民政府飭令財政部

呈為外貨水泥大量輸入，國產廠商危機迫切，懇祈鑒核，迅改水泥進口稅率，剋日施行，並停供訂購水泥外匯，以杜傾銷，而資救濟事。竊查我國水泥工業數十年來慘澹經營，成效日著。民廿三年間因俄日水泥運華傾銷，一度感受威脅，幸賴當局洞察艱危，熟籌利害，並將進口稅率予以改訂，卒能杜塞漏卮，起衰救弊，收效之宏，彰彰在目。屬會各廠感奮之餘，深用惕勵，並為上体政府維護國產之至意起見，堅守本位，益矢努力，以圖業務蒸蒸日上，不僅產量方面足供全國需要而有餘，品質之優良尤能趕過歐美先進國家之標準，為我國工業技術放一異彩。抗戰軍興，屬會各廠咸以水泥工業有關國防，雖冒炮火危險，無不勉力維持，庶使軍事工程之需要不虞匱乏，並以聊盡國民之天職。迨國軍西撤，屬會各廠多數淪入敵手，且因拒不合作，或遭拆除，或被強佔，損害慘重，言之痛心。茲幸敵寇降伏，極應盡樹復興之基，自不以振興工業為前提。水泥為我國重要工業，戰後能否獲得長足之進展，對於建設前途所關尤鉅。屬會各廠有見及此，雖在瘡痍滿目、元氣斲喪之際，猶復不辭艱困，迅謀規復，藉達增益生產、貢獻建國之目的。惟自今春海運重開以來，大批歐美貨物相率來華傾銷，其中影響最深、關係最巨者，莫如水泥。根據總稅務司署之統計，自本年一月至五月底止，水泥進口數量計約十三萬六千餘公担，價值達國幣五十億元。六月份統計數字雖尚未經發表，惟聞數額之巨，竟在前數月總值以上。單就上海新聞報載，六月又口美輪泛碱史山號運來者，聞言為數已達十萬包，計合五萬公担，照此推算，本年下半年水泥進口總數當在五十萬包左右。若美貨水泥進口成本連同水腳雜費在內，每包約合國幣四千元，加徵關稅百分之四十，在滬售價約五千餘元。反觀國產水泥因煤斤短缺、運輸困難、工資昂貴、資金枯竭等種種關係，各廠最高成本每包計需九千餘元，但為應付傾銷，權衡利權，每包現僅售六千餘元，長此以往，必致無法維持，迫至停業，不寧唯是，目前外貨輸入尚在開端階段，一俟英美諸國生產力恢復常態，則其傾銷之力量與範圍更將遠過於今，深慮斯境，此後國產水泥工業安有倖存之理。伏維民族工業，應予合理保護，

使能逐渐恢复，不致摧残。曾经二中全会郑委员洪议，咨告全国在案。今者水泥厂商危如累卵，破产之
期迫在眉睫，若非我政府洞烛艰危，迅赐救济，则此国内稍具成效之工业，必将首遭劫运。事机急迫，不
容缄默，为敢不辞琐渎，缕晰上陈，仰祈
饬令行政院转饬财政部迅
特咨财政部迅
鉴核，赐咨行政院转饬财政部迅将水泥进口税率即予增改，刻日施行，并停止供给订购水泥外汇，以杜漏卮而维实
饬令财政部迅
转请国民政府饬令财政部迅
业，曷胜公感。再，本会系于民国廿四年间集合全国各大水泥公司组织成立，曾经前实业部核准登记，上
海市社会局及上海市党部核准备案有案，合并陈明，谨呈
国民政府
经济部部长 王
财政部部长 俞
立法院院长 孙
行政院院长 宋
国民参政会

呈请通令各机关从先采用国货水泥文

呈为呈请转请国民政府通令全国各机关对于建设所需水泥，应从先购用国产，以杜漏卮而挽艰危事。窃查
水泥为我国重要工业，抗战以前全国各厂在政府社会交相扶掖之下，努力生产，成效日彰，而中央及地方各机
关尤能以国家元气为重，对于建设所需水泥，相率采购国产，各地人民遇有建筑，亦无不以政府提倡国
货之举措奉为表率，源源购用，骎骎之敌，该时日货等外洋水泥虽曾一度运华倾销，卒因我举国上下合力
对付，未能逞其垄断市场摧残我民族工业之愿，国计民生，裨益非浅。抗战军兴，本会各厂鉴于水泥
工业有关国防，虽在战事剧烈之际，犹复不辞艰险，勉力维持，庶使军事工程之需要不虞匮乏，并以聊尽
国民之天职。迨国军西撤，本会各厂多数被敌攫占，经年累月，损害惨重。兹幸河山再造，天日重光，本会
各厂方图渐谋发展，贡献建设，乃自今春以来，欧美水泥大量输入，售价低廉，充斥市场，而我国产货品

格於運輸困難、煤斤短缺、利息高昂、工資增漲等種種原因，雖將售價貶至製造成本以下，猶不足與之競爭。商人眈於近利，竟多摒棄國產，改用洋貨，其最可痛心者，若干機關竟亦有採購外貨外泥用於建設事業者。似維公務人員及政府機關對於購置材料，應儘量採用國貨，早經鈞府、行政院三令五申通飭遵照在案。良以我國素為產業落後國家，厤年入超，至堪驚人，倘我國民仍不憬悟於民生國脈之危殆，轉以購用外貨是尚，則不僅民族工業將陷絕境，且恐整個國民經濟將淪為他人附庸而不能自拔，不寧唯是，水泥為我國稍具成效之新興工業，以言產量，目下已可逐漸自給而有餘，以言品質，則且凌駕歐美先進國家標準之上，為國家經濟計，為民族前途計，皆無崇尚洋貨之理，況國家從事建設之本意，原在繁榮產業，發展經濟，俾使全國人民臻於康樂富强之域，若令建設所需之資材，全恃舶來，雖有量多質美之國貨，仍置不用，坐使瀕危日深，工業凋殘，則恐建設之目的未達，而全國人民將無噍類矣。更有進者，抗戰勝利以後，建國必成為全國上下一致之信念，惟建國以建設為本，而建設事業之進行，又端視水泥之能否源源供應為斷，萬一水泥工業因國人樂用外貨，馴致無以自存，顧瞻前途，益增悚懼，庶會心所謂危，用敢瀝陳實情，仰祈

鈞府鑒核，轉請國民政府迅賜通令全國各機關，嗣後對於各項建設，務儘先採用國貨水泥，以維實業，仍乞

批示祇遵，實為德便。謹呈

國民政府

行政院院長 宋

國民參政會

王百星爲公司常務董事商定股東也可在上海交付股款等事致庚宗湼及孫柏軒的信函（一九四六年十二月二十三日）

檔號：1041-1-41

No. 年 月 日

宗柏兩兄賜鑒：十二月十八日

尊示及收款知照回單或繳付表四張均敬悉，前寄來十月份月報亦收到，茲

條陳於後：

一、常董商定股東亦可在滬交付股款，請尊處將股東交來股款

收常董會帳並填收款知照單，連同股票或股證郵寄常董會，

股票股証內之號數、戶名、股數、股款應與庚兄須在股票或股証上

証明股款收訖，該票應收回註銷，以免遺失時發生問題，而敝處亦

易查知該項股票股証係由上海寄來註銷者，再舊股票股証

上均須蓋上原印鑑（另寄），附上甲乙字空白申請書各五十張（如不敷用請尊處添印），亦請蓋上原

印鑑（又附上空白新舊副印鑑票各壹百張，如須蓋用新印鑑，聞本年十二月廿日寄下），如何填法，其不能填之處可寄來由敝處代填，以符手續。

俟新股據填就，即寄尊處轉交股東，如有臨時收條（以後臨時收據格式請尊處自定）給股東

時，應將該臨時收條收回換給新股據。

二、趙慶熙此人寄存東司第357號朱樹記股票息票（擬寄東北……）計148股，兌

該股票息單郵寄遺失，起般予通融，在滬註銷，兌新（擬理該息單上亦須蓋上原印鑑）

台洽

日章

規格 B5

No.　　　　　　　　年　　月　　日

三、十二月十日茲函附來十月份會計月報一冊、六至十月份機料總帳務報告一冊、168—170号付款知照回單、戎紙股會廣告報費單等，均已收悉。關於機料帳款處已於十月底止謄帳第二次存欠表及三次損益表內各（前項）數併收或併付上海事務處往來帳內，即希補發為荷，專此奉復，敬頌

籌安

王百□叩

三五、十二、廿三。

規格 B5

言申夫爲寄上海股東通知函及登報稿等事致庾宗淮及孫柏軒的函（一九四六年十二月二十四日）

檔號：1041-1-41

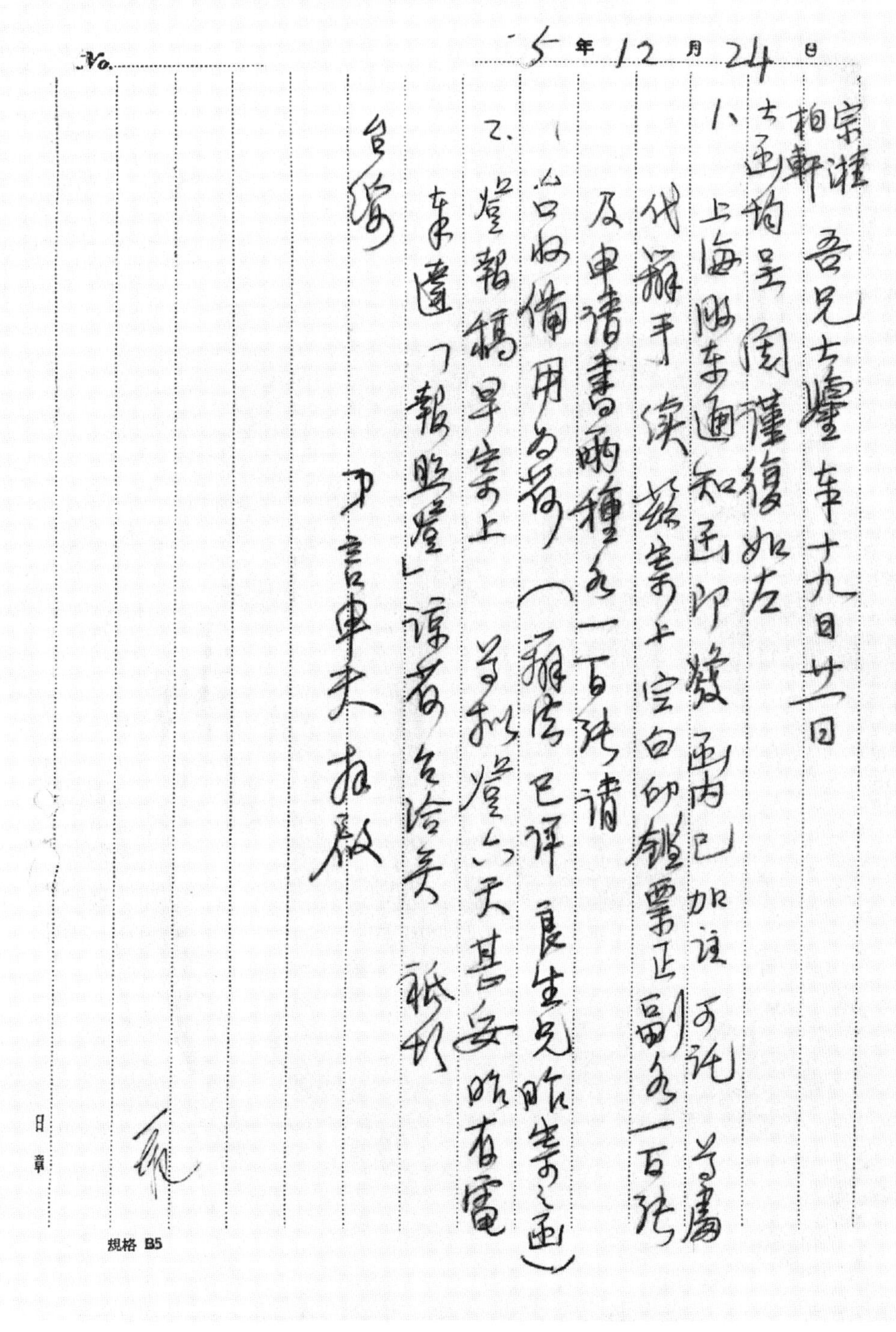
35年12月24日

宗淮
柏軒吾兄大鑒：奉十九日廿一日
大函均呈閱，謹復如左：
1、上海股東通知函印發函内已加註可託
代辦手續，茲寄上空白印鑑票正副各一百張
及申請書兩種各一百張，請
分收備用爲荷（辦法已詳良生兄昨寄之函）。
2、登報稿另寄上，並擬登六天，甚妥，昨有電
來，遵「報照登」，諒荷
台洽矣。祗頌
台綏
弟言申夫拜啟

江南水泥股份有限公司常務董事會爲寄股東臨時會爲支付董事會及相關人員薪水、夫馬費等決議記録致棲霞工廠（江南水泥廠）上海辦事處的信函（一九四六年十二月二十六日）

檔　號：1041-1-41

全

敬啓者茲將佈達之事分述如下

一、茲寄上股東臨時會決議錄一份請　呈各位　董事監察人閱爲荷

一、本公司第四十七次董事會（本月廿五日開會）互選　顔惠慶先生爲董事長　袁心武先生爲副董事長　陳範有先生　前君飛先生　周志俊先生爲常務董事並議決聘任　陳範有先生爲總經理均已就職請查照爲荷

三、寄上十二月廿日股東臨時會通過之章程七份請貴處存一份並分送董事監察人各一份爲荷此致

棲霞工廠上海辦事處

常務董事會啓

三五　十二　廿六

江南水泥股份有限公司

一九四七年江南水泥股份有限公司常務董事會致棲霞工廠（江南水泥廠）上海辦事處的信函（津南字一至四號）

（一九四七年一月三十一日至二月七日）

檔　號：1041-1-41

津南　一　全

敬啓者上年十二月廿五日第四十七次董事會議決董監事總副經理月支薪水夫馬費數額如左

董事長月支薪水五百六十元　副董事長月支薪水五百元　總經理月支薪水九百元　副總經理月支

薪水七百元　常務董事月支夫馬費肆拾萬元　董監事月支夫馬費壹拾萬元均自三十六年一月份起

支按照修改章程規定本公司總事務所設在上海在未正式成立以前應請

貴處暫先代辦所有董事長副董事長總經理月薪及一切待遇均照據同人計算方法核計其一月份並照

同人加給壹個月之待遇至總經理之待遇當由

貴處照爲開支其董事長副董事長之待遇及常董事兼監察夫馬費（夫馬費不加給一個月）請在滬撥

月支付俟轉常董會報至其餘董監夫馬費未在津開支者仍由貴處在滬開支爲荷

查照爲荷此致

棲霞工廠上海辦事處

常務董事會啓

三六　一　廿一

江南水泥股份有限公司

江南 二 全

敬啓者卅五年十二月廿五日本公司第四十七次董事會議決董監兩人酬勞照附擬辦法由常務董事酌撥伍億伍千萬元以資分配一案並將在滬支付董監酬勞金數目開列於下

董事長捌千柒百叁拾陸萬捌千伍百捌拾元（連同在津支付代繳股款壹千伍百玖拾叁萬陸千捌百伍拾元共爲肆千叁百叁拾萬零肆千柒百柒拾元）又請詢明是否擬酌留若干在津購匯股票抑全數在滬撥交　陳常董壹千肆百肆拾叁萬肆千玖百捌拾元在滬支付　唐董事壹千肆百肆拾叁萬肆千玖百捌拾元連同補償夫馬費壹百伍拾萬元均請交　唐宗濬先生代收　顏董事捌百零陸萬捌千壹百叁拾元同常董悉數酬勞金合併爲壹千伍百拾壹萬柒千玖百伍拾元（內已扣借支六個月教育費之半數柒萬捌千元）又監察人　包培之先生應支酬金玖百捌拾柒萬玖千陸百元在津交何人代收抑在滬收取均請　尊處詢明辦理爲荷再　尊處及棲廠兩人酬金數目單已由　陳總經理發交尊處除各仝人在津繳付股款及擬購匯股票用款外餘額應何照發俟將發收單寄上此致

棲霞工廠上海辦事處

常務董事會啓

三六　一　廿一

江南水泥股份有限公司

津南 三 全

敬啓者茲將請由

貴處代案收據及代付酬勞金之收款人姓名款額開列於下

昆德一千八百萬元（已代繳股款並代歸股票寄去收條一紙請交簽收

辛渡爾　叁百萬元請代付　尼爾森貳百伍拾萬元請代付

王松波貳百伍拾萬元（已爲代繳股款寄去收條一紙請交簽字）

吳吉甫郭仁旺陳仲文等以及其他地方人士紹給酬勞者共致送柒百萬元請

貴處　庚經理　徐副理　酌量支配致送爲荷此致

棲霞工廠上海辦事處

常務董事會啓

三六　一　卅一

江南水泥股份有限公司

津南　四　全

敬啓者本月三日第四十八次董事會決照抄議案（未繳款股東逾期仍願繳款者按月息十分附加收款至三月十五日截止）一件並檢寄各該上海方面股東函三件副本及代存股票股證背書單據六張統祈寄上察閱洽收茲再寄上致未繳款股東函十份

貴處前書寄來代收股票股款一批附單一紙茲查單內劉子衡徐燕謀諸君增資股款此間未經收到希

貴處尚未收款即希將印函就近分致爲荷此致

棲霞工廠上海辦事處

常務董事會啓

四日寄上津南字一三二號函副本諒荷　台收

三　六　二　七

江南水泥股份有限公司

江南水泥股份有限公司爲增資繳款事致各股東的通知（一九四七年三月四日）

檔號：1041-1-41

逕啓者：查本公司收繳增資股款以本年一月底爲期，不繳作爲棄權，業經登報催告並聲明不再展期各在案。茲爲體恤過期未繳款之股東權益並兼顧依限已繳款股東權益平衡起見，經二月二日第四十八次董事會提出討論，議決股東逾限仍願繳款者，應自二月一日起按月息十分附加利息收款，至三月十五日截止。相應通知，即希

查照爲荷。此致

先生

江南水泥股份有限公司啓

卅六年三月四日

江南水泥股份有限公司

江南水泥股份有限公司董事會爲召開股東臨時會致各股東函及股東臨時會決議記録（附監察人調查報告書）

（一九四八年五月十六日至三十一日）

檔　號：1041-1-28

逕啓者本公司茲定於五月卅一日下午三時在天津大沽路一〇三號本公司内召開股東臨時會（一）報告卅六年增資完成及續購補充機件與安裝機器情形並預計完工日期籌備開工各事（二）討論增加資本及修改章程務請

貴股東於開會前五日起憑股據換取入場券準時

惠臨出席又自登報日起至開會日止暫行停止股份過户除公告外特此函請

查照爲荷此致

貴股東

江南水泥股份有限公司董事會啓

卅七年五月十六日

江南水泥股份有限公司股東臨時會決議錄

日期　三十七年五月卅一日下午三時

地點　天津第一區大沽路一〇三號二樓

到會股份　一、七四九、七六〇、五一一股

主席　顔惠慶

一、開會

二、主席報告到會股份已足法定額數宣告正式開會

三、報告三十六年增資股款認繳足額案　主席請俞常董君飛報告稱上年五月

三十日股東會通過之重估固定資産價值調整資本方案業已呈奉

經濟部核准豁除將固定資產增資金額六十四億元轉入資本帳戶撥出資
比例分派與各股東外增募之現金新股九十六億元亦已全數認足繳齊其
中三十二億元會決議以超過票面額七倍溢價發行所有溢價金額二百二
十四億元並經全數收足轉入公積金項下

各股東無異議

四、修訂章程案　主席請袁副董事長心武宣讀提案將章程第三條及第十二
條修正草案逐句宣讀請各股東討論（有草案）

議決　通過

五、檢查資本案　監察人包增之等當場調查增資帳目憑證書類出具調查報

告書向衆宣讀

合收東無異議

六、改選董事監察人案　主席稱修正章程案既已通過應請股東照新修改之章程選舉董事十九人監察人四人現時宜暫時休息十五分鐘請股東寫票投匭主席臨時指定股東岳奉之君李立夫君擔任監匭檢票分組計算權數當選人名列左

董事　顏惠慶先生　一、四〇二、五六〇、〇〇〇權

董事　陳範有先生　一、四〇一、一四〇、〇〇〇權

董事　袁心武先生　一、三九八、一四〇、〇〇〇權

董事　周實之先生　一、三八七、一四〇、〇〇〇權

董事　孫章甫先生　一、三八二、二一六、〇〇〇權

董事　俞君飛先生　一、三八一、八三六、〇〇〇權

董事　周志俊先生　一、三八一、一七七、〇〇〇權

董事　劉靖基先生　一、三八〇、〇九七、〇〇〇權

董事　江子礪先生　一、三七九、〇五八、〇〇〇權

董事　盧開瑗先生　一、三七八、二一八、〇〇〇權

董事　曾養甫先生　一、三七六、七三八、〇〇〇權

董事　葉秀峯先生　一、三七四、〇六八、〇〇〇權

董事 孫棐忱先生 一、三七一、七六八、〇〇〇權

董事 庾宗濰先生 一、三六九、九六八、〇〇〇權

董事 趙慶杰先生 一、三六七、〇六九、〇〇〇權

董事 唐星海先生 一、三六二、九一九、〇〇〇權

董事 吳少泉先生 一、三六〇、七一九、〇〇〇權

董事 楊之游先生 一、三五九、三二九、〇〇〇權

董事 周叔弢先生 一、三五五、四二九、〇〇〇權

以上十九人俱當選爲董事

監察人 包培之先生 一、三八五、四〇〇、〇〇〇權

監察人　陳鳴一先生　一、三八三、九七〇、〇〇〇權

監察人　李寵章先生　一、三七八、九〇〇、〇〇〇權

監察人　殷南笙先生　一、三七〇、五八〇、〇〇〇權

以上四人俱當選爲監察人

七、報告全部機器安裝情形並擬購補充機件及預計完工出貨日期案

主席請陳總經理範有報告（另有稿）　主席稱陳總經理及在事各員勤勞努力有此成效深可爲股東慶幸

各股東均鼓掌

八、討論續增資本案　主席請陳常董範有宣讀提案辦法「爲將本公司股份

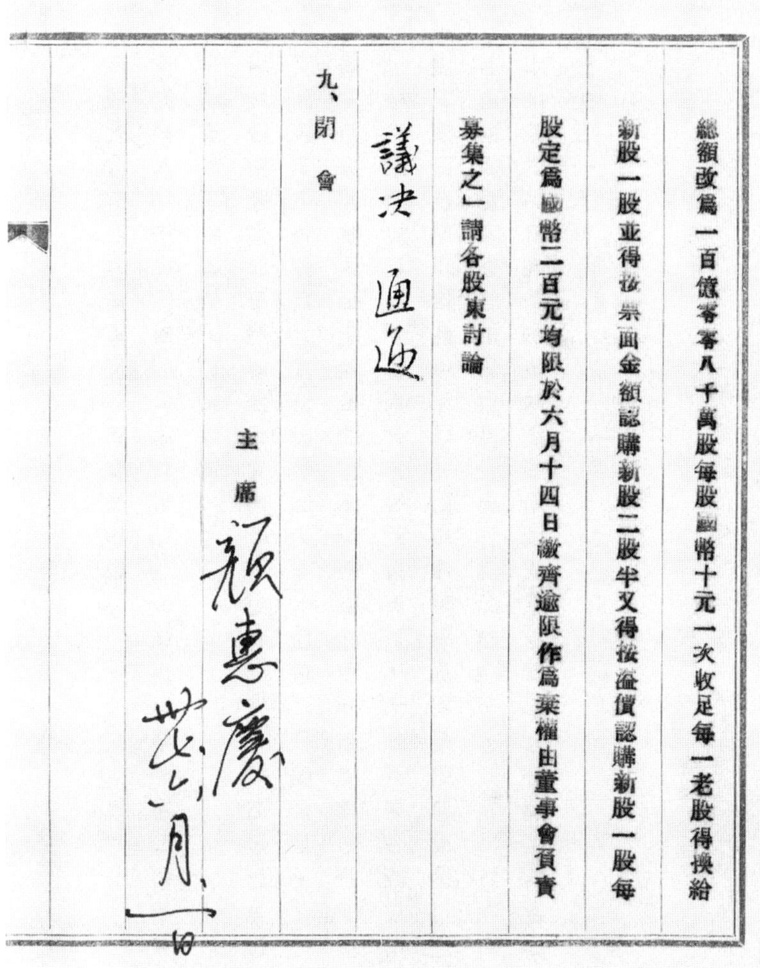

總額改爲一百億零零八千萬股每股國幣十元一次收足每一老股得換給新股一股並得按票面金額認購新股二股半又得按溢價認購新股一股每股定爲國幣二百元均限於六月十四日繳齊逾限作爲棄權由董事會負責募集之」請各股東討論

議決 通過

九、閉會

主席 顏惠慶

卅六月一日

江南水泥股份有限公司監察人調查報告書

具調查報告書監察人包培之等遵照公司法第二五五條規定業將本公司增資帳目憑證書類詳加調查竣事特報告所得結果於後：

一、本公司新增股份拾陸億股每股國幣拾元內計固定資產升值攤派股陸億肆千萬股按照原面金額七倍發行之溢價股叁億貳千萬股確已全部認足。

二、以固定資產升值抵充股款金額陸拾肆億元業經委託會計師查核相符並呈奉經濟部批示核准遵照規定已予轉入資本帳戶按出資比例分派與各股東增募之現金新股除票面金額玖拾陸億元確已如數繳齊外尚有超過原面發行之溢價金額貳百貳拾肆億元亦已按股收足全部作爲公積金。

三、本公司資本總額經調整暨增加後共爲國幣貳百貳拾肆億元分爲貳拾貳億肆千萬股每股拾元一次繳足。

以上各款俱屬翔實並無冒濫情事特此報告。右致

江南水泥股份有限公司股東會

監察人 陳鳴一 包培之 李耀章

中華民國卅七年五月三十一日

肆

公司建設

江南水泥股份有限公司酬勞分配辦法（一九四六年十二月二十五日）

檔號：1041-1-61

酬勞分配辦法

此次分配酬勞擬參照二十四年五月九日董事會提案通過之原則辦理惟當時之組織及預料之情形與目下實際情形頗有出入如廿四年董監總數共十三人（董事十一人監察二人）現在職董監十四人又廿四年常董三人現在職四人又職員工廠開工時準滬寧廠四處約共四十餘人現除寧處無職員外其餘三處因未開工在職職員共僅十餘人故將原來比例略加調整提議臨時辦法如左

一、此次所分酬勞以現在在職人員爲限

二、全部酬勞以百分之卅五爲全體董監事之酬勞以百分之六十五爲全體辦事同人之酬勞

三、全體董監事之酬勞再分爲十六份董事長得三分其餘董監事十三人各得一份但每份應得之多寡以其任職年月之多寡比例攤算之

四、全體辦事同人之酬勞以百分之卅五爲常務董事之酬勞由常董四人按其任職年月之多寡平均比例分配之以百分之六十五爲常董以下辦事同人之酬勞

五、常董以下辦事同人之酬勞以百分之七十五爲普通酬勞按

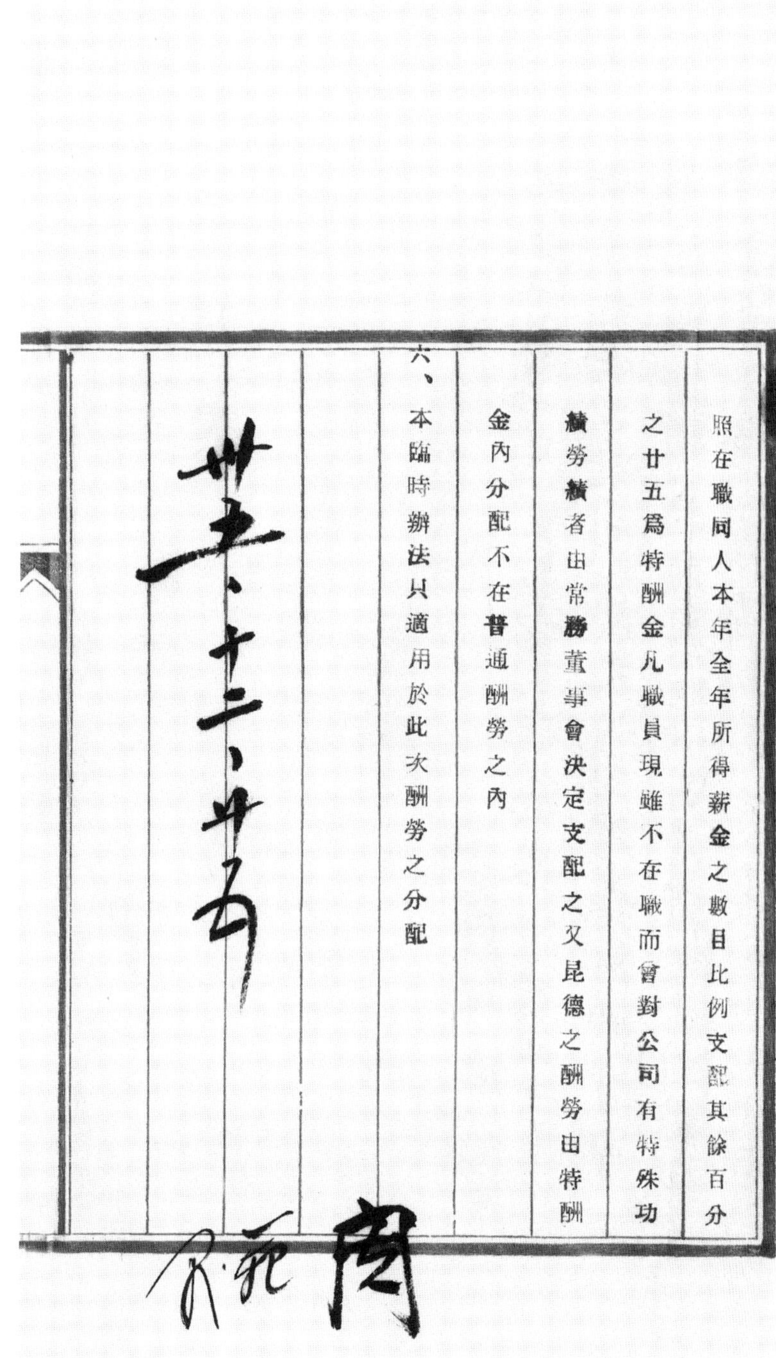
照在職同人本年全年所得薪金之數目比例支配其餘百分之廿五爲特酬金凡職員現雖不在職而曾對公司有特殊功績勞績者由常務董事會決定支配之又昆德之酬勞由特酬金內分配不在普通酬勞之內

六、本臨時辦法只適用於此次酬勞之分配

卅五、十二、廿五

周

江南水泥股份有限公司關于棲霞工廠（江南水泥廠）同仁請求增資提成分給股票的議案（一九四六年十二月二十五日）

檔　號：1041–1–61

議案

查上月廿七日董監事在滬舉行第四十五次會議之際工廠同人聞本公司將舉辦增資曾數度懇切請求按其他公司增資之前例對於同人提成分給股票頗董事長當時表示十數年來同人確屬勞苦但期本公司復興確有規模同人應得利益斷不漠視同人均慰勉有加按本公司

自廿四年創立以来迄廿六年遭逢事變艱苦備經今幸被日寇劫奪之機器大部分可望發還聯總配售之機器業已簽訂契約並與四聯總處進行洽商借欵契約以備開機出貨所需之流動資金此後復興計劃可望循序進行本年十二月廿日股東臨時會通過增資六十四億元案計老股東原有一股者可加三百四十九股並可按票面認入二百五十股而董監同人多年勞苦尤以在淪陷期間保護工廠全部資產及迭次應付被劫機器環境險惡多歷艱辛其所支薪津亦較其他公司為低更有現不在職之職員以前確對本公司著有特殊功績勞績者又本公司自創辦以迄復興期中購買山地及應付各方應遇困難得資臂

助者均宜分別致酬惟本公司此次增資並無可按
成提出之股份俾資分配宜如何籌提現金致酬
之處理合提請
公決
公決董監及同人酬勞（辦法附後）連同應付外界
開支着由常務董事酌籌陸億元以資分配此議

袁心武
周實之
孫棣甫
俞君飛
盧開瑗
陳範有

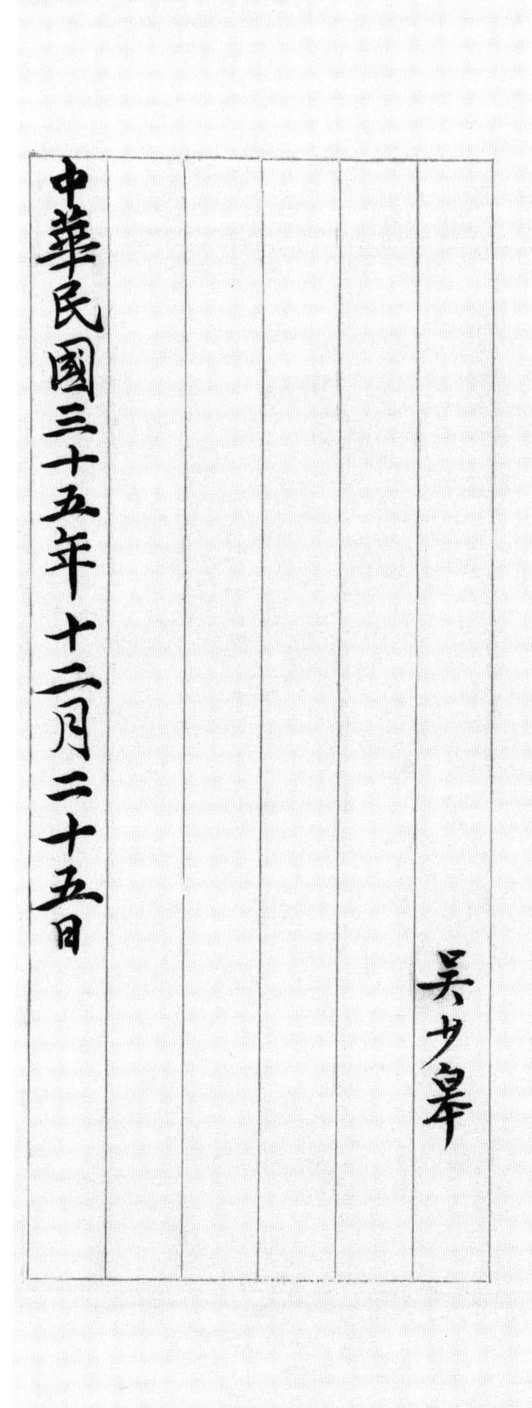
吴步皋

中華民國三十五年十二月二十五日

江南水泥股份有限公司股東臨時會爲增資股本、修改章程等决議記録及董事會議記録

（一九四七年五月三十日至六月一日）

檔號：1041–1–58

江南水泥股份有限公司股東臨時會決議録

日期　三十六年五月卅日午後三時

地址　天津第一區大沽路一〇三號二樓

到會股數　四三一、一二八、九〇〇權

公推袁心武先生臨時主席

主席報告到會股東一六四人計四三一、一二八、九〇〇股權現在到會股權數已超過股份總數三分之二依法宣告開會

一、董事會報告三十五年十二月廿日本公司股東臨時會議決增資股本總額改爲六十四億元已全數以現金收足案

監察人宣讀調查報告書

股東無異議

二、董事會提議修改章程宜讀草案請股東表決

全體股東舉手通過

三、董事會提議照章改選董事監察人主席請股東投票

臨時公推股東劉少臣宋燕林為檢票員開匭檢查計選舉董事票一百零九張監察人票

一百零九張

主席報告當選董事監察人姓名權數如左

董事　顏駿人先生　二七八、一二八、六九〇權當選

董事　陳範有先生　二七六、八一五、六九〇權當選

董事　袁心武先生　二七五、三六九、六九〇權當選

董事　周實之先生　三七一、八七五、四二〇權當選

董事　孫章甫先生　三七〇、九八五、八六〇權當選

董事　俞君飛先生　三七〇、八八六、九六〇權當選

董事　周志俊先生　三七〇、七九六、八二四權當選

董事　劉瑞基先生　三七〇、六五四、一八〇權當選

董事　江子鶴先生　三七〇、六五四、一八〇權當選

董事　盧開瑗先生　三七〇、六四八、八六〇權當選

董事　曾養甫先生　三七〇、六二〇、九八〇權當選

董事　葉秀峯先生　三七〇、六〇五、七〇〇權當選

董事　孫桑沅先生　三七〇、六〇二、八〇〇權當選

董事　庾宗溎先生　二七〇、六〇〇、九〇〇權當選
董事　趙慶杰先生　二六八、八七六、四〇〇權當選
董事　唐星海先生　二六八、八六〇、八〇〇權當選
董事　吳少朱先生　二六八、八二五、九七〇權當選
監察人　包若之先生　二七二、六五四、九〇〇權當選
監察人　陳鳴一先生　二七二、六五〇、八六〇權當選
監察人　李耀章先生　二六八、八二五、〇〇〇權當選

四、董事會報告接洽收回被敵日强奪之機器，迄本年二月間接奉　行政院山東青島區敵偽產業處理局通知應照實點結果予以發還，嗣接資委會山東鋁業公司籌備處函告俟張店交通恢復請即派員會同復查拆運等經過情形案

股東無異議

五、董事會報告訂購水泥機器已由美運抵棲霞工廠一部分據聯總人稱大約六七月間可以全部運抵上海預計八九月間可全部運抵工廠着手安裝如一切順利明年秋間可以安裝完竣案

全體股東均贊成

六、董事會報告曾候救濟總署代訂水泥機器尚缺少一部機件及全部電動機業已向美國芝密斯公司訂購案

股東無異議

七、董事會報告本次召集股東會爲完成三十五年增資手續現在業已完成應即依法進行登記另擬將本公司原有資產估值增資及現金增資俟本會閉會休息半小時再提出討

股東燕爽讀

主席宣告閉會時下午五時十分

股東臨時會主席

中華民國卅六年五月卅日

江南水泥股份有限公司董事會議紀錄

日　期　三十六年六月一日

地　點　天津市第一區大沽路一〇三號二樓

出席董事

顔惠慶（袁代）　袁心武　陳範有　俞君飛　周志俊

周實之　盧開瑗　吴少皋　孫棨忱（陳代）

討論事項

五月卅日股東臨時會通過增加資本總額至國幣二二四億元

關於股東辦理增資手續自應照章登報公告及通函（登報地

點以外之股東均通函一茲提出公告稿及通函稿又新股據
式樣
議決 公告稿及通函稿均如擬辦理新股據式樣照製其董
事簽章仍推顏惠慶袁心武陳範有三位董事簽章辦理
閉會
董事長 顏惠慶

宣一月十六日

羅剛

江南水泥股份有限公司董監事聯席會陳總經理報告增資收款、訂購機器、首都電廠供電議記録
（一九四七年八月二十六日）

檔　號：1041-1-58

江南水泥股份有限公司董監事聯席會議紀録

日期　卅六年八月廿六日下午六時

地點　上海國際大飯店十四樓綠廳

出席董監事　顔惠慶

陳範有

葉秀峯

唐星海

劉靖基

趙慶杰

庾宗濰

盧開瑗

陳鳴一

江子碣

李耀章　江子碣代

主席　顔惠慶

報告事項

（一）陳總經理報告向行總訂購機器裝運情形

本公司與行總訂購新機原定本年五月底以前在美造齊，此項機器第一批在四月廿三日到滬，由張華浜碼頭起卸運廠，嗣後陸續分批運到，迄今共計三十三批運滬，估計所訂機器到滬者約佔百分之九十五運抵工廠者約佔百分之九十分批與其他救濟物資摻雜裝運檢點件數時極為困難幸賴同人努力及時裝運並無遺失重要之件全部行總配售之機件大約二三星期均可運廠現正籌備安裝工程不日即可開始

(二)陳總經理報告關於首都電廠供電接洽經過

查棲霞工廠電力由首都電廠利用其日間餘電供我廠電力戰前即訂有契約並裝好高壓線路淪陷期間所有高壓線路以及變壓器均被拆毀勝利後首都電廠因本身機器損壞效能減低供電極感困難經迭次與該廠洽商允儘先恢復我廠供電接該廠八月十二日來函稱現由軍需部勻給四千KW發電設備明春

即增加電量四千KW明秋可由資委會馬鞍山[illegible]廠供電四千KW對於供給我廠電力當無問題惟路線材料[illegible]後始能到齊明年六月輸電雖無把握但在明冬以前准可供[illegible]查該廠對供給吾廠電力確甚努力據其來函所云似已籌有辦法

（三）陳總經理報告為訂購機件請結外滙之經過

查鞍總以訂機件有一部份未能於本年六月底造成須由我公司自行訂購此項自訂之機件業於本年五月間分批向美國芝密史公司訂妥所需美滙廿五萬餘元迭向輸入管理委員會申請歷時數月至月前始畧有眉目而外滙重行規定新辦法輸管會亦在改組一切須重行接洽進行即令全部核准亦只能按照市價核算與官價

相比總数約差百億左右至於是否能按市價全部核准抑核准若干此刻尚無把握

（四）陳總經理報告增資收款情形

查本公司五月廿日臨時股東會議決增資办法除估值增資六億四千萬股無須股東繳納現金外其餘按照票面入股（簡稱平價股）部份計六億四千萬股溢價部份（每股繳八十元）三億二千萬股截至本月廿三日已收平價股四億二千九百八十餘萬股溢價股七千九百二十六萬五千餘股計平價股已收百分之九十九强溢價現尚未屆滿期只收百分之廿五弱

討論事項

提議本公司增資其溢價部份本月底截止為配合公司金融及便利股東擬將截止日期酌量展緩事查本公司增資溢價部份原定八月廿日截止刻接天津董監事函電以溢價股款屆至八月廿三日止僅收到百分之二十五遠方股東屢有表示要求展期茲為配合公司目下金融狀況起見擬展期一個月酌收逾期利息似對公司及股東兩有裨益是否可行理合提請

公決

決議 溢價股展期一個月至九月底截止不再展期

散會 下午八時

江南水泥股份有限公司江南水泥廠登記表（一九四八年二月二十二日）

檔　號：1041–1–59

核准登記卅七年二月廿四日
登記號數 設新 字 983 2645 號

以表計填三份，一呈經濟部，一寄樓廠以存查，[illegible]、二、[illegible]、遞

自用動力廠登記表

江蘇省南京市江寧縣攝山鎮 江南水泥股份有限公司江南水泥廠 三十[illegible]年[illegible]月[illegible]日

（自用動力廠全部正式名稱）

廠務

主辦機關	名稱（註明主辦機關正式全部名稱）	江南水泥股份有限公司
	地址（註明主辦機關設立所在地之省縣市鄉鎮名稱）	上海江西路406號320室
	企業（註明公營民營或官商合辦）	民營
	組織（註明獨資合夥公司或有限公司之性質）	股份有限公司
	主要業務（註明主要辦理何種業務）	製銷水泥及水泥製成品
	兼營事業（註明兼營何種事業）	其他有關之附屬事業
	資本金額（註明資本金額目前實收數及其籌集方法如有長期債款併須註明）	二百二十四億元如數實收
	設立年月（註明創辦或成立日期）	廿四年七月
	主要負責人（註明姓名籍貫履歷及現任職務）	總經理陳範有，安徽石埭縣人，曾任啓新洋灰公司協理
本廠	設立地址（註明設立所在地之省市縣鄉鎮名稱）	京滬線棲霞山東攝山鎮
	組織（註明對主辦機關是否獨立抑附屬主辦機關之一部份）	附屬之一部份
	主要業務（註明是否專供主辦機關或主辦機關所營事業之動力如供給公用并註明供給區域範圍）	專供
	資本金額（註明資本金額目前實收數及其籌集方法如有長期債款併須註明）	二百二十[illegible]
	會計制度（註明對主辦機關會計制度是否獨立抑附屬主辦機關之一部份）	附屬
	廠長或主任（註明姓名籍貫及履歷）	廠長趙慶杰，四川[illegible]人，曾任啓新洋灰公司唐山工廠廠長
	主任技術員（註明姓名籍貫及履歷）	總工程師趙慶杰，副總工程師張百鋼
	開辦年月（註明開辦或成立日期）	廿四年七月廿日

職工		人數	每月薪金或工資	最高薪金或工資	最低薪金或工資
職員		二十人	50元	月520元	50元
工人	技術	30人	元	（日）2.0元	（日）0.8元
	普通	96人	元	（日）1.0元	日0.6元

有無工作契約	
工人獎懲方法	
工人福利事業辦法	福利社
工廠安全及衛生設備	工人宿舍，浴室，醫室，理髮室
有無非常時期員工待遇辦法	
工作時間及延長時間之規定	動力廠[illegible]
本廠對主辦機關：用電如何計算	正在[illegible]洽議中
附屬業務用電如何計算	
兼營業務用電如何計算	
如會計不獨立電費如何辦理	
如會計不獨立開支如何辦理	
附註	對主辦機關如會計獨立時希將（一）電費收入照填收入概算（二）費用支出照填支出概算

主辦機關負責人 陳範有（署名蓋章）

業務

收			概算	年收
（一）電燈				
（甲）表燈制 全年用電約 度	每度	元角分		
（乙）包燈制 瓦特約 盞	每盞每月			
瓦特約 盞	每盞每月			
瓦特約 盞	每盞每月			
平均每月用電約 度				
（二）電力				
全年用電約[illegible]度	每度金9200元			24,800,000萬元
（三）電熱				
全年用電約 度	每度			
（四）其他				
總計				

支 款目	概算 年支
（1）薪金 職員薪津（如有津貼一併列入）及董事車馬費等	不計
（2）工資 工匠及工役等工資（如有津貼一併列入）	120,000萬元
（3）燃料 發電用煤或油等燃料之購價及運費	7,200,000萬元
（4）購電費 向其他電氣公司購買電流之費用	10,800,000萬元
（5）潤滑油 各項潤滑機器之油脂等費用	180,000萬元
（6）消耗 日常消耗之各種物料	
（7）修繕 房屋建築及各項設備之修繕費	不計
（8）租費 土地房屋及各項設備之租費	不計
（9）事務費 車旅運輸印刷郵電文牘酬卹等費	不計
（10）保險 房屋建築及各項設備之保險費	不計
（11）呆帳 本屆撥提之呆帳準備或割銷之呆帳	
（12）稅捐 繳納中央或地方政府之報効金或稅捐	
（13）折舊 房屋建築及各項設備之折舊10%	500,000萬元
（14）債款利息 各項短期債款應付之利息	6,000,000萬元
（15）其他用費 其他未列入上項科目之費用	不計
總計	24,800,000萬元

廠長或主任 趙慶杰（署名蓋章）　主任技術員（署名蓋章）

工務

發電容量	3000瓩	電氣方式	交流 三相 50週波		
發電設備：鍋爐					
原動機：種類及式樣	座數	每座馬力	製造廠	裝置年月	
立式16汽缸	3	1600	General Motor	正在裝置中 U.S.A.	
發電機：發電電壓（伏）	座數	每座容量瓩	製造廠	裝置年月	
2300 V.	3	1000 KW.	Elec.-Machinery Mfg. Co. U.S.A.		

輸電配電設備	電壓（伏）	長度（公里）	電線種類及粗細	電桿種類及數目	變壓器總容量及數目
輸電					
高壓配電	2300 V		[illegible]		3750 KVA.
低壓配電	380/220		〃	電纜	

發電情形				
全年發電度數 約1800萬度		全年最高負荷 3000瓩		
燃料：種類及來源	消耗數量	平均每噸價格	平均每度消耗	
柴油	約6000公噸	元	0.33公斤	

同業躉購躉售			
全年躉購度數	購進900萬度	躉購者名稱	首都電廠
全年躉售度數	—— 度	躉售者名稱	——

供電情形 售電度數：電燈	電力	其他	損失	總計
2,000,000度	2200萬度	200萬度	280萬度	2700萬度

每度成本	
根據發電總度數計算	[illegible] 7700元
根據售電總度數計算	向首都電廠購買每度10,000餘元以上

用戶電壓	電燈用	電力用	電熱用	其他
	220伏	380/2300伏	——伏	——伏

備註：查自發電度每度成本包括燃料、工資、消耗、利息（月息折）、折舊10%在內為7700元

民國卅七年二月廿日填

（本表可向經濟部電業司免費索取）

江南水泥股份有限公司辦事規則（一九四八年三月三十日）

檔號：1041-1-56

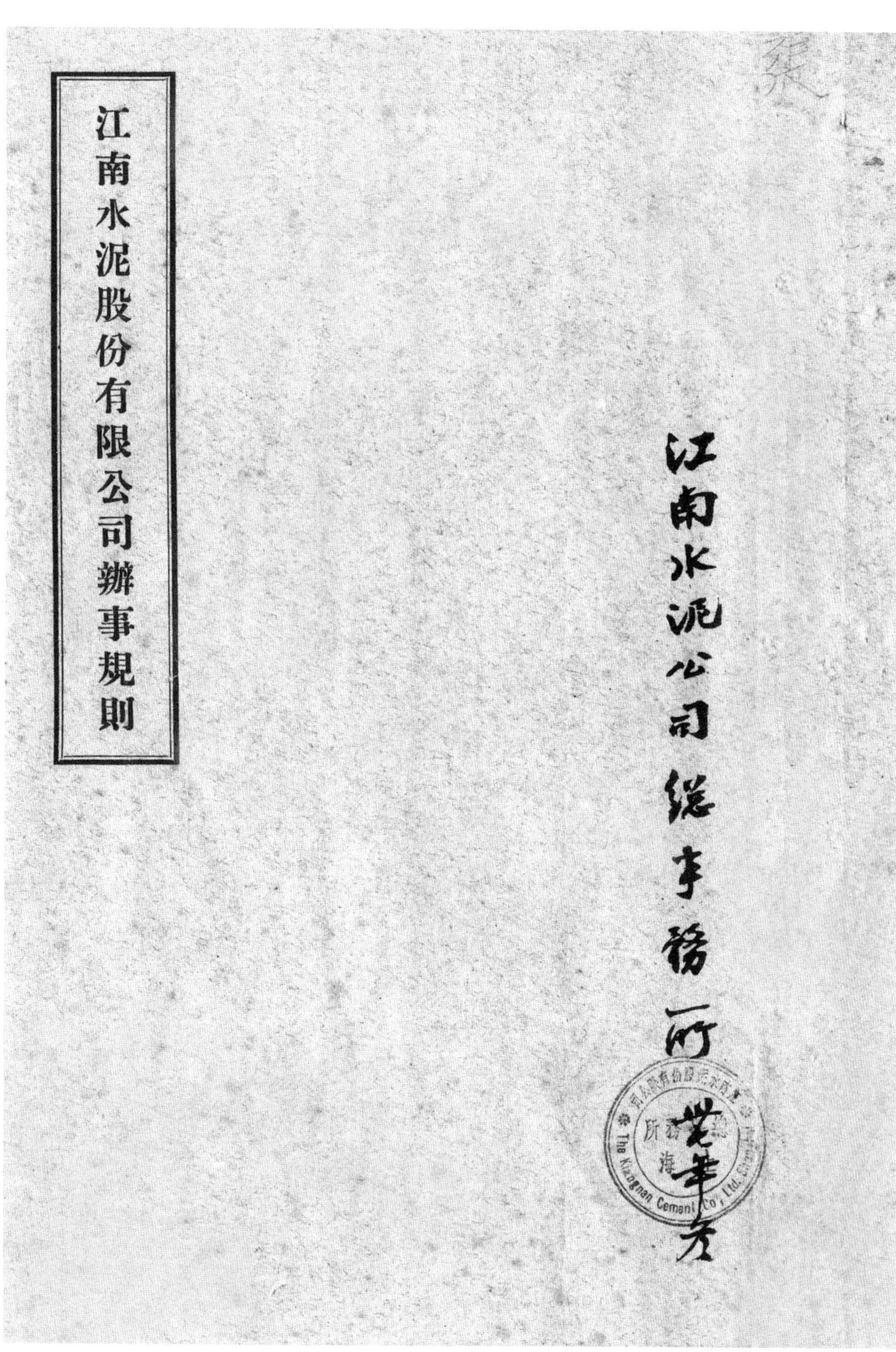

江南水泥股份有限公司辦事規則

第一章　總則

第一條　本公司常董會暨總店工廠一切人員辦事系統及人事規約悉照本章程辦理

第二條　本公司常務董事會爲行政最高機關以董事部爲常川辦事之所全權主持本公司一切用人行政製銷事宜

第三條　本公司所屬職員概由常務董事選派其甲乙級職員須提由董事會同意或追認之

第四條　本公司所屬甲級職員由常務董事考察外其乙丙級以次職員統由各該部分主管人員考察每屆年終須將所屬各員品格勤惰辦事成績評定分數密加考語呈常務董事察核

第五條　各職員如有違犯本公司規約者由主管人員檢舉陳請常務董事予以懲戒或撤退之處分不得瞻徇

第六條　本公司所屬職員待遇分爲五級如左

甲級	從甲	乙級	從乙	丙級	丁級	戊級
顧問工程師	工廠主任技師	常董會秘書	常董會股務管理員	常董會總店工廠辦事員	常董會總店工廠助理員	常董會總店工廠練習生
總店經副理		常董會會計主任	總店科主任副主任	工廠練習機師	工廠技術員	
工廠經副理		工廠正副科長	工廠材料房主任			
		土木工程師	工廠醫師			
		工廠正副化學師				

二

工廠正
副機師
工廠電
機師

第七條　職員保證辦法除甲級職員得免具保證外所有乙級以次各員均須取具確實保證人用所備保證書照爲塡報由主管人員詳加核對每年對保一次呈常務董事核閱保存（保證書及對保函格式附後）

第八條　各部分呈奉常董會核定之章則均得隨時增入本章程內作爲附則

第二章　組織

第九條　常董會統轄本會總店暨工廠各處科辦事人員辦理公司一切事宜

第十條　常董會設秘書一人或二人會計主任一人股務管理員一人辦事員若干人於必要時得設審核一人

第十一條　本公司延聘顧問工程師一人爲技術指導最高人員承常務董事之命隨時赴廠考核並監理一切技術設施事宜

第十二條　總店設經理一人副經理一人下設營業購料文書會計四科每科設主任一人於必要時得設副主任一人辦事員若干人

第十三條　工廠設經理一人副經理二人下轄技術管理二處技術處設主任技師一人下設正副化學師正副機師電機師練習機師技術員管理處設材料房及會計總務運輸三科各科設科長一人於必要時得設副科長一人材料房設主任一人下設辦事員助理員練習生各若干人又於總務科得設土木工程師一人醫師一人

第十四條　工廠副經理二人其人以水泥技術專家及會計專家爲首選

第十五條　本公司所設各級職員得視業務之繁簡及其發展之程度由常董會隨時審察需要先後延用或遴選其他職員兼任之

第三章　各部份職掌及辦事系統

第十六條　常董會所設會計主任秘書各員職掌如左

（一）會計主任主辦公司會計編製預算結算盈虧存放款項各項事宜並負稽核總店工廠及其他處寄呈常董會之各項報册表單之責

（二）秘書主辦本會華洋文書卷宗及對外一切機要函件

（三）股務管理員辦理公司股務登記及會同會計主任發給股息一切事宜

第十七條　本公司所設顧問工程師之職掌如左

（一）關於工廠技術改進計劃之審定事項

（二）關於擴充或改良現有設備之機器訂購事項

（三）關於水泥技術之研究及設計事項

（四）關於水泥技術人才之儲備事項

（五）關於水泥工業發展之調查事項

五

第十八條　總店所設各級職員職掌如左

（一）總店經理承常務董事之命辦理本公司及工廠所在地對外重要交涉及督率所屬各科辦理一切事宜

（二）總店副經理承常務董事之命襄助經理辦理一切事宜

（三）總店營業科主任承經副理之命辦理本店一切營業事宜但在與他公司聯合營業期間所有一切營業事宜應不設員辦理

（四）總店會計科主任副主任承經副理之命辦理本店一切會計事項如左

1 根據常董會之批示撥付工廠經常臨時購料應用各款並代常董會收付存放其他欵項

2 關於採購材料之各項帳册表單

3 造具本店經常臨時各費之預算及決算

4 每月編製本店全部收支存該之會計月報册及其附屬之表單

（五）總店文書科主任承經副理之命辦理本店一切文書事項如左
1 辦理本店對常董會工廠各官署各工商機關之往來函件及其卷宗
2 辦理關於購料之華洋文書及其卷宗
（六）購料科主任承經副理之命辦理工廠請購各項材料事項如左
1 根據工廠請購單向各商行照單採購
2 採購手續必須先向各商行問價並考察貨樣選擇貨價品質最稱經濟者向商行正式定購
3 商行在總店交貨時必須派員驗收是否與原訂貨質相符然後運送工廠簽收
4 憑工廠收料單再與購料單核對後轉知會計科付款

第十九條 工廠所設各級職員職掌如左
（一）工廠經理承常務董事之命管理全廠工務廠務行政一切事宜

七

(二)工廠副經理承常務董事之命襄助經理管理工廠一切事宜

(三)主任技師承經副理之命督率所屬主管水泥製造化驗及其機工一切事宜如左

1 關於水泥之成色產量及其直接成本之控制事項

2 關於各種機械工作效率之增進並使用上之合理及安全事項

3 關於簽核各種技術方面之報告表單事項

4 關於審定各種機械配件材料原料之選購事項

5 關於所屬員工工作效率之增進及其成績之考核事項

6 關於解答外界對于本廠貨品技術上之查詢事項

(四)化學師副化學師承主任技司之命辦理一切化驗及其有關事項如左

1 關於水泥原料之化驗選擇及配合事項

2 關於水泥成色之化驗及鑑定事項

3 關於熟料入磨時間之指定事項
4 關於存棧水泥灌運之决定事項
5 關於窰磨工作之監督及各磨球料之裝換事項
6 關於其他物料之化驗事項
7 關於化驗報單簿册之填登事項
8 關於所屬工人之管理事項
（五）練習化學師化學技術員承化學師之命助理化驗工作一切事宜
（六）機師副機師承主任技師之命辦理一切機工事項如左
1 關於製造部份各種機械之保管修理及工作效率之考核事項
2 關於水泥出數之監察呈報事項
3 關於製造水泥所用工料之考核事項
4 關於修理各機所用物料之考核事項

5 關於機工報單之填造事項

6 關於所屬工人之管理事項

（七）練習機師技術員承機師副機師之命助理一切機工事宜

（八）電機師承主任技師之命辦理一切電工事項如左

1 關於原動力各種機械之保管修理及工作效率之考核事項

2 關於發電用電之查核分配事項

3 關於電燈電力電話線路之管理事項

4 關於電工各項報單之簽核事項

5 關於所屬工人之管理事項

（九）練習電機師技術員承電機師之命助理一切電工事宜

（十）會計科科長副科長承經副理之命主辦本科一切事宜如左

1 關於成本會計之通盤籌劃及其科目之審定事項

2 關於製造成本之稽核及其各項賬册表單之登記編製事項

3 關於全廠賬務收支存該月報年報之編製呈報事項

4 關於各部份工程造單及修理造單之簽轉登記復核事項

5 關於每年造貨預算決算之編製事項

6 關於現款出納之經理及其簿册表單之塡登事項

7 關於每月經常臨時應用款項之請領事項

8 關於庫存現款摺據之保管事項

9 關於全廠工人工資之登記及發給事項

10 關於各部份報工單之核對事項

（十一）總務科科長承經副理之命主辦本科一切事宜如左

1 關於維持全廠秩序之稽查警衛事項

2 關於全廠各種傢俱裝修及其他用品之保管事項

3 關於全廠教育衛生消防之設施及其管理事項

4 關於對外交際交涉及招待來賓事項

5 關於全廠職工證章之編發事項

6 關於一切函牘之撰譯繕打及收發事項

7 關於各項卷宗之編訂保管及塡送政府各種調查表事項

8 關於查塡本廠職員錄並辦理對保事項

9 關於職員請假日期之登記及轉呈事項

10 關於工務行政手續之處理及其應用表單之存查事項

11 關於全廠地畝道路園林房舍溝渠水管之管理及不屬其他各科一切事項

（十二）運輸科科長副科長承經副理之命主辦本科一切事宜如左

1 關於經辦貨物運輸納稅報關及退稅一切事宜

2 關於水泥之裝發存儲及其貨棧之管理事項
3 關於收貨發貨賬册表單之塡登事項
4 關於運輸稅務報單之塡造事項
5 關於所屬工人之管理事項
(十三)材料房主任承經副理之命主辦下列各事如左
1 關於材料之收發保管事項
2 關於各種材料原料存備數量之考核及請購事項
3 關於材料類別號次均價之核定事項
4 關於一切材料單據之稽核事項
5 關於收發材料單據簿册之登記事項
6 關於商號在廠交貨之驗收事項
(十四)管理處各科及材料房辦事員助理員練習生各承科長副科長主任

十三

之命辦理各該部份一切事宜

第二十條　技術管理二處所屬各部份其所辦職務有互相關聯者得由各該部份主管人員隨時直接商洽辦理以收互助合作之效

第四章　辦公通則

第廿一條　每日辦事時間依各當地所辦職務及氣候而定但不得少於六小時以上午八時至十二時下午二時至五時爲通常辦事鐘點如公務繁重得提前或延長辦事時間以不誤事務爲度

第廿二條　職員任務除規定者外並得由主管人員臨時支配之如遇事務過繁而必須於限定時間完成者得呈明常務董事或經副理酌調他部人員協助之

第廿三條　在辦公時間內各職員不得無故擅離職守其遲到或早退至半小時以上並不經向各該主管人員請假者以曠職論

第廿四條　各辦公室內須肅靜整潔除有公事接洽者外閒雜人等不得無故引入

第廿五條　各職員經辦之件每屆散值均應妥爲檢點收藏如有遺失應由各該人員負責

第廿六條　凡對外函件及各項發表之文告均須先呈最高主管人員核稿簽字方可繕發

第五章　款項及單表報册

第廿七條　常董會總店及工廠逐日收進款項均須隨時存儲妥實銀行其本庫常備現欵不得超過核定數目其須臨時增加者須先期陳明常務董事或經副理核准

第廿八條　常董會總店及工廠全年經常額支俱於每屆年度前一月造具下年度全年預算陳請常務董事核准照行每月總店工廠領取經常臨時款項由各該處經副理開具領單陳請常務董事核批撥發

第廿九條　常董會總店工廠職員俸給每月望日發給不准預支

第三十條　凡支付欵項必須憑原來單據及收據經由主管人員簽章送由各該會計科復核開具傳票送呈常務董事或經副理簽字核准方得付款

第卅一條　工廠每次請購材料用欵在一千元以上者須經常務董事核准再由總店採購在一千元以下者得由經副理核准即可直接函送總店照購惟須將請購單副張一紙寄呈常董會存查

第卅二條　常董會會計主管人員應造具下列各項表册按時呈常務董事核閱

一、銀行存欵旬報表

二、會計月報册

三、全年營業決算表册

1 資產負債表

2 財產目錄

3 損益計算書

4 製銷統計表

第卅三條 總店應造具左列各項表冊由經副理蓋章按時寄呈常務董事核閱存查

（一）現欵出納及銀行存欵旬報單

（二）會計月報冊

1 賬務收支總報單

2 存欠總報單

3 各項附表

第卅四條 工廠應造具左列各項表冊由經副理蓋章按時寄呈常務董事核閱存查

（一）造貨發貨存貨旬報單

（二）庫料盤存月報表

（三）造貨成本表

（四）生產月報

十七

(五)會計月報

1 賬務收支總報單

2 存欠總報單

3 各項附表

(六)全年各項統計比較表

第六章　薪俸花紅及同人儲蓄

第卅五條　各級職員薪俸之規定如左表但訂有延用合同及預定不照分花紅者不受左表之限制會計負責人員之薪俸得適用技術人員乙級之規定

技術人員	最低及最高額
從甲	240－400
	100－280
	80－140
	55－75
	25－50

職員等級		事務人員最低及最高額
甲級	正	220-360
	副	160-300
從甲		
乙級	正	80-150
	副	70-120
從乙		60-90
丙級		40-55
丁級		20-35
戊級		10-16

各級職員除所支薪俸外得視其職務之繁重另由常務董事酌給津貼但不得超過該職員所支最高之薪額

第卅六條　各級職員薪俸之提升以各職員辦事成績爲標準並不拘以固定之年限但至少甲級職員每三年加薪一次乙丙級職員每二年加薪一次丁戊級職員每一年加薪一次

第卅七條　每年年終爲考核加薪之期各部份按照本規則第四條之規定於翌年一個

十九

月内彙呈常務董事核奪惟因增加職務或因特別勞績特予提升薪級者不在此限

第卅八條　乙級以次職員如有左列情事之一者應將其提升薪級年限展長一年

甲、辦事成績在六十分以下者

乙、曾受記過之處分者

丙、每年請假逾五十日者

第卅九條　乙丙級職員所得薪俸已至各該級之最高額計滿二年時丁戊級職員計滿一年時得由各該主管人員考核辦事成績呈請提升職員等級或酌加津貼

第四十條　以上職員進級薪俸提升各規定於本公司營業不振致股息不足六厘時得延長辦理之

第四十一條　職員以每年每人實得薪俸總數爲標準比例分配花紅但津貼不攤給花紅如年終結算並無花紅可分貼常務董事得酌給各職員約合六個月薪

俸之酬勞金

第四十二條　職員年老或因病自行告退或公司辭退或在職病故者除得仍按在職所得薪俸攤給花紅外並得按其在職之年數分別酬送薪俸若干月以示優異其酬送之標準按左表規定比例批給之但因過撤職或在職病故而曾受記過二次之處分不得享受本條規定之權利

在職年數	二年以上五年以內者	五年以上八年以內者	八年以上十一年以內者	十一年以上十四年以內者	十四年以上者
自行告退者　普通			三個月	四個月	五個月
自行告退者　老年			六個月	九個月	十二個月
公司辭退者	二個月	三個月	六個月	九個月	十二個月
在職年數	一年以上四年以內者	四年以上七年以內者	七年以上十年以內者	十年以上十三年以內者	十三年以上者

二十一

在職病故者	三個月	四個半月	九個月	十二個月	十五個月

第四十三條　各職員年得薪津花紅或酬勞得自向會計科以本人名義存入公司定期存款年息一分其每年存入之數目不得超過該職員全年所得總數之半但普通商業利息低落時得由董事會之決議按照市況減低之

第四十四條　去職之員提取其定期存欵時須按左列規定辦理之

（甲）職員在職病故者得由由其承繼人請求常務董事核准提取其定期存款本息之全數

（乙）自行告退公司辭退或在職病故者如對於公司有欵項糾葛時得將其本公司定期存欵之本息或本公司股票一并扣抵之

第四十五條　本公司丙等以次職員得於必要時由常務董事延攬專家會同各該主管人員採用考試法選取之其選取新進之職員一律以三個月爲試用時期

其試用期間之待遇由常務董事擬定數目給予津貼俟試用期滿合格改支薪俸否則辭退其考試規則另訂之

第六章　因公川旅費

第四十六條　凡職員因公外出乘輪船火車之等次應按其等級規定如左

職員等級	輪船	火車
甲級 從甲	特等艙	頭等
乙級 從乙	頭等艙	二等
丙丁級	房艙	二等
戊級	房艙	三等

二十四

第四十七條　因公外出各級職員之旅館伙食車資等費以每日不得超過左列規定數目爲度

職員等級	旅館費	伙食	車資
甲級從甲	六元	三元	二元
乙級	四元	二元	一元
丙級	三元	二元	一元
丁戊級	二元	二元	五角

第四十八條　因公外出如爲私事稽延致延誤之時間如與公事無礙准予請假在假期間不得支旅館伙食車資等費

第四十九條　因公外出之前陳明約計費用得預支旅費及購車船票等費以不超過約計數爲度

第七章　休假及請假

第五十條　常董會總店辦事人員均於星期日休息一日如遇緊要事件不能積壓者仍應照常辦公工廠人員因工作關係上午照常辦公下午休息

第五十一條　政府規定紀念放假日均休息一日夏曆節期假日得由各處主管人員依事務繁簡及當地慣例酌定之

第五十二條　凡職員請假須書具假條其請假日數在半個月以上者須由各該主管人員遞呈常務董事核准方得離去如在半個月以内者得由各該主管人員核准但其請假期内職務必須由各該主管人員派定其他職員代理免誤公事并將各職員請假日數按月列册呈報常董會備查

第五十三條　職員請假每年得例許三十日如超過此例假日數按日扣其薪津每屆年

終結算一次如回籍路途較遠或確係久病者得呈准將前二年未請例假之數合併累計但至多不得過五十日

第五十四條　凡因婚喪大故請假或病假有相當證明或附醫生診斷證者得於例假外每年特許十日逾限按本章第五十三條辦理此項特許假日不得歸併下年累計

第五十五條　凡因職務繁重或同一部份内已有一人請假不能由他員代理時得不准或展緩其請假如已請假而因病或因事不能銷假在五十日以上公司得辭退之另覓他員頂替

第五十六條　職員每年例假之日數及其累計未請例假之日數均自該員任職之日起算即任職不滿一年者其應得例假日數應按比例計算之

第八章　奬懲

第五十七條　各級職員考績優良除按時提升薪級外得分别受下列之奬勵

（一）嘉獎　（二）記功　（三）特給獎勵金

第五十八條　乙級以次職員其第一第二兩項獎勵俱由各該主管人員密具考語呈經常務董事核准以書面發表其第三項獎勵金由常務董事自行直接面授之

第五十九條　關於懲戒除涉及法律應依法辦理隨時撤職者外凡普通違犯廠規或辦事不力者受左列之懲戒

（一）告誡　（二）記過　（三）解職

第九章　規約

第六十條　各職員應絕對遵從各該級主管人員之指導如有意見得於事前陳述

第六十一條　各職員均不得利用本公司任何名義或地位兼營他業

第六十二條　各職員非經常務董事之許可不得兼任本公司範圍以外之職務

第六十三條　各職員均不得有一切不規則不名譽及有損本公司名譽之行爲

第六十四條　各職員均不得有一切投機及賭博冶遊之行爲

第六十五條　各職員未承各該主管人員指示不得以所管文簿表册或尚未發表之機要文件向任何人宣示或洩漏各主管人員於必要時得爲特別之措置

第六十六條　各職員到班辦事均不得高聲談笑越座閑談或怠惰不振貽悞業務等情事

第十章　附則

第六十七條　各處科應用各項表單簿册之格式及工廠會計規程另訂之

第六十八條　工廠工友管理規則另訂之

第六十九條　本規則如有未盡事宜須有修訂者得隨時經常務董事察核修訂並報告董事會追認之

第七十條　本規程經常務董事審核後提請董事會通過發表日施行

附載

（一）公司組織系統表
（二）公司各部份職掌簡明表
（三）職員錄保證書及對保函格式
（四）請假條格式

二十九

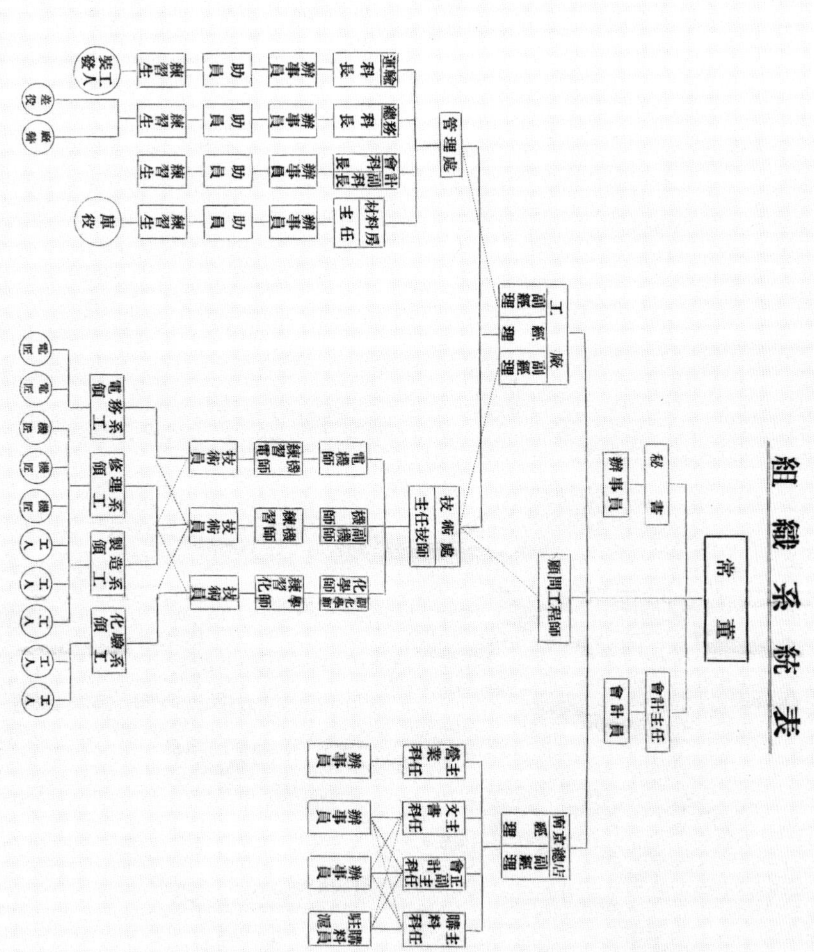

組織系統表
常董
秘書
辦事員
會計主任
會計員
顧問工程師
工廠副經理
管理處
技術處
主任技師

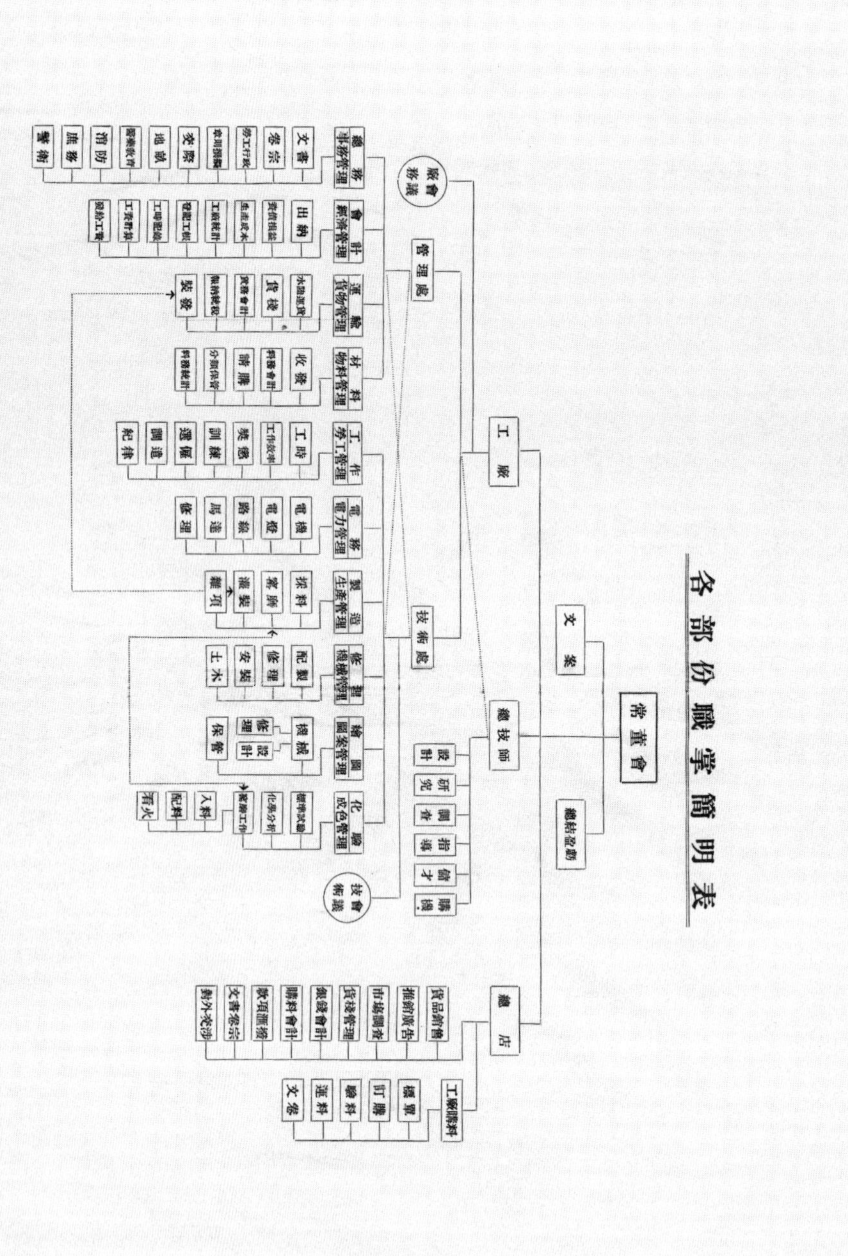
各部份職掌簡明表
常董會
文案
工廠
總技師
總店
管理處
技術處

江南水泥股份有限公司職員錄

（　　）

1. 姓名　　　號	履歷 6.
2. 年歲　　3. 籍貫	
4. 住址	
5. 永久通訊處	

進公司情形

7. 任事日期	8. 介紹或考試

9. 保證人	姓名		職業或現任職務	
	與本人之關係		永久通訊處	

在本公司之職務與經過

10. 服務處所	11. 擔任職務
12. 兼任職務	13. 初進待遇

14. 薪俸升級或加津貼	年份	月份	加薪數	年份	月份	加津貼	發表號函及日期

15. 調任職務	年份	月份	日	職務名稱	變更待遇		發表號函及日期
					薪	津	

16. 升任職務	年份	月份	日	職務名稱	變更待遇		等級	發表號函及日期
					薪	津		

17. 歷年請假日數	年份	事假	病假	共計	未請假數	年份	事假	病假	共計	未請假數	

18. 獎懲	嘉獎	功過	歷年辦事成績分數			

19. 離職				
	離職日期		緣由	
	在本公司共計任職年數		離職酬金	
	有無款項糾葛			
	退還保證書日期			

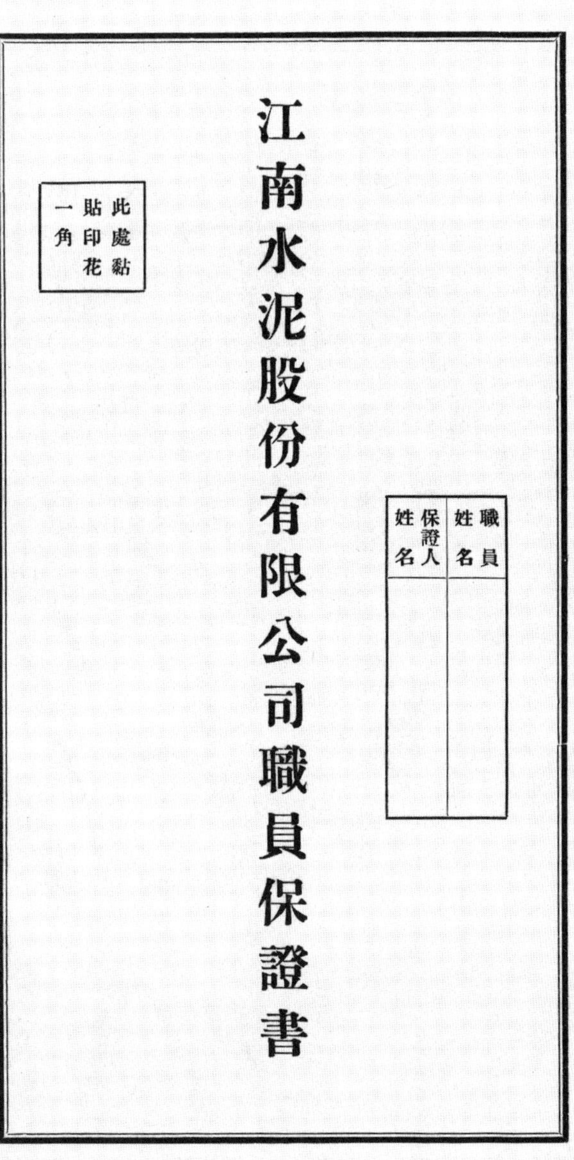

江南水泥股份有限公司職員保證書

此處黏貼印花一角

職員姓名

保證人姓名

江南水泥股份有限公司職員保證書正張

保證人　　字　　今擔保　　字

省　　縣人現年　　歲在

江南水泥股份有限公司充任職員將來如有違背公司規則

及妨害公司行爲或虧欠款項一切情事概由（保證人）負責完

全擔保賠償並願遵照後列附則辦理特具保證書是實

中華民國　　年　　月　　日

保證人　　（署名蓋章）

黏貼職員照片處

保證人記錄

個人擔保	姓名字號	籍貫年齡	職業職務	服務處所地址	住宅地址	與被保人之關係

（表內各項務請保證人親自詳細填明）

審查蓋章

附則

一、保證人以有商業上信用者爲限

一、保證人除前條所列資格外應以被保人服務所在地或其附近地方便於考查者爲合格

一、保證人在常董會由常務董事在總店工廠由經副理審查合格方得爲保證人

一、保證人於保證書正副張上應塡各項均須親自塡寫並應蓋用姓名印章不得蓋用其他一切閑章其副張保證書具有同等之效力

一、本公司職員不得爲本公司職員之保證人職員之家族亦不得爲保證人

一、保證人及其所具保證書塡明各項經本公司審查合格無誤後即函詢保證人是否屬實保證人應即用原印章復函證明之如不答覆即由本公司派員當面對保並催具復函如仍不復應令被保人另行覓保

一、保證人如對於被保人有應負責賠償之欵項應依照本公司所開數目立即履行賠償並拋棄先訴抗辯之權

一、被保人因過失或故意以及其他一切情形致使本公司受有損害時保證人應負責賠償之

一、被保人之職務有所升調或服務地點有變更時保證人所負保證責任並不變更

一、本保證書每屆年終對保一次保證人接到對保函時應即函覆仍蓋原章如經二次函催仍不答覆者應令被保人另行覓具新保但新保證書寄到對保並滿三個月後方將原保證書退還

一、保證人簽蓋於本保證書之簽字印章如作廢或變更時須即書面通知本公司並換送新簽字印章於本公司備查在未經換送以前本保證書所蓋印章仍屬有效

一、本保證書不因期久失效將來保證人如欲退保時須以書面直接通知本公司並經被保人換具新保證書滿三個月後方得將舊保證書發還始得卸却保證人責任

一、被保人離職本保證書須留置滿三個月後發還保證人須俟本保證書發還後始得脫卸保證責任但公司認爲必要時得延長其發還時期

江南水泥股份有限公司職員保證書副張

保證人　　字　　今擔保　　字

省　　縣人現年　　歲在

江南水泥股份有限公司充任職員將來如有違背公司規則

及妨害公司行爲或虧欠款項一切情事概由（保證人）負責完

全擔保賠償並願遵照後列附則辦理特具保證書是實

中華民國　　月　　日

保證人　　（署名蓋章）

黏貼職員照片處

保證人記錄

個人擔保	姓名字號	籍貫 年齡	職業職務	服務處所地址	住宅地址	與被保人之關係

審查蓋章

（表內各項務請保證人親自詳細填明）

保證人留底

被保證人姓名	填具保證日期	被保人服務處所	與被保人之關係

保證書上所蓋印鑑	備註

（此頁由保證人自留備查）

江南水泥股份有限公司

（　　　　）

敬啟者查敝公司交來之保證書係由

保證是否確係

擔保敬希

示復復函尾並請加蓋保證書上之同樣圖章再

如有遷移情事應請隨時

函示以便通函爲禱此致

啟

年　月　日

敬覆者兹接
尊函敬聆壹是承詢
貴公司　　　　君之保證人一節確係鄙人擔保並願負完全責任
專此敬覆此致
江南水泥股份有限公司
　　　　　　　　　　　　　　　　　　啟
　　　　　　　　　　　　　　　　　　　年　月　日
　　　　　　　　　　　　　　　蓋章

江南水泥股份有限公司

（　　　　　）

逕啓者按照敝公司定章凡屬職員所具保證書每屆年終須對保一次

茲查敝公司職員　　　　君係

執事擔保用特專函奉詢對於　　　　　君如仍負擔保責任請

於此信到後即將後附復函空白之處照塡被保人姓名並於復函具名

下加蓋原保證書上同樣之章緘寄敝公司以資備存爲荷此致

啟

年　月　日

附空白復函一紙

逕復者接准

台函備悉壹是承

詢　君在

貴公司服務是否仍由鄙人擔保一節鄙人仍願擔保相應函復即希

查照爲荷此致

江南水泥股份有限公司

啟

蓋章

年　月　日

因　　　　　　　　　　　　請
自　月　日　午　時起
至　月　日　午　時止
准假（內已扣除　日星期例假　日
　　　　　　　　日例假　日）
年　月　日　　　　　謹呈

因　　　　　　　　　　　　請
自　月　日　午　時起
至　月　日　午　時止
准假（內已扣除　日星期例假　日
　　　　　　　　日例假　日）
年　月　日　　　　　謹呈

假

因　自　月　日　午　時起　至　月　日　午　時止　請

假　日／小時（內已扣除　日星期例假　日例假日）現已於　月　日　午　時銷假敬請

鑒察

年　月　日　謹呈

存根

因　自　月　日　午　時起　至　月　日　午　時止　請

假　日／小時（內已扣除　日星期例假　日例假日）於　月　日　午　時銷假

年　月　日

經濟部爲江南水泥股份有限公司申請設置自用發電設備的批文（附經濟部自用發電設備登記證　用字第34號）

（一九四八年三月三十一日）

檔　號：1041-1-59

經濟部

事由	擬辦	說明	批示

中華民國卅七年三月十一日發出

京電37字第06902號

附件

收文　字第37845號

具呈人江南水泥股份有限公司

廿七年六月十九日滬江廿七字第八一七號呈一

件為設置自用發電設備填具登記

表請發登記證由

呈件均悉經核尚無不合應准登記除將副

本存令行江蘇省建設廳分别存發外茲填

發用字第三四號登記證正本一份仰即收執件

存此批

附發用字第三四號登記證正本一份

監印

校對

中華民國三十九年五月　日

監印　曹用章

校對　[illegible]

登记证存登记文件卷内　第三、十四、

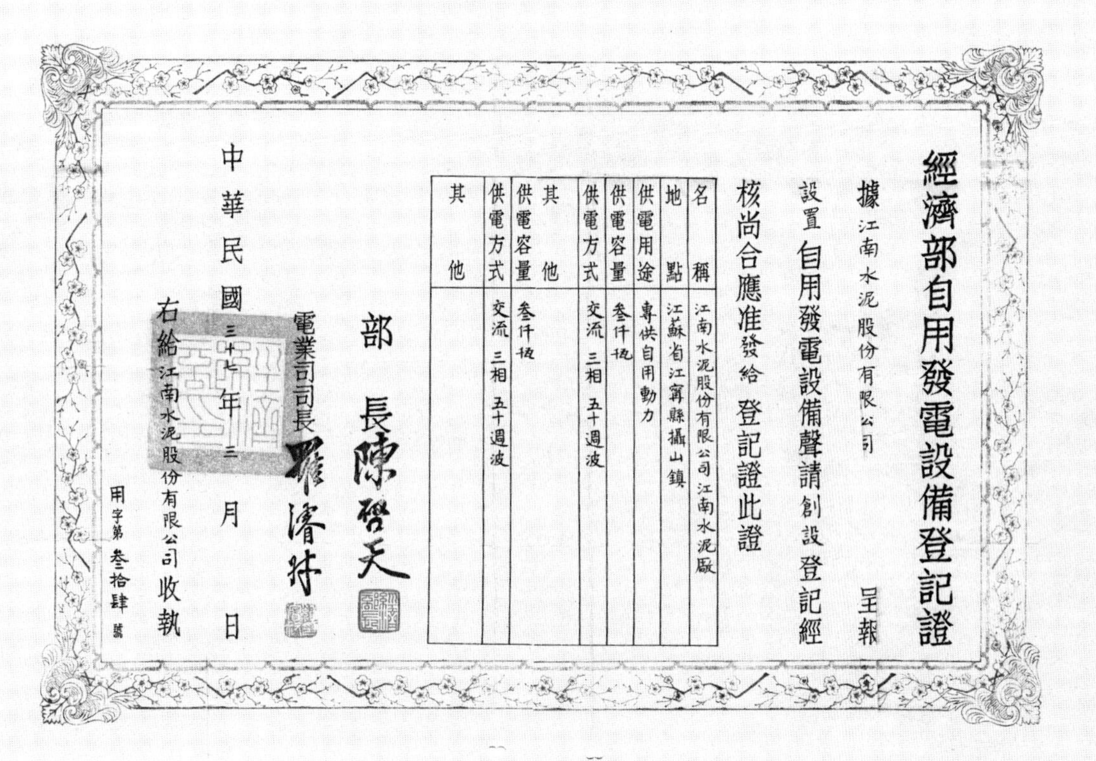

經濟部自用發電設備登記證

據 江南水泥股份有限公司 呈報

設置自用發電設備聲請創設登記經

核尚合應准發給登記證此證

名稱	江南水泥股份有限公司江南水泥廠
地點	江蘇省江寧縣攝山鎮
供電用途	專供自用動力
供電容量	叁仟瓩
供電方式	交流 三相 五十週波
其他	
供電容量	叁仟瓩
供電方式	交流 三相 五十週波
其他	

部長 陳啟天

電業司司長 羅濬持

中華民國三十七年三月 日

右給江南水泥股份有限公司收執

用字第叁拾肆號

江南水泥股份有限公司建築三江公路與行政院、江蘇省政府、江寧縣政府購地及土石方工程等事有關文卷

（一九四八年四月）

檔號：1041-1-74

建築三江公路有關文卷

建築三江公路有關文卷目錄

九、鄉鎮公所致本廠公函一件（為請本廠担任全部築路經費並承認本廠有優先使用權由）

十、鄉鎮公所呈江寧縣政府呈文一件（為三江公路路線經過京滬鐵路兩旁旱地請函請該局惠允供用由）

十一、賁有文、陳邦和承攬築路土方工程承攬單副本一件

十二、三江公路中段土方工程說明書副本一件

十三、江寧縣政府令三楊鄉鄉長指令一件（飭呈送三江公路全綫詳圖由）

十四、鄉鎮公所呈江寧縣政府呈文一件（為呈送三江公路建築圖樣由）

十五、本廠呈江寧縣政府呈文一件（為三江公路由本廠獨資興築請予優先使用權由）

十六、江寧縣政府批示一件（為本廠請予三江公路優先使用權准予備查由）

十七、賁有文、陳邦和承攬土方加高工程承攬單副本一件

十八、三江公路北段土方加方說明書副本一件

抄件

築路通江及建堆棧船塢購地概述　三十七年四月

一、緒言　本公司利用水路運輸自便民河北岸購地築路以達新堤並購堤外灘地建堆棧閘船塢以銜接長江併為將來建築掛綫計路基需成直綫各業主視本公司為大規模生利事業咸欲善價而沽幸承江寧縣黃縣長省地政局程局長之贊助指導暨地方士紳之努力奔走購地工作自上年十一月開始幾經挫折迄本年三月始全部完成

二、田地畝分及單價　築路購田共一八七畝〇二厘田主三八户平均每畝合米十六石二升四合九（均係老石）建堆棧閘船塢共購堤外灘地七一畝六分九厘地主二十二户平均每畝合米五石〇一升七合

三、田地總值　以上圩田灘地總價共米三三九八石五五二折合國幣四十三億一千二百八十餘萬連同中資及補助盤產業主共國幣四十八億九千三百四十六萬二千一百元

四、施姓田交涉經過　當築路圩田購成94%時獨路綫必經之施姓郵戶五畝認定私人企業不能徵收每畝索米一百廿石情商至再不允讓步設本公司被其屈服勢必牽動全局對已售各戶一律照加為數驚人迫不得已乃商由鄉鎮公所以建築三江公路名義呈縣轉省府行政院核准徵收應備呈文及徵收圖說均由本公司工廠代為擬編進行迅速迨徵收程序完成於三月十五日開工先在施姓田內動土該施姓郵戶知

未能抗拒始於三月廿四日協議成交每畝合米二十石有零

五、購米備付地價　各地主應領之米迭經催取迄至四月初始全部提清去冬米價步昂　在京購米一四二二石六斗九升合市石一八五六石　在鄉購米三三〇石平均每石價國幣八十一万七千二百元因一部份地主要求折付現金故尚存米三百餘石

六、本公司取得三江公路優先使用權　查征收施姓土地中央及省縣各政府機關均已有案併承程局長指示道路根本不能私有爾商由鄉鎮公所呈縣敘明該路由本公司出資購地興築應予本公司以優先使用權路基產權保留並可授路旁建築掛線路下埋設鐵管請縣府准予備案該呈

業已呈遞

抄件

呈為發展交通興修水利建築三江公路呈請征收土地仰祈
鑒賜核轉由
竊屬鎮攝山人口增加市面日見繁榮原有公路可達棲霞、堯化、
龍潭各鄉鎮並與京杭國道銜接獨與鄰鄉三場尚無公路可通
且有便民河橫亙其間行人來往物資運輸悉感不便屬鄉三場
橫處江濱自江流變遷以來頻年坍塌計民國廿八年迄於今茲
毀滅農田宅地約三千餘畝此種不可抗力之侵蝕殊堪驚人又龍潭
石埠各鎮均有公路四通八達屬鄉三場獨付闕如行旅裹足物資
輸送困難經職等與陳參議員仲文貝參議員源旺暨地方士紳
郝仁邀同陶瀞等一再會商為發展交通興修水利起見決自

攝山建築橋樑俾兩鄉鎮連成一片自三楊鄉張有揚田起建築三江公路直達新塍不特南北兩岸之運輸通行無阻將來修築圩堤所需之石料自攝山運至江邊亦稱便利且該路築成之後無異建一新堤使三揚農田多一保障洵為當前之急務查該路綫經過田畝共一百五十二畝九分八厘業主共三十五戶除施正全施正業兩戶共十畝外均已協議收購惟該施正全施正業兩戶蔑視地方公益建設協議未成理合會呈仰祈

鈞府鑒賜轉呈准予征收實為德便

謹呈

江寧縣政府縣長黃

攝山鎮鎮長 陳邦和

三揚鄉鄉長 賈有文

抄件

節錄江寧縣政府呈省府呈文

等情。據此，查本縣第七區沿江各鄉鎮如堯辰、栖霞、龍潭、靖安、天昌等地均有通江公路可資交通，惟該兩鄉鎮尚付闕如。戰前本縣即擬於攝山鎮起越三揚鄉直達江邊建築公路一道，以應地方需要，嗣以事變旋告中止。復員以後，該兩鄉鎮濱江一帶土地頻遭江浪沖倒坍塌甚劇，每年搶修江堤運濟材料尤需公路，況該地人口繁衆，一切農作物之收獲每感交通工具缺乏，所陳洵屬當前需要。據呈前情，除指飭先就已協議成交部份利用農隙及時動工建築外，所有拒絕協議之施工全綫業兩戶，准根據土地法第二〇八條第二款第四款之規定依法轉請徵收。理合擬具徵收計劃徵收土

地圖說土地使用計劃圖各三份呈祈

鑒賜核定以利建設實爲德便

謹呈

主席王

局長程

江寧縣政府縣長黄相忱

抄件

事由：據呈爲該縣攝山鎮三揚鄉擬建三江公路依法申請征收施正全等二戶土地祈核示等情指仰知照由

（卅六）府地三建字第四一四七号

江蘇省政府指令　卅六年十二月廿四日

令江寧縣政府

卅六年十二月五日（卅六）地循字第一〇三號呈一件　爲據本縣攝山鎮三揚鄉擬建築三江公路依法申請征收施正全等二戶土地轉祈鑒賜核定由

呈暨附件均悉查所請征收施正全等二戶土地建築三江公路一節核與土地法第二〇八条之規定尚無不合應准征收惟關於

地價之補償應依法估定從優發給除分別呈函行政院及地政部核備外仰即遵照并轉飭知照

此令

主席 王懋功

建設廳長 董贊堯

地政局長 程子敏

抄件

呈為築路征收施正金施正榮兩戶土地補償金依法呈送仰祈
鑒賜存儲待領由
查屬鄉鎮聯合建築三江公路征收施正金等兩戶田畝一案業經
呈奉
鈞府轉奉
省政府
行政院分別核准備查並公告通知各在案茲因公告及書面通
知已滿法定日期（一個月）而該施正金等兩戶對補償地價迄未
洽領除再行通知該二戶外理合將該項補償地價國幣捌仟貳
佰伍拾萬元（原定每畝貳佰柒拾伍萬元因物價波動並經優給

價增爲捌百弍拾伍萬元共拾畝合如上數）依法送呈

鈞府鑒賜存儲待領實爲公便

謹呈

江寧縣政府縣長黄

附補償地價國幣捌千弍百伍拾萬元

攝山鎮鎮長　陳邦和

三揚鄉鄉長　賈育文

抄件

呈為三江公路亟宜趁時興築謹擬於三月十五日正式開工呈請
鑒核並懇派員蒞工監視由

查屬鄉鎮聯合建築三江公路征收施正全施正榮兩户田畝一案
業經呈奉
鈞府轉奉
省政府
行政院分別核准備查並公告通知該被征收業户等各在案惟公
告及書面通知已滿法定日期（一個月）該施正全等兩户對補償地價
延未洽領茲鑒於路基地点均係圩田全部工程至少需時四十晴
天應在四月二十五日以前完工方可無碍一旦逾期農民為培植秧田放水入

圩築路工程勢必陷於停頓縱勉强從事人力財力損失不貲况被征收之土地俱屬農田除每年種稻一季而外別無他用征收面積共僅十畝既有時值補償儘可易地而購並無實際損害亦無法補償之問題發生是以決定三月十五日開工除將被征收土地補償金送存本縣地方銀行另案呈報外所有三江公路正式開工興築日期理合會銜呈祈

鈞長鑒核並懇派員蒞工監視以利進行而昭鄭重無任感禱之至

謹呈

江寧縣政府縣長黄

攝山鎮鎮長陳邦和

三楊鄉鄉長賈有文

抄件

呈為三江公路基地及築路經費全由江南水泥廠供給應予該廠以優先使用權並可于路旁建築掛綫路下埋設鉄管呈請

鑒賜准予備案由

屬鄉鎮爲發展交通興修水利建築三江公路業經呈請

鈞府核准在案該路基地除佔用鉄路地三畝五分已另案呈請函商供用外其餘均係經過江南水泥廠自置圩田築路土方工程需款約

國幣四十億元以上非地方財力所能勝任亦已商由該廠全部担認並負担以後養路工作據該廠負責人声称該路築成之後本廠希望有優先使用權路基土地所有權請予保留並可於路旁建築掛綫路下埋設鉄管車輛可自由通過三楊鄉新堤請惠允並

轉呈
縣政府備案等由，查該廠爲促成地方建設，不惜供給土地，慨捐
鉅款，所稱各節，既不妨礙交通，自應應允，理合據情會呈，仰祈
鑒核，准予備案，實爲公便。
謹呈
江寧縣政府縣長黄
攝山鎮鎮長　陳邦和
三楊鄉鄉長　賈有文

抄件

逕啟者敝鄉鎮為發展交通興修水利建築三江公路路綫經過
施正全施正榮二户各五畝因未能協議成交業已呈准
區峰准予征收在案除征收上述土地未完手續由敝鄉鎮長負
責办理外所有築路所需之款茲請
貴廠担認該路如何名工承包統希負責办理該路築成之後
貴廠有優先使用權并可於路旁建築掛綫路基之下敷設
鐵管相应函達即希
查照惠允為荷此致
江南水泥廠

三揚鄉鄉長賈有文

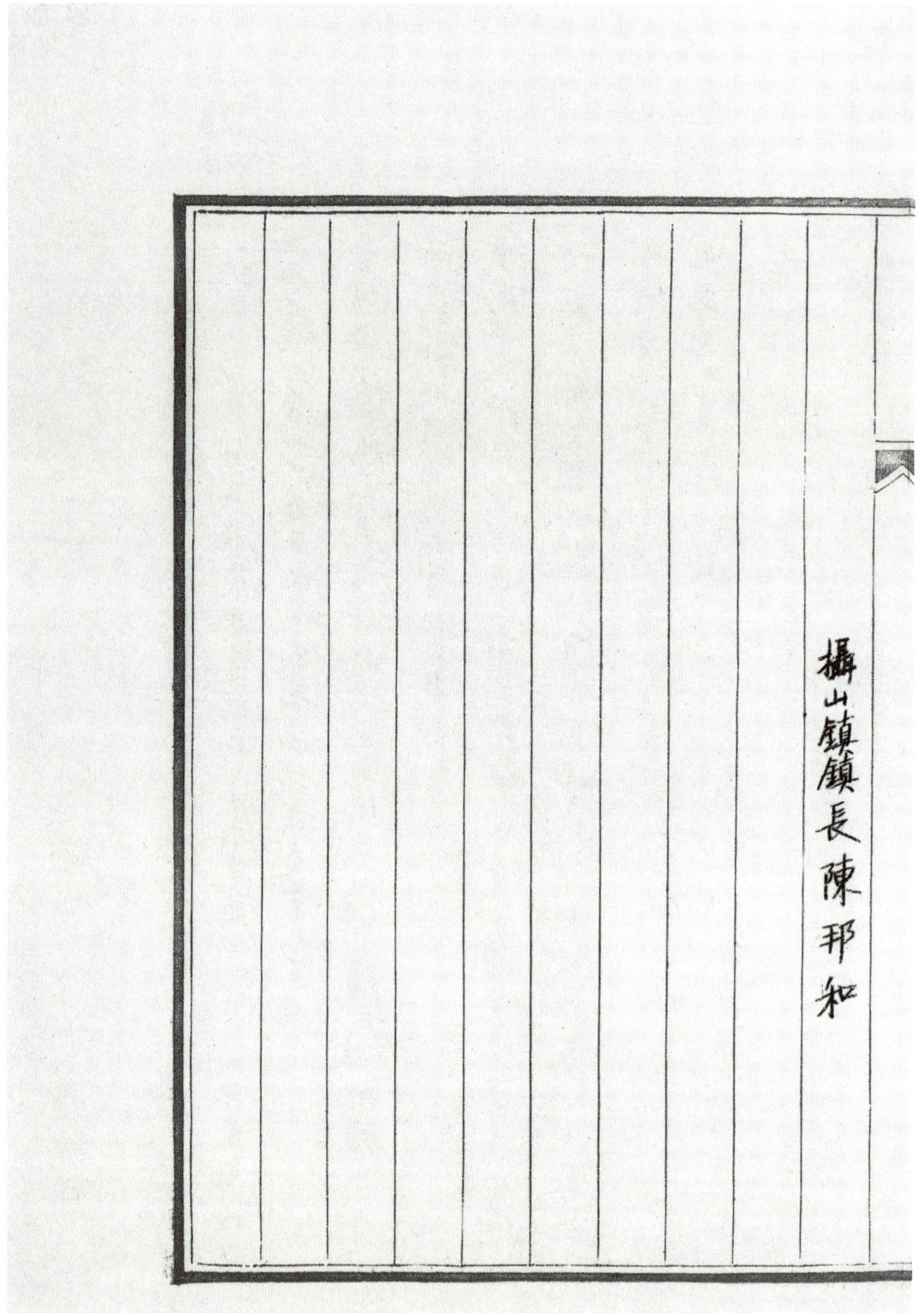

攝山鎮鎮長陳邦和

抄件

事由 呈爲三江公路路線經過京滬鐵路兩旁旱地祈鑒賜函請該局惠允供用以利交通由

竊屬鄉鎮爲發展交通興修水利建築三江公路業經呈蒙

鈞府核准在案查該路路線經過京滬鐵路（電桿284/15與284/16之間）路旁旱地南北兩面共長八十二公尺寬三十公尺共約市畝三畝五分實屬無法繞越至於築路需土決不在該路路旁挖取絲毫上述路線經過鐵路地段理合備文呈祈

鑒賜函達京滬區鐵路管理局惠允供用以利交通實爲公便

謹呈

江寧縣政府縣長黃

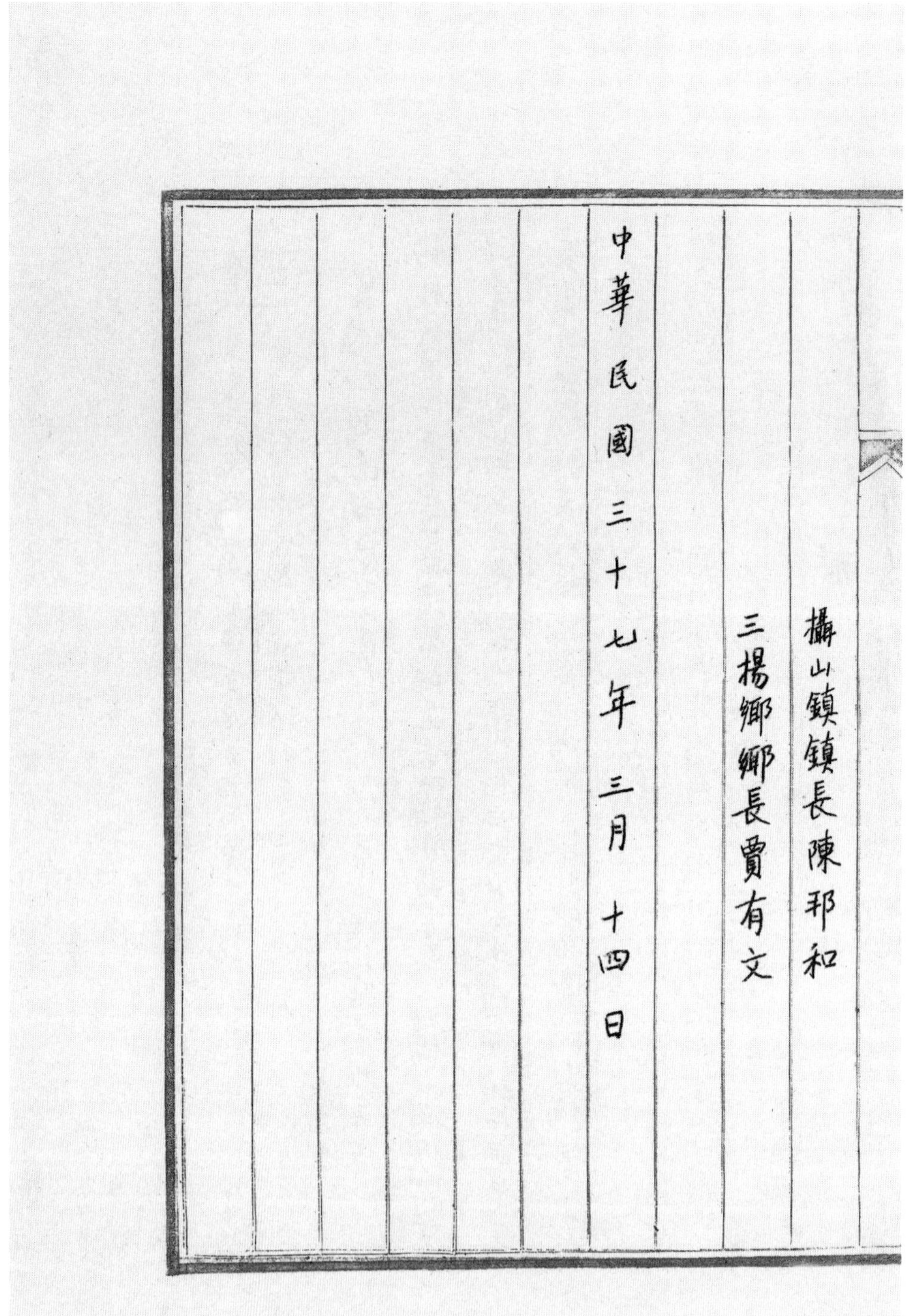
攝山鎮鎮長陳邦和
三楊鄉鄉長賈有文
中華民國三十七年三月十四日

副張
DUPLICATE

立承攬（賈有文、陳邦和）（下称承攬人）今向

江南水泥廠（下称廠方）承攬築路土方工程願照左列條款履行之

工程分段

一、自便民河北孫徐氏張有楊田起一直向北至呂興福呂寶漢田止

称為南段再向北至舒福源陶有煌田止称為中段再向北至新

塂止称為北段

承攬範圍

二、承攬人依照廠方所繪圖樣及説明書承包中段土方

三、南段及北段土方由廠方名蔣生記承包並直接指揮管理之

承包工價及點料南段北段施工酬金

四、承攬人所包中段土方工價每一市方(即一百立方市尺)中熟米市斗壹斗五升二合九五由廠方在領款日當天按南京中華門外河下中熟米市價折付現金

五、南段北段土方包價廠方除按每市方中熟米九斗九合七五直接付給蔣生記外另以市斗中熟米五升三合二照本約第四條計算方法折成現金付給承攬人作為照料南段北段工程進行時之酬金

承攬人負全部工場一切責任

六、南段中段北段挑土堆土抽水築壩等工作如與當地發生爭執統由承攬人負責理楚

領款辦法

七、承攬人願照左列辦法分期領款

1、立約後開工前二天承攬人按所包中段土方約數預支包價十分之一開工後分四次扣還

2、開工後每隔七天由廠方工程師視中段所做土方方數酌付工價十分之九

3、本約第五条載明之南段北段酬金每方中熟米五升三合二隨蔣生記分批領款時由廠方付給承攬人

4、承攬人在完工前每隔七天領到之工價交由廠方指定職員代為保管監督用途(其手續憑承攬人簽章取款收条

並得廠方同意方可支付）

七、中段土方完成經廠方驗收無誤後扣清預付工價一次付齊

工具自備

八、承攬人所包中段工程所需一切工具如鉄鍬竹畚扁担水車等

由承攬人自備

其他

九、承攬人於立約後决不因任何原因向廠方要求加價

十、承攬人承包之中段土方廠方得派員監察如有故意遲延

或與圖樣說明書不合者廠方得令承攬人趕造或改造

十一、承攬人工人如因工作受傷或發生意外情事由承攬人負責

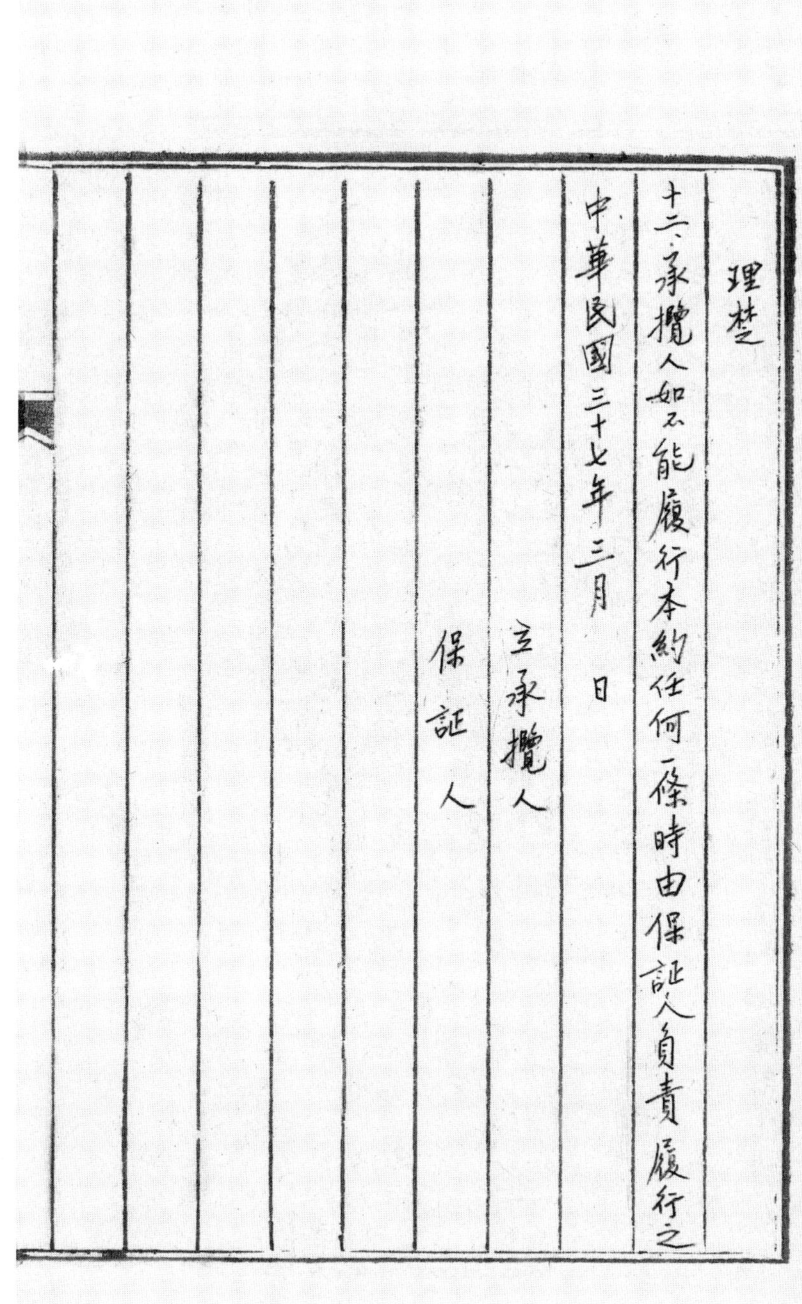
理楚
十二、承攬人如不能履行本約任何一條時由保證人負責履行之
中華民國三十七年三月　日
立承攬人
保證人

三江公路中段土方工程說明書

(一)本段土方工程全部爲填土工程

(二)本段尺寸路面寬十八市尺(一公尺等于三市尺)

坡度一比一·五(即高度一尺坡長平面一尺半)

高度按照工程處測定平均在原地面上七市尺以下

(三)本工程包工包括挖土及填路以及抽水作壩等均歸包工自理

(四)本段有涵洞一處由工程處派工自做

(五)本段路基所有土方均在附近取用按圖上指定地挖用距離在

路中心外一百五十市尺以内

(六)填土須結實無隙層層堆高不得任意亂堆

(七)取土處整齊有序按照工程處指定地位挖取挖土深度至多不得超過六市尺

(八)土方工程計算方法由工程處測标以十市尺見方一市尺高(即一百立方市尺)為單位以路基填土計算所有單價包括挖土填路抽水作壩

(九)跳板由工程處供給由包工借用負責保管工程完竣時交還如有遺失按市價由包工照賠

抄件

江寧縣政府指令　(37)建復二字　二七號　中華民國卅七年四月三日

令三楊鄉鄉長　賈有文

卅七年三月十日呈乙件爲三江公路路綫經過京滬鐵路兩旁旱地祈　鑒賜

函轉該局惠允借用以利交通由

呈悉查該兩鄉鎮會築三江公路事前未經呈請本府勘綫釘樁並擬具築路計劃施工圖說預標等呈候核奪竟自先行施工殊屬不合所請轉函京滬區鐵路管理局惠允借地一節自屬無從核办惟念發展交通與修水利姑准函轉办理仍仰迅即測繪全綫詳圖擬具築路計劃施工圖說及預標等剋日補呈備奪以重公路管理是爲至要

此令

縣長　黄相忱

抄件

呈為呈送三江公路建築圖樣祈

鑒核備查由

屬鄉鎮為發展交通興修水利建築三江公路業經

鈞府核准在案茲繪具該路平面及剖面圖理合備

文呈送仰祈

鑒核備查實為公便

謹呈

江寧縣政府縣長黄

附呈三江公路建築圖樣一紙

攝山鎮鎮長陳邦和
三楊鄉鄉長賈有文

抄件

呈為三江公路由商廠獨資興築請

事由　予商廠以優先使用權並可於路旁建築掛綫路下埋設鉄管祈

鑒核准予備案由

窃商廠查

鈞治三揚鄉境内購田一七七畝有零原擬築路通江但因另有十畝業

主居奇未能購成決定放棄築路計劃改用掛綫掛綫机件併已由

滬運廠嗣攝山三揚兩鄉鎮陳鎮長賈鄉長以該路築成可以發展

交通興修水利呈蒙

鈞府核准建築三江公路同時建議商廠斥資興築並負担以後養

路工作商廠以事屬兩利完全接受上述十畝旋亦由商廠協議收

購查該路長一·二五公里寬六公尺建橋一座設涵洞三个土方工程需款
約四十億以上除經過鐵路地三畝五分外其餘路綫所經及路基取土均
用商廠圩田地價及工程兩項商廠共支出國幣百億元以上該路
築成之後擬請
准予商廠以優先使用權路基產權保留並可於路旁建築鐵綫
路下埋設鉄管車輛可自由通過三揚鄉新堤除已商請賈陳
鄉鎮長會呈外理合備文呈請仰祈
鑒核准予備案實為德便

謹呈

江寧縣政府縣長黃

江南水泥廠 廠長 趙慶杰
副廠長 孫柏軒

抄件

江寧縣政府 批示

(卅七)建循二字第四〇號

中華民國三十七年五月十二日

事由 為該廠建築三江公路一案批仰知照由

受文者 江南水泥廠

一、本年四月九日呈悉

二、查此案前據攝山三揚二鄉鎮會呈到府業經指令准予備查在案合行批仰知照

縣長 黄相忱

張 副

DUPLICATE

立承攬
賈有文
陳郁和
（下稱承攬人）今向

江南水泥廠（下稱廠方）承攬築路土方加高工程願照左列條款履行之

工程分段

一、自使民河北孫徐氏張有揚田起一直向北至舒福源陶有煌田止稱爲南段再向北至呂興福呂寶漢田止稱爲中段再向北至新埂止稱爲北段

承攬範圍

二、承攬人依照廠方所繪圖樣及説明書承包中段及北段土方

三、南段土方由廠方召蔣生記承包並直接指揮管理之

土方加高方數

四、承攬人所包中段及北段土方計中段長度爲一七二八·四五市尺共計土方

玖佰肆拾市方半内包括陶家溝頭土方二市方半伍家圩前溝頭土方二市方馬莊前溝頭二市方半北段長度為八五〇·五市尺共計土方四四七·一市方内包括靠新塘一段計六十市尺長平均加高為一市尺計土方為十六市方二中段及北段總計土方為壹千叁百捌拾柒市方陸以上工價每市方中熟米玖升（老斗）

付款辦法

兵工價中熟米（除付存攝京米拾九石壹斗七升外）按領取當日棲霞街市價折付現金

中華民國三十七年　月　日

立承攬人　賈有文　陳邦和

中証人　樊吉甫　陳仲文

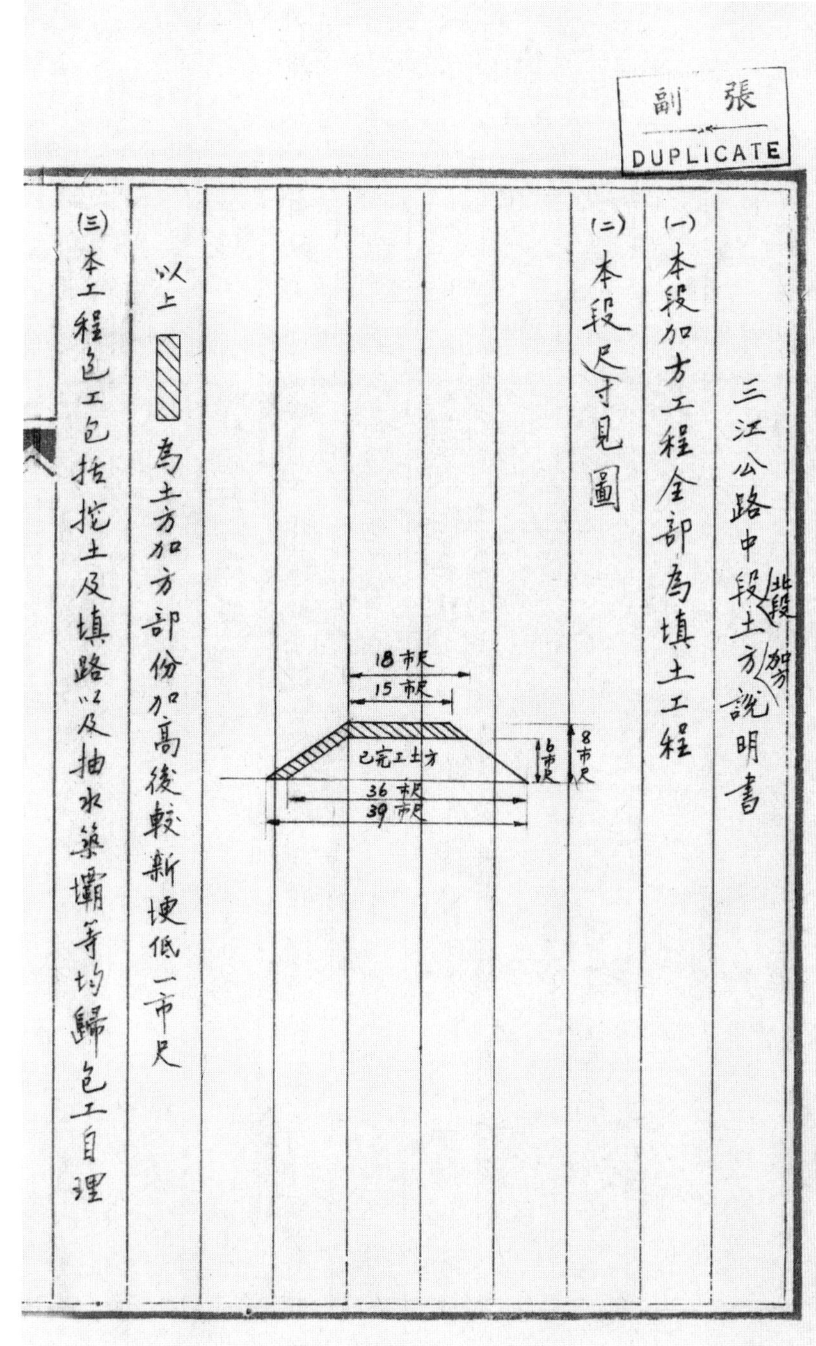

副張 DUPLICATE

三江公路中段（北段）土方（加方）說明書

（一）本段加方工程全部爲填土工程

（二）本段尺寸見圖

以上［斜線格］爲土方加方部份加高後較新便低一市尺

（三）本工程包工包括挖土及填路以及抽水築壩等均歸包工自理

(四)本段加土所有土方均在工程處指定地点取用距離在加方中心平均一百五十市尺以内

(五)填土須結實無隙層層堆高不得任意亂堆

(六)取土處整齊有序按照工程處指定地位儘先挖藉可多留農田

(七)土方工程計算方法由工程處測算以十市尺見方一市尺高(即一百立方市尺)為單位以路基填土計算所有單價包括挖土填路抽水築壩

(八)跳板由工程處供給由包工借用負責保管工程完竣時交還如有遺失按市價由包工照賠

江南水泥股份有限公司董監事聯席會審核向股東會報告三十六年度增資案、機器安裝、提議修改章程案等議記録

（一九四八年五月二十九日）

檔號：1041-1-58

江南水泥股份有限公司董監事聯席會議記錄

日期 卅七年五月廿九日下午三時半

地點 天津第一區大沽路一〇三號二樓

出席董監事 顏惠慶

袁心武

俞君飛

周實之

孫章甫

盧開瑗

吳少皋

陳範有

劉靖基　楊之游代

江子礪　楊之游代

唐星海　楊之游代

李耀章　楊之游代

主席　顔惠慶　　紀錄　言申夫

報告事項

劉董事靖基　唐董事星海　江董事子礪　李監察人耀章　均委託楊之游先生

代表出席董監會

討論事項

一、五月卅一日股東臨時會開會程序

議決　照擬定者進行

二、審核向股東臨時會報告三十六年增資股款認繳足額案及全部機器安裝情形並續購補充機件及預計完工出貨日期案（附稿）

議決　如擬報告

三、審核向股東臨時會提議修改章程案（附草案）

議決　如擬提出股會

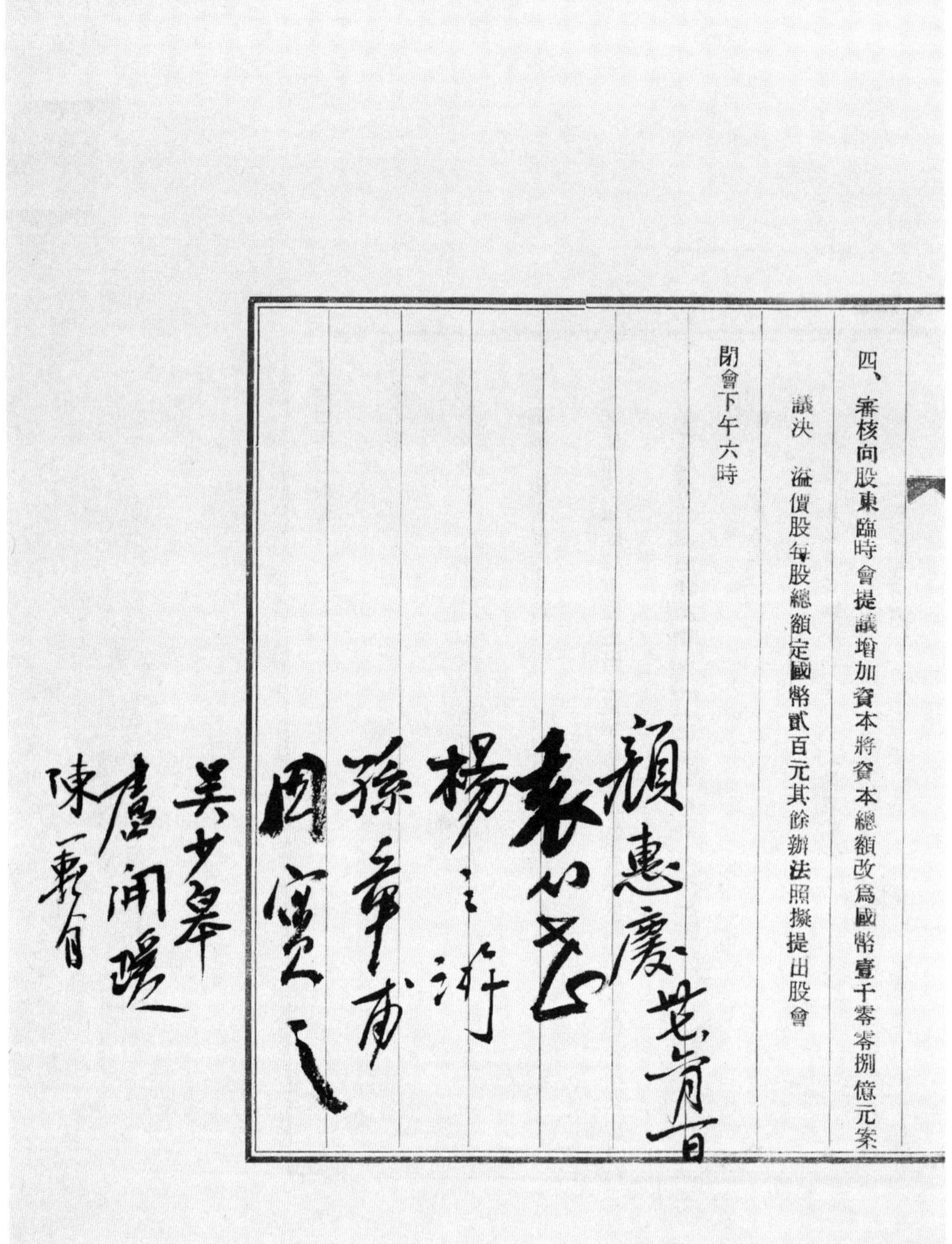
四、審核向股東臨時會提議增加資本將資本總額改爲國幣壹千零零捌億元案

議決 溢價股每股總額定國幣貳百元其餘辦法照擬提出股會

閉會下午六時

江南水泥股份有限公司股東臨時會（三十六年度增資股款認繳足額案、修改章程、檢查資本、改選董事監事人選）決議記録（一九四八年五月三十一日）

檔　號：1041–1–58

江南水泥股份有限公司股東臨時會決議錄

日期　三十七年五月卅一日下午三時

地點　天津第一區大沽路一〇三號二樓

到會股份　一、七四九、七六〇、五一一股

主席　顔惠慶

一、開會

二、主席報告到會股份已足法定額數宣告正式開會

三、報告三十六年增資股款認繳足額案　主席請俞常董右飛報告稱上年五月

三十日股東會通過之重估固定資產價值調整資本方案業已呈奉

經濟部核准案除將固定資產增資金額六十四億元轉入資本帳戶撥出資
比例分派與各股東外增募之現金新股九十六億元亦已全數認足繳齊其
中三十二億元會決議以超過票面額七倍溢價發行所有溢價金額二百二
十四億元並經全數收足轉入公積金項下

各股東無異議

四、修訂章程案　主席請袁副董事長心武宣讀提案將章程第三條及第十二
條修正草案逐句宣讀請各股東討論（有草案）

議決　通過

五、檢查資本案　監察人包培之等當場調查增資帳目憑證暨須出具調查報

告書到衆宣讀

各股東無異議

六、改選董事監察人案　主席稱修正章程案既已通過請股東照新修改之章程選舉董事十九人監察人四人現時宜暫時休息十五分鐘請股東寫票投匭

主席臨時指定股東岳泰之君李立夫君擔任監匭檢票分組計算權數當選人名列左

董事　顏惠慶先生　一、四〇二、五六〇、〇〇〇權

董事　陳範有先生　一、四〇一、一四〇、〇〇〇權

董事　袁心武先生　一、三九八、一四〇、〇〇〇權

董事　周實之先生　一、三八七、一四〇、〇〇〇權

董事　孫亭甫先生　一、三八二、二一六、〇〇〇權

董事　俞君永先生　一、三八一、八三六、〇〇〇權

董事　周志俊先生　一、三八一、一七七、〇〇〇權

董事　劉翊基先生　一、三八〇、〇九七、〇〇〇權

董事　江子鎬先生　一、三七九、〇五八、〇〇〇權

董事　盧開瑗先生　一、三七八、二一八、〇〇〇權

董事　曾蓼甫先生　一、三七六、七三八、〇〇〇權

董事　葉秀峯先生　一、三七四、〇六八、〇〇〇權

董事　孫棐忱先生　一、三七一、七六八、〇〇〇福

董事　庾宗溎先生　一、三六九、九六八、〇〇〇福

董事　趙慶杰先生　一、三六七、〇六九、〇〇〇福

董事　唐星海先生　一、三六二、九一九、〇〇〇福

董事　吳少皋先生　一、三六〇、七一九、〇〇〇福

董事　楊之游先生　一、三五九、三二九、〇〇〇福

董事　周叔弢先生　一、三五五、四二九、〇〇〇福

以上十九人俱當選為董事

監察人　包培之先生　一、三八五、四〇〇、〇〇〇福

監察人　陳暘一先生　一、三八三、九七〇、〇〇〇權

監察人　李龍章先生　一、三七八、九〇〇、〇〇〇權

監察人　趙南璽先生　一、三七〇、五八〇、〇〇〇權

以上四人俱當選為監察人

七、報告全部機器安裝情形並續購補充機件及預計完工出貨日期案

主席請陳總經理範有報告（另有稿）　主席稱陳總經理及在事各員勤勞努力有此成效深可為股東慶幸

各股東鴻鼓掌

八、討論續增資本案　主席請陳常董範有宣讀提案摘要「為將本公司股份

總額改為一百億零零八千萬股每股國幣十元一次收足每一老股得换給新股一股並得按票面金額認購新股二股半又得按溢價認購新股一股每股定為國幣二百元均限於六月十四日繳齊逾限作為棄權由董事會負責募集之」請各股東討論

議決 通過

九、閉會

主席

江南水泥股份有限公司股東名册（一九四九年一月十五日）

檔號：1041-1-48

江南水泥股份有限公司股東名册

民國三十八年一月十五日編造

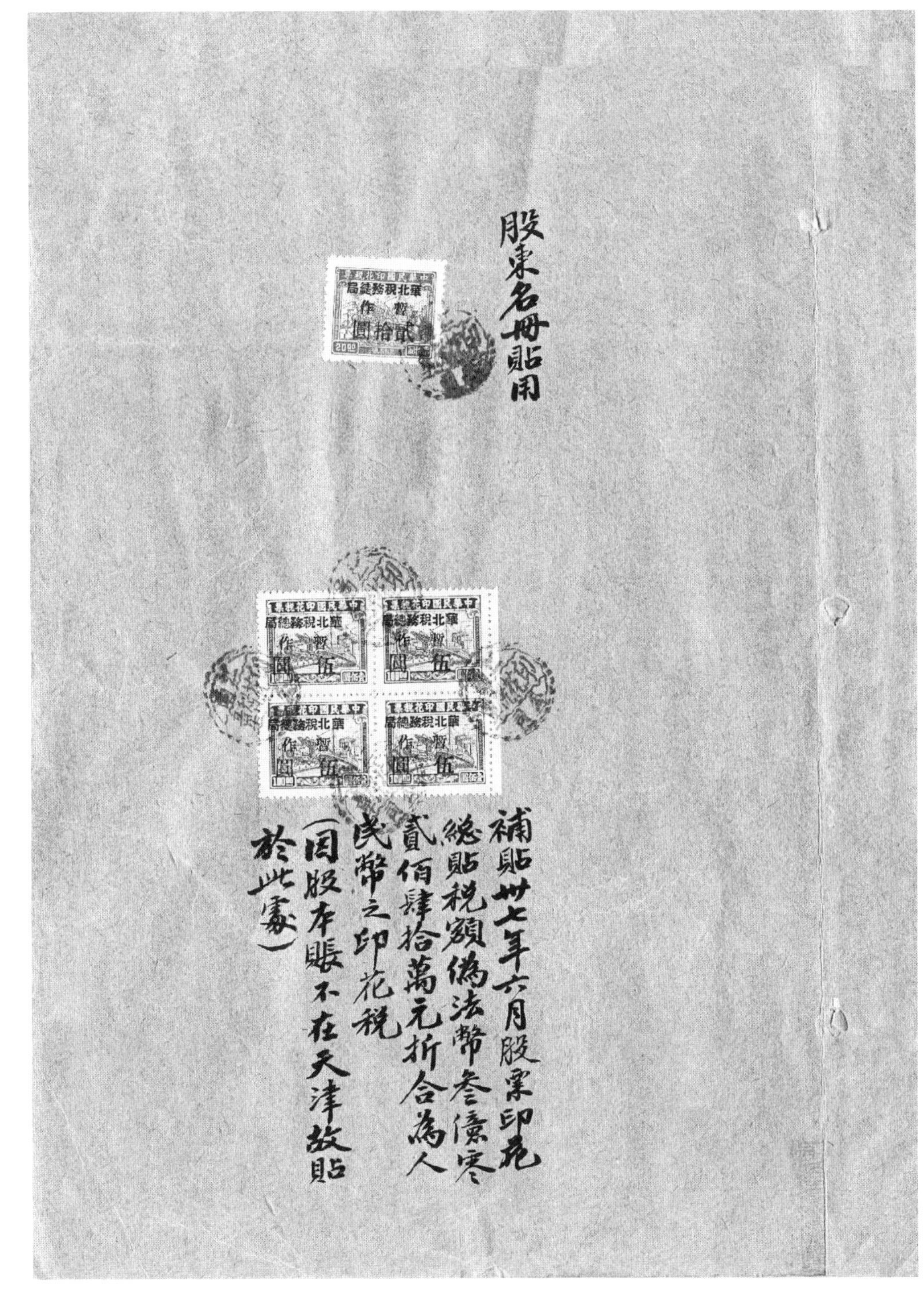

股東名冊貼用

補貼卅七年六月股票印花
總貼稅額偽法幣叁億零
貳佰肆拾萬元折合為人
民幣之印花稅
(因股本賬不在天津故貼
於此處)

江南水泥股份有限公司股東名册

戶名	股數	住址
丁子璧	3,530,000	天津開灤礦務局
丁良士	525,000	天津營口道九十八號
丁國輝	35,000	唐山啟新洋灰工廠
丁守平	180,000	天津(1)河南路三育里八號
丁受全	157,500	天津(10)雲南路二號
丁造洪	22,500	天津(1)哈尔濱道大陸銀行
丁乃青	3,700,000	北平内六區十四號
丁乃相	2,745,000	仝上
丁李若琴	3,700,000	仝上
丁賈若瑟	3,500,000	仝上
丁乃華	3,745,000	仝上
丁際平	3,745,000	仝上
丁振英	45,000	天津(10)秦安道八十號趙宅轉
丁祝平	175,000	天津濱江道廣東學校内
丁堅白	717,500	北平西四小紅羅廠四號
丁敏慎	245,000	仝上
丁世美	7,327,6,159	天津啟新洋灰公司轉
丁濁奎	151,200	上海
丁埥鏶	25,000	天津(2)陳家溝娘娘廟龐家胡同16号
卜祖蔭	90,000	天津(10)貴州路正和里七號
久安信託公司	180,226,137	天津(10)中正路九十八號
久德號	585,000	天津(1)長春道九十三號
三津公會	183,750	天津(2)復興道四十八號轉
公孫靖如	175,000	天津(2)三民道廿一號

江南水泥股份有限公司股東名册

戶名	股數	住址
上海商業儲蓄銀行	1,260,000	天津(1)赤峰道
上海中國實業銀行	4,207,630	上海北京路130號
上海中孚商業銀行	2,000,000	上海滇池路103號
于仲賢	5,250,000	北平輦兒胡同21號
于國民	157,500	天津(6)廈門路10號
于馥岑	508,500	天津(1)河北路214號
于鳳章	45,000	仝上
于伯鏵	280,000	天津綏遠路蓬萊里7號
于惠全	7,350,000	天津(2)金湯三街六號新泰行
于榮林	250,000	天津(1)長春道57號
于澤信	202,500	天津啟新洋灰公司王延成轉
于景森	70,000	天津(10)大沽路336號
于大本	75,684,546	天津啟新洋灰公司轉
于佩新	50,225	北平新街口(南)航空署街24號
于慎之	300,000	天津(10)中正路國華銀行于惠清轉
于學俊	500,000	仝上
于學英	500,000	仝上
于楓	30,000	天津(10)保定道樹德里十八號
大來行	20,237,500	天津(1)承德道9號
大陸銀行	1,225,000	天津(1)哈爾濱道68號
大生銀行	3,319,200	天津(1)哈爾濱道33號
大亨行	92,500	天津(1)營口道興業大樓14號
大衆公司	21,000	天津(1)濱江道95號
大華證券行	10,000	天津(1)濱江道廣財巷189號
仉瑞田	100,000	天津(1)林森路162號

江南水泥股份有限公司股東名册

戶名	股數	住址
王樹人	35,000	天津啟新公司宿舍
王敬五	332,850	天津(1)承德道38號
王能威	230,475	仝上
王敬芝	70,000	天津大沽路103號啟新公司
王錫庭	2,520,000	北平前内西皮市小四眼井9號
王景福	35,000	天津(10)成都道安樂里5號
王蘊芬	35,000	仝上
王振滄	350,000	仝上
王錦福	70,000	仝上
王承福	35,000	仝上
王炳福	35,000	仝上
王瑞占	1,415,000	浙江興業銀行天津分行轉
王又新	5,250,000	上海江西路406/329號
王峻峰	175,000	天津東馬路158號鳳祥號
王雲在	36,400	天津八號路上海銀行任鈞沈轉
王輔臣	450,000	天津(1)赤峯道97號
王毓僕	122,500	天津北門外大街源豐永海味店
王美萱	45,000	天津羅斯福路大公報館孔昭愷轉
王鴻昌	87,500	天津啟新洋灰公司
王鼎彝	225,000	天津鹽業銀行轉
王學海	239,400	天津(1)赤峯道鹽業銀行王子晋轉
王志宜	262,500	天津(10)重慶道80號
王序如	1,225,000	天津(10)中正路98號
王福曜	645,000	天津(1)蒙古路33號
王璧如	560,000	唐山市啟新洋灰工廠

江南水泥股份有限公司股東名冊

戶名	股數	住址
王子誠	2,658,250	唐山啟新洋灰公司工廠
王明甫	90,000	天津河北床(?)緯路10號
王輔庭	122,500	啟新洋灰公司南門內1號
王任權	183,750	仝上
王　其	35,000	唐山開灤礦務局教育處
王文秀	360,000	天津(1)林森路42號
王哲夫	140,000	唐山城子莊義字街33號
王叔明	105,000	唐山啟新洋灰工廠
王式如	70,000	天津(10)北平道恒裕里39號
王蘊璞	7,065,275	唐山啟新公司礦地公司13號
王文義	22,500	天津北門外竹竿巷16號
王懋瑛	577,150	天津(6)九江路26號中紡公司四樓
王友唐	270,000	古冶唐家莊開灤員司房1號王金波轉
王文華	105,000	天津(1)敦厚里三條
王拂塵	225,000	天津(1)林森路華衡里9號
王懋純	455,000	天津(1)承德道38號
王淑勤	45,000	天津(10)雲南路銓銘里9號
王鎔成	5,275,000	天津(10)長沙路鴻德里22號
王允瑩	450,000	天津(1)開馬廠道中紡大廠
王德芝	8,820,000	天津(10)曲阜道駿福里44號
王鴻林	6,385,000	天津(1)大沽路文興里10號
王春甫	2,400,000	天津(1)赤峯道裕津銀行轉
王谿齋	1,605,000	天津(10)重慶西道31號
王家奎	2,350,000	天津(10)河北路288號
王友三	70,000	天津(10)西安道福順里四號

江南水泥股份有限公司股東名冊

戶名	股數	住址
王竹銘	170,000	天津中孚銀行轉
王蘭蓀	45,000	天津(10)襄陽道華蔭西里11號
王丙卿	270,000	天津(10)柳州路華蔭東里35號
王文敏	385,000	天津(2)三民道65號
王叔良	832,500	天津(1)河南路協利木廠內
王秀山	1,890,000	北馬路獅子胡同萬記錢內義縣號
王克勤	172,000	天津(1)遼寧路179號
王乃春	63,000	仝上
王玉珂	45,000	大營巷同鄉里1號
王　政	630,000	天津(6)台北路18號
王辛乙	140,000	天津久安信託公司轉
王辛崙	385,000	仝上
王元良	-0-	北平後圓恩寺旁門6號
王世澤	800,000	天津久安信託公司轉
王松林	183,750	天津(1)陝西路103號
王松如	245,000	仝上
王端驤	5,950,000	馬廠道新武官胡同2號
王端驄	5,950,000	仝上
王端駿	5,850,000	仝上
王會賓	4,140,000	天津(10)鎮南道67號
王法麟	1,310,000	天津(10)大理道85號
王葆華	300,000	北平(22)邱祖胡同嘉祥里5號
王嘉誠	140,000	天津開灤礦務局
王蔭鶴	62,500	北平齊內老君堂79號俞宅轉
王衛朝	700,000	北平啟新洋灰公司

江南水泥股份有限公司股東名册

戶名	股數	住址
王戟門	157,500	北平啟新洋灰公司
王慶元	857,500	天津(1)林森路平津別墅6號
王夢齡	140,000	天津(1)山西路263號
王世貴	1,495,725	北平東城官帽胡同乙12號
王儁彥	157,500	天津(10)大理道106號
王治平	100,000	河北小于莊中紡七廠
王淑惠	45,000	天津(1)營口道50號
王寶田	45,000	天津(7)建物大街慶有里13号
王梅川	70,000	仝上
王士奎	3,500,000	天津(10)烟台道福康里6號
王紹英	3,275,7500	南門內大街73號
王崇謙	45,600	天津(1)濱江道52號
王鴻英	157,500	舊義界六馬路鳳德大樓四樓
王品良	682,650	天津(8)侯家後中街65號
王楊蘊芳	226,800	北平西四北後毛家灣3號
王竹泉	302,400	仝上
王文田	90,000	天津(10)中正路金城銀行
王松波	6,566,800	漢口楊子街9號華新水泥公司
王子樵	35,000	天津(10)大沽路衛經大院14號
王建民	1,850	天津(1)濱江道新華大樓503號
王端馴	5,150,000	天津南開大學南院36號
王炳均	3,825,000	天津河東小關71號宝昌公司
王世業	202,500	天津(10)煙台道45號
王鳳娟	105,000	天津(10)重慶道147號
王憺漪	35,000	北平西四後口袋胡同甲4號

江南水泥股份有限公司股東名册

戶　　名	股　　數	住　　址
王紹卿	67,500	天津(1)煙台道45號
王端	70,000	天津浦口道243號
王德禮	157,500	天津(1)煙台道45號
王子晃	900,000	天津(1)赤峯道64號
王德符	350,000	天津(5)鄭庄中紡五廠
王運馨	225,000	天津(1)赤峯道64號
王季荃	350,000	天津中國銀行轉
王甲山	176,000	天津(2)光明道16號
王志賢	122,500	天津浙江興業銀行天津分行
王綸	617,500	天津(1)南京路48號
王逸儒	2,160,000	天津估衣街德厚里14號
王慧貞	612,500	天津(10)中正路金城銀行轉
王慎言	647,500	仝上
王毅靈	735,000	仝上
王懋裕	140,000	天津(1)承德道38號
王晴漪	45,000	天津(10)南海路永康里1號
王炳勳	315,000	天津美孚公司
王瀅	175,000	天津重慶道263號
王淋	105,000	天津大陸銀行胡哲甫轉
王培禎	135,000	天津(11)二道橋天成店後12號
王長詳	122,500	北平西單上海銀行
王友陽	45,000	天津(1)山東路108號
王北碧	45,000	天津(6)上海道河北省立天津女中
王知止	245,000	北平自來水公司
王仲君	3,064,950	天津(1)西康路9號

江南水泥股份有限公司股東名册

戶名	股數	住址
王幼甫	52,650	天津(南)關大街甫慶里
王華甫	70,200	仝上
王棟人	1,330,000	天津(10)西康路77號
王季揚	3,675,000	天津(1)哈爾濱道110號
王翼欣	2,835,000	仝上
王久榮	200,000	唐山啟新洋灰工廠東大廠3號
王世富	21,000	天津(10)長沙路永安里9號
王聿修	1,260,000	天津(1)睦南路326號
王春蓉	70,000	天津(10)岳陽道126號
王雲巖	67,500	天津(1)山西路新華利里7號
王金全	190,000	天津(10)聚福里11號
王偉生	5,060,000	天津(1)哈爾濱道109號
王增勤	525,000	天津(10)敦厚里四條9號
王長學	70,000	天津貴州路[illegible]16號
王賡臣	122,500	仝上
王懋婉	805,050	天津(10)大理道185號
王懋長	292,500	仝上
王懋誠	2,015,000	仝上
王懋慧	317,500	天津(1)九江路志德里4號
王道生	350,000	天津(10)廣西路福壽里13號
王文毓	245,000	天津(10)馬場道[illegible]號
王鴻昇	35,000	天津郵政信箱第五號
王一平	210,000	仝上
王道生	122,500	天津(10)營口道桐書里64號
王珍如	350,000	天津(10)林森路248號

江南水泥股份有限公司股東名册

户名	股數	住址
王建	5,511,450	天津(10)潼關道42號
王懋述	525,000	北平西單手帕胡同丁字25號
王天玲	135,000	天津(11)山西路新華利里9號
王廷襄	1,353,750	天津(10)北平道福安里12號
王碧華	350,000	天津(11)濱江道48號
王若愚	315,000	北平西單北大街176號
王長清	627,500	天津(11)山西路新華利里9號
王徽元	1,237,500	天津(10)林森南路293號
王敬	70,000	天津東門天津女醫院
王杏玉	45,000	天津(8)南京道48號
王詩文	35,100	北平前外鑾慶胡同33號
王吉昕	980,000	上海復興中路106弄福臨里43号
王吉里	980,000	仝上
王良生	2,100,000	上海(0)江西路406号三樓329室
王聯珍	1,750,000	仝上
王二以	700,000	仝上
王薛韻嫻	22,500	天津(10)大理道106號
王慈	96,000	天津林森路寶華里2號
王秉樞	175,000	天津(6)土城中街28號
王吉楚	980,000	上海復興中路106弄福臨里43号
王渝珍	350,000	上海(0)江西路406号329室王良生轉
王湘雲	105,000	上海復興中路106弄福臨里43号
王儁青	157,500	天津(10)大理道106號
王正堯	1,750,000	上海(0)江西路406号329室王良生轉
王聯珠	1,750,000	仝上

江南水泥股份有限公司股東名册

户名	股數	住址
王繼亮	3,010,000	上海(0)江西路406號320室
王寶林	675,000	天津(1)柳州道1號
王蘭亭	157,500	北平延慶府30號
王翼九	453,600	天津(2)三民道81號義和公煤棧
王端驥	1,025,000	天津馬廠道新武官胡同2號
王碩芬	350,000	天津(2)三民道74號
王廷玉	472,500	天津(10)成都道80號
王際明	187,500	天津(1)羅斯福路290號
王世榮	396,700	唐山敦仁里頭條2號
王乃全	225,000	天津(1)哈尔濱道錦業大樓1號
王悔先	450,000	天津(10)西安道31號
王紹衡	142,800	北平鹽業銀行轉
王芝茂	1,053,850	天津(10)泰安道9號轉
王聞鳳珍	45,000	天津(10)成都道80號劉建伯轉
王東泰	225,000	天津河北金家窑王家皮廠胡同16号
王志實	675,000	天津(10)桂林路新華村11號
王本英	35,000	北平西交民巷上海銀行轉
王士英	80,850	仝上
王世英	134,750	仝上
王文治	105,000	天津河東小關曹家大場劉家胡同1號
王福重	90,900	天津東萊銀行
王嘉君	70,000	天津北門外小洋貨街24號
王錦	45,000	河東小關仙壇胡同18號
王少卿	70,000	天津(1)濱江道61號碩華轉
王連奎	90,000	天津(1)營口道大亨行

江南水泥股份有限公司股東名册

戶名	股數	住址
王汝鑫	45,000	天津(1)哈爾濱道福康號
王君梅	7,350,000	天津(2)建國道24號
王冀欣	12,495,000	天津(11)鎮南道213號
王少堂	8,077,450	天津(2)興隆街64號
王書恒	7,595,000	天津(2)自由道26號
王樹培	6,267,100	天津(2)博愛道鳳德大樓5號
王家騏	225,000	天津(2)糧店後街75號
王傑春	112,500	天津(10)四川路18號
王曰寬	450,000	仝上
王仲英	180,000	仝上
王傑維	112,500	仝上
王漢臣	3,592,350	仝上
王黎門	9,000	天津大沽路133號同生公司轉
王曰孝	315,000	天津(10)四川路18號
王曰忠	315,000	仝上
王曰强	315,000	仝上
王立中	70,000	天津(1)安路承蔭里1號
王曰秉	247,500	天津(10)四川路18號
王李英	450,000	仝上
王張育崎	180,000	仝上
王玉	90,000	天津(1)濱江道225號
王根堂	45,000	天津(1)濱江道7號福蔭路12號
王文瑜	350,000	天津西門會友軒7號
王揵明	4,384,610	天津(10)重慶道141號
王競時	175,000	上海浙江大馬路297號成昌福轉

江南水泥股份有限公司股東名册

戶名	股數	住址
王友山	35,000	東馬路二道街德安里2號
王馮一欽	112,500	灤州礦地公司王覲宸轉
王陳素富	35,000	天津(8)宮南大街87號
王銘	506,187	天津(10)瀋陽道永鑫西里47號
王紹先	154,350	北平鹽業銀行轉
王沛然	70,000	古冶唐山[illegible]灤礦[illegible]
王慎之	62,500	仝上
王熙庭	175,000	北平東交民巷台基廠二條二號
王曾選	882,000	天津堤頭大街渡口胡同15號
王權	500,000	天津大理道169號
王雪廣	735,000	林西開灤醫院
王海	500,000	天津大理道169號
王家	500,000	仝上
王寧	400,000	仝上
王晉根	122,500	北平北綃胡同39號
王直丞	350,000	北平蘇州胡同13號隋宅轉
王仲	105,000	天津(1)長春道四德里福康仁銀號
王麗南	23,625	北平西四翠花街14號
王開華	400,000	南京鼓樓車站中國水泥公司
王勤葉	126,000	北平府右街羅賢胡同18號
王大正	693,000	天津(10)常德道183號
王贊臣	70,000	天津中孚銀行轉
王大仁	693,000	天津10常德道183號
王大馨	693,000	仝上
王玉	300,000	天津中孚銀行轉

江南水泥股份有限公司股東名冊

585

戶名	股數	住址
王圭	3,500,000	天津中孚銀行轉
王屏周	78,500	仝上
王功	350,000	仝上
王松齡	1,910,000	仝上
王蕙芝	210,000	天津(10)馬場道新武官胡同7號
王立德	26,725,000	天津中孚銀行轉
王淑賢	29,750	仝上
王勵昌	2,100,000	仝上
王興公	210,000	唐山開灤礦務局
王怡安	79,500,000	天津(6)浦口道31號
王麗貞	90,000	天津(10)泰安道32號靜安大樓
王遴儒	367,500	天津(1)赤峰道25號
王士良	62,360,562	天津啟新洋灰公司轉
王采忱	175,000	天津(1)羅斯福路62號津源銀號
王世五	35,000	天津鍋店街迎仁里12號
王德	175,000	天津(1)哈爾濱道天增里3號
王鑫甫	100,000	天津(10)岳陽道103號
王耆年	122,500	中南銀行轉
王贊之	70,000	天津陳塘莊中紡四廠
王惠貞	63,000	中南銀行轉
王筱庵	210,000	上海江西路406號319室
王士良	517,500	上海新閘路920弄98號
王桂生	27,000	上海西藏中路[illegible]號[illegible]信貿易行
王子鈞	735,000	上海中正東路1[illegible]號中匯大樓[illegible]室
王李璞	1,512,000	重慶中國銀行王家華收轉

江南水泥股份有限公司股東名册

戶　　名	股　　數	住　　址
王頌遷	945,000	上海復興中路567號
王安壽	806,400	上海安福路巨福新邨A12號[illegible]轉
王天享	735,000	崇明南堡鎮大通紗廠東
王天箏	735,000	仝上
王天鐸	735,000	仝上
王惠雲	11,250	北平内六納福胡同13號
王棣輝	123,059	上海
王彬如	5,000,000	天津(1)林森路57號
王泉洲	100,000	天津(1)興安路承蔭里1號
王壽德	40,000	天津(10)中正路國華銀行于惠清轉
王銘	30,000	天津(1)興安路承蔭里1號
王衡若	200,000	北平鹽業銀行
王松臣	100,000	天津(1)長春道四德里8號轉
王泉道	134,750	上海
王令怡	9,800	上海
王雲槐	350,000	上海
王布唐	280,000	天津(10)上海道義慶里27號
王樹勲	80,000	天津(1)赤峰道中孚銀行轉
王虞卿	29,850	上海
王陶克柔	37,800	天津
王寧如	133,700	仝上
王幼三	10,000	仝上
王伯香	20,000	仝上
王逸塵	6,000	仝上
王懋諒	5,000	仝上

江南水泥股份有限公司股東名冊

戶名	股數	住址
王高淑媛	40,000	天津10西安道王甫元診所
王幼溥	1,000,000	天津(11)鎮南道東公館轉
王瑞驥	3,000,000	天津馬廠道新武官胡同2號
王仁英	70,000	天津河北路32號
王筱亭	900,000	北平東四二條五號
王大方	2,600,000	天津(10)鎮南道325號
王作惠	1,000,000	天津(11)哈爾濱道31號
王宗禎	1,000,000	天津(10)重慶道大興新邨10號
王信敏	600,000	上海(0)滇池路中孚銀行
王國泰	300,000	上海江西路406號317室
王樹年	200,000	仝上

江南水泥股份有限公司股東名冊

戶名	股數	住址
方啟	5,554,259	天津(1)大沽路103號
方超	13,898,239	仝上
方熟琴	70000	天津(10)常德道久安里□友學校
方還華	4,507,500	天津新華村10號
方敬恕	28350	北平十蔣家胡同15號
方宣周	3,500,000	天津重慶道106號
方蘭階	522,000	天津(11)哈爾濱道101號
方文龍	1,10000	天津開灤礦務局
方間齋	700,000	天津(10)馬場道54號
方可之	272,500	仝上
方靜如	5,560,000	天津中孚銀行轉
方千里	111,554,646	天津啟新洋灰公司轉
方津實	14,581,875	上海北京西路1024號張宅轉
方景怡	100,000	天津(10)馬場道54號
方君引	50,000	天津(10)西安道146號
尹一言	17,500	天津啟新洋灰公司高華言轉
尹鳳舜	1,595,000	北平啟新洋灰公司
尹博華	280,000	天津東門裡水窨胡同4號
尹文經	1,378,600	衡陽中正路124號華新水泥公司
尹天民	5,858,972	天津啟新洋灰公司轉
尹昌	2,700,000	上海武定路大康里12號孫宅轉
尹儒聲	100,000	天津(10)大沽路165號
牛捷三	700,000	天津中正路62號大中銀行
牛靜淵	122,500	北平西單□□胡同6號
牛樂華	200,000	天津(10)中正路125號

江南水泥股份有限公司股東名册

戶名	股數	住址
天津中孚銀行	192,336,944	天津(1)赤峰道35號
天津中國實業銀行證券股	3,264,040	天津(10)大同道23號
天津中國實業銀行	823,200	天津(10)大同道21號
天津私立第一中學校	761,100	天津東北倉敖街
天津裕津銀行	612,500	天津(1)赤峰道32號
天津金城銀行	867,850	天津(10)中正路
天津建築材料公司	210,000	天津灤州礦地公司轉
天津大陸銀行	2,325,000	天津(1)哈爾濱道68號
天成店	900,000	天津河北律緯路18號
天津安徽會館	1,043,700	天津灤州礦務公司轉
天津證券交易所	7,083,350	天津(1)承德道5號
天津中國實業銀行證券股	75,000	天津(10)大同道23號
天津市證券商業同業公會	250,000	天津(1)承德道
北洋工學基金會	2,700,000	天津西沽北洋大學
北洋機械工學基金會	-0-	仝上
北平中國銀行	5,103,000	北平西交民巷
北平中孚銀行	10,711,400	北平西交民巷4號
北平浙江興業銀行	245,000	北平公安街
左璟	367,500	天津浙江興業銀行
左大德	22,500	上海天津路201號
左安樂	1,575,000	天津(10)桂林道20號
左全	285,750	仝上
左克明	53,939,765	天津啟新公司轉
左瑜	200,000	天津(10)桂林路22號
北平金城銀行	2,310,000	天津(10)中正路金城銀行

江南水泥股份有限公司股東名冊

戶名	股數	住址
卞白眉	680,400	天津中國銀行轉
卞矩新	445,000	天津(8)北門外竹林巷30號
卞潤吾	450,000	仝上
卞學曾	135,000	天津(2)五經路3號
卞靜儀	315,000	天津(10)曲阜道80號
卞學鐄	135,000	天津(10)鎮南道169號
卞喬年	350,000	天津(10)中正路金城銀行轉
卞學鑫	135,000	天津(10)鎮南道169號
卞學鎮	135,000	仝上
卞學鋭	135,000	仝上
卞周淑馨	270,000	仝上
卞學錡	135,000	仝上
卞學鉞	90,000	仝上
卞學鈐	135,000	仝上
卞學鏞	135,000	仝上
卞自吾	90,000	仝上
卞學鑑	135,000	仝上
卞俶成	375,000	仝上
卞永吉	114,676,765	天津啟新洋灰公司轉
卞李慧貞	200,000	北平内二區榆錢胡同7號
中南銀行	133,200	天津(10)中正路92號
中國農工銀行	10,500,000	天津中正路
中南銀行信託部天津分部	2,375,000	天津中正南路92號
中國實業銀行信託股證券部	115,000	天津(10)大同道
公友三	35,000	天津小王莊中紡一廠

江南水泥股份有限公司股東名冊

戶名	股數	住址
尤安禮	71,535,980	天津啟新洋灰公司轉
尤千里	157,500	唐山開灤礦務局
孔憲中	17,500	天津赤峰道66號廣源銀號
孔德生	2,250,000	天津(10)中正路金城銀行轉
孔壽昌	500,000	北平西交民巷中國銀行
孔令仁	22,500	天津河北路天昌里4號
孔 照	1,050,000	遵義縣西門內8號
孔元忠	86,066,550	天津啟新洋灰公司轉
孔 德	667,500	天津(10)嶺南道120號
孔向榮	900,000	天津河北路天昌里4號
孔繁斌	30,000	天津(10)宜昌道永善里3號
元發號	87,500	天津(1)林森路122號
元 吉	700,000	陝西省城南門內1號
元誠貨棧	450,000	天津(2)光明道25號
仁記號	472,500	天津(1)河北路仁壽里15號
戈俊傑	620,000	天津(1)濱江道201號
木齋教育基金處	100,000	天津(2)木齋學校
白玉匡	600,000	天津河北元緯路26號
白文鍾	35,000	唐山啟新洋灰工廠老廠3號
白崔維培	350,000	天津(1)岳陽道13號
白震生	100,000	天津(1)河北省銀行
白玉秀	1,050,000	北平內五區教場胡同河沿28號
白守仁	200,000	唐山啟新花磚廠街5號
司徒壯	4,500	北平東城迺茲府如意胡同5號
甘城道	350,000	天津(10)金城銀行轉

江南水泥股份有限公司股東名册

戶名	股數	住址
田功甫	300,000	天津(10)林森路218號
田桂舫	79,875	天津中央銀行
田曹啓秀	6,027,200	天津(10)鎮南道112號
田伺然	450,000	天津(10)中正路久安大樓誠孚公司
田金樞	2,250,000	唐山稻地鎮河東街1號
田金桓	1,500,000	天津(1)昆明路天安里27號
田澤	90,000	天津(6)九江路志德里4號
田鶴翔	250,000	天津(1)長春道四德里12號
田健國	1,050,000	天津(10)鎮南道112號
田沛霖	567,000	天津(1)長春道165號
田文彝	120,000	天津(10)鎮南道112號
田竹君	200,000	天津(10)岳陽道37號
田燕莊	1,200,000	天津(10)浙江路30號
田詒謀	35,100	塘沽新港工程局
田王麗珠	16,317,000	天津(10)鎮南道112號
田咸侯	2,454,900	仝上
田劉定同	176,400	仝上
田天澤	54,870,961	天津啟新洋灰公司轉
田蔭蘭	70,000	天津(2)自由道26號
田也青	6,125	天津(1)遼寧路172號
田玉齋	5,775	北平市外打磨廠三山齋
田家驊	5,000	天津(1)大沽路97號慶昌厚
田韞之	7,700	北平打磨廠三山齋
同義合	10,000	天津啟新洋灰公司轉王汝昌
同濟保險公司	7,700,000	天津(10)中正路新泰興大樓

江南水泥股份有限公司股東名册

戶名	股數	住址
石棣棠實學校基金	8,424,325	天津啟新洋灰公司陳信之轉
石穆瑞珍	350,000	天津(10)河北路302號
石懷璞	350,000	仝上
石通德	122,500	天津(10)大同道耀華玻璃公司
石泰來	175,000	仝上
石懋勤	297,500	天津(1)河南路新華利里1号
石士榕	6,020,000	天津南門内大街73號
石士樑	24,030,500	仝上
石梁輔青	20,737,500	仝上
石張嫺青	21,797,250	仝上
石承勳	175,000	天津(1)河南路新華利里1號
石士棟	8,900,000	天津南門内大街73號
石士植	8,245,000	仝上
石松岩	7,525,000	仝上
石彩珍	17,500	天津福安大街婦嬰医院
石鑑明	350,000	天津(6)寧波道38號
石孫玉如	262,500	天津(2)三民道21號
石毓華	40,000	天津中正路金城銀行
石文魁	70,000	天津城内鼓樓東街277号
石智海	35,000	北平西直門内翠峰寺
石瑞祺	35,000	天津(1)濱江道69號
永興昌	350,000	天津鼓樓東大街209號
仝獻瑞	180,000	天津估衣街德厚里14號
正大行	2,125,000	天津(1)興安路176號
包沈壽珍	200,000	天津中孚銀行轉

江南水泥股份有限公司股東名册

户名	股數	住址
史桐生	105,000	天津(1)山東路134號
史麗生	105,000	仝上
史潤生	105,000	仝上
史煥生	105,000	仝上
史鴻生	105,000	仝上
史佑安	1,040,025	仝上
史琨生	239,400	仝上
史浚生	606,375	仝上
史玉書	602,500	天津(1)建化道70號
史靖墀	140,000	天津(10)長沙路新亞學校
史維鏞	35,000	仝上
史雲生	350,000	天津(2)三民道9號
史瑞生	450,000	天津北门外竹竿巷東口全聚号
史淑美	70,000	開灤礦務總局
史守之	42,060,235	天津啟新洋灰公司
安笏岑	945,000	天津(10)重慶道135號
安松泉	450,000	天津(1)貴陽路宏仁里1號
安津明	2,105,000	天津東馬路266號
安之全	1,645,000	天津(10)長沙路95號
安伯綱	612,500	天津(10)北平道基德里1號
安子修	1,455,300	天津(6)福建路盛祿胡同1號
安中棠	2,300,000	天津(1)赤峰道51號樓上
安資	70,000	天津(10)河北路330號
安士驤	254,800	天津(10)中正路中國銀行轉
安桂貞	700,000	天津(1)中正路中國農工銀行樓上

江南水泥股份有限公司股東名冊

戶名	股數	住址
文　　聚	200,000	天津(10)香港路平安里11號
毛　棠　茂	735,000	天津梨棧大慶里2號轉
毛安玉華	225,000	天津(10)馬場道124號
毛　文　錫	57,745,820	天津啟新洋灰公司轉
毛　大　嶺	325,000	天津(1)長春道福厚里11號
朱　榮　耀	525,000	廣州太平南路4號
朱　德　貴	525,000	西安鹽店街169號
朱謝淑華	1,50,000	天津(10)柳州路信福里8號
朱詹榮錦	140,000	天津(10)常德道125號
朱　達　人	350,000	天津(10)保定道志德里16號
朱　栽　之	245,000	開平站馬家溝開灤礦監工處
朱　彭　川	21,600	浙江興業銀行天津分行轉
朱　百　英	1,050,000	天津(10)金城銀行轉
朱　鳳　卿	42,875	天津(1)山東路134號
朱　婉　如	35,975	唐山啟新洋灰工廠顧惠霖轉
朱　上　慶	735,000	天津(10)久安大樓誠孚公司轉
朱　夢　蘇	735,000	仝上
朱　宗　誠	90,000	北平西直門內翠華菴胡同3號
朱　峻　明	90,000	天津(10)湖北路63號
朱　家　璐	70,000	天津(10)桂林路合生里2號
朱　益　園	155,000	天津(10)北平道42號
朱　鴻　基	1,225,000	天津(2)平安街28號
朱　維　昇	45,000	天津(10)岳陽道中天電機廠
朱　振　宏	231,700	天津(10)河北路順和里1號
朱　經　畬	225,000	天津中街中國銀行

江南水泥股份有限公司股東名冊

戶　　名	股　　數	住　　址
朱姚默君	455,000	浙江興業銀行天津分行轉
朱振之	665,000	仝上
朱秀山	200,000	唐山啟新洋灰公司工廠
朱慶珍	105,000	上海(18)迪化中路179弄119號
朱聲振	400,000	天津林森路198號
朱錫洲	175,000	天津開灤礦務局紙料房
朱吉民	105,000	天津(10)大沽路新華銀行
朱玉清	122,500	天津東門北瑞生里11號
朱賡凌	450,000	天津(1)中正路95號
朱卓	35,000	天津(10)中正路207號
朱述琬	700,000	四川長壽上清淵硐工程處
朱旭光	612,500	北平西城南半壁街16號
朱質慧	900,000	天津(10)泰安道9號
朱文喬	122,500	張家口第七總監部
朱希曾	200,000	上海武定路太和坊52號
朱子清	2,050,650	漢口蔡鍔路首善里10號
朱炳辰	585,900	仝上
朱起鴻	175,000	天津(10)成都道112號
朱道延	4,015,200	仝上
朱起鳴	175,000	仝上
朱繼聖	2,100,000	仝上
朱起芸	128,450	仝上
朱起鵠	175,000	仝上
朱重濤	70,000	天津中正路6號中益建業公司
朱賡澤	105,000	天津(1)中正路大同銀行

江南水泥股份有限公司股東名冊

戶　　名	股　　數	住　　址
朱文進	46,207,489	天津啟新洋灰公司轉
朱省廬	545,900	上海康定路759號
朱懋秋	542,979	上海林森中路1092號
朱承陳	466,200	上海陝西北路西摩別墅3號
朱樹圭	621,600	上海西摩路西摩別墅332弄3號
朱筱雲	340,200	上海亨利路16號
朱如山	2,901,150	仝上
朱頌緻	141,750	仝上
朱叔芳	179,550	仝上
朱鏡清	94,500	上海太平路127號D
朱錫明	115,400	仝上
朱濟昌	94,500	仝上
朱博淵	262,762	蘇州公園路16號
朱文範	35,000	天津(10)沙市道國際医院
朱炳文	15,300	北平地安門內簾子庫14號
朱樓詠琴	20,000	北平府前街公街胡同甲25號
朱國禎	30,000	天津(10)保定道樹德里10號
朱厚齋	100,000	天津(10)杜魯門路吳家大院7號
朱　珠	717,500	天津(10)鎮南道76號
伊家淇	58,297,616	天津中孚銀行轉
伊光新	10,000	天津(8)河西沿河馬路30號
艾繩武	39,550	天津(6)紹興道居適里12號
仲記昌	35,000	北平交道口大頭條33號
向　寶	735,000	天津梨棧大慶里2號
曲紹經	45,000	天津(11)北平道福蔭里17號

江南水泥股份有限公司股東名册

戶名	股數	住址
安靜涵	2,625,000	天津(1)農工銀行轉
安德軒	35,000	北平中南銀行
吉玉如	78,750	天津(1)哈爾濱道168號
吉鍈	241,150	天津(1)遼北路7號
吉金標	962,500	天津(10)岳陽道168號
吉浩然	682,500	仝上
吉錫	72,900	天津(1)赤峰道137號
吉銳	17,550	天津(11)哈爾濱道33號
吉浩一	800,000	天津(1)大沽路誠安里6號
任致遠	318,600	天津(1)久大鹽業公司轉
任王耕田	90,000	天津(1)河北路益餘里16號
任少臣	180,000	仝上
任夫之	35,000	天津(1)山西路耕餘里3號
任鼎和	170,100	天津(8)估衣街通濟元內
任儀亭	157,500	天津西門裡豫安胡同6號
任式	175,000	北平西四北紅羅廠4號
任東埜	11,900	昌黎縣城東大黄家營
任敬臣	33,521,550	天津啟新洋灰公司轉
江仁甫	218,875	天津大沽路103號
江王蕙雲	175,000	天津(10)山西路370號
江清	45,000	天津(10)襄陽道華[illegible]南里4號
江仲明	26,301,941	天津啟新洋灰公司轉
江雲志	2,727,900	南京鹽倉橋東街18號
江偉新	12,250,000	上海九江路15號七樓[illegible]紗廠轉
江逸庵	202,500,000	仝上

江南水泥股份有限公司股東名册

戶名	股數	住址
江子礪	135,000,000	上海九江路150號七樓民豐紗廠
江鳳英	175,000	天津市一區雲南路文登里十一號
米式古	45,000	天津針市街豐義棧97號永聚生號
米斐然	70,000	天津一區貴陽路余德里三號
言忠芹	1,500,000	天津海河掛甲寺北洋紗廠
言恒廬	360,000	江蘇常熟東言子宅
言同鈺	3,525,200	天津市十區浙江路十六號轉
言叔榆	37,800	仝上
言學庵	60,200	仝上
言玉文	175,000	天津一區錦州路168號
言　勃	579,600	天津市十區浙江路十六號轉
言銘甫	28,900	仝上
言隆寶	840,000	天津市十區光明里六號
言誦青	200,000	天津市十區浙江路十六號
言希文	680,400	江蘇常熟城內後閣老坊五號
邢煥峰	1,800,000	天津北門外竹竿巷22號[illegible]
邢席儒	35,000	天津市一區遼寧路179號
邢　燕	175,000	天津一區長春道貴馨里2號
邢潤潭	122,500	天津一區[illegible]路十二號
邢瑞聲	105,000	天津一區長春道[illegible]號
邢博華	730,000	天津一區河南路康寧里一號
邢學耕	1,215,000	上海太原路231號
宋長慶	70,000	天津大王莊古林蓋里十六號
宋國玉	132,300	北平府內大人胡同七號
宋翠華	350,000	天津一區長春道公會街三號

江南水泥股份有限公司股東名冊

戶名	股數	住址
宋聖符	420,000	昌黎西觀音閣街十九號
宋立達	350,000	仝上
宋學婉	195,000	天津十區曲阜道聚福里44號
宋蕙珍	35,000	天津一區[illegible]峰道130號
宋錦元	35,000	天津十區泰安里9號
宋廷瑋	350,000	天津海河東甲字北洋第一紡織廠
宋明信	122,500	天津一區長春道西安北壽里10號
宋明保	122,500	仝上
宋梅村	35,000	天津十區重慶道147號
宋寶璟	105,000	天津杜魯門路76號B3號
宋宜蘭	2,250,000	天津一區昆明路天津里27號
宋靜嫻	1,890,000	天津梨棧大慶里二號轉
宋治平	1,564,050	天津十區成都道平和西里一號
宋維湛	724,500	仝上
宋月波	45,000	天津中紡二廠小劉莊
宋愚溪	20,575	北平東城趙堂子胡同18號
宋輝章	315,000	天津一區河北路如意里五號
宋典元	500,000	天津一區貴陽路崇仁里48號
宋可得	45,000	天津侯家後前街106號
宋芳田	550,000	天津十區襄陽道居仁里一號
宋士沽	45,000	天津侯家後前街106號
宋雨亭	70,000	天津一區濱江道69號國華轉
宋文懋	70,000	天津十區北平道福蔭里15號
宋延芬	31,218,900	天津啟新洋灰公司轉
宋少臣	105,000	天津十區營口路東亞企業公司

江南水泥股份有限公司股東名册

户名	股數	住址
宋學曾	160,000	天津市一區[illegible]路萍蔭里一號
宋尚正	200,000	天津市一區長春道285號
宋鴻書	612	天津河東[illegible]大坡地[illegible]張岳胡同6號
宋金珠	115,000	北平北池子騎河樓25號
宋淑芸	50,000	天津市一區安東路3號
余劍僚	35,000	天津啟新洋灰公司轉
余昌菊	50,000	天津十區開封道[illegible]號
余明德	450,000	仝上
余積善	1,750,000	成都東門外中國銀行
余德年	350,000	桂林中國銀行
余愛敏	350,000	仝上
余永年	350,000	南京峨嵋路21號
余銘伯	525,000	重慶華西實業公司
余紹良	525,000	長沙中正路78號
余復馥	525,000	香港巴丙頓道342號
余衍蕃	525,000	重慶新華銀行
余廷訓	525,000	南京白下路209號
余正駒	525,000	仝上
余道場	525,000	青島張店路204號
余峻明	2[illegible]50,000	天津十區重慶道218號
余佩雲	1,050,000	廣州市越秀北路96號
余含英	1,050,000	蕪湖北平路平章里15號
余康莊	525,000	漢口水塔街[illegible]十六兵工廠
余中庸	525,000	南京白下路209號
余瑞英	2450000	上海愚園路22弄7號

江南水泥股份有限公司股東名册

户名	股數	住址
余兆興	1,050,000	安徽屯溪[illegible]號
余佩貞	2,450,000	安徽貴池城内54號
余仲和	2,450,000	天津一區[illegible]慶道318號
余順和	525,000	昆明滇緬鐵路局
余厚堂	525,000	上海[illegible]路454號
余雲山	525,000	漢口[illegible]135號
余兆熙	525,000	上海[illegible]路361號
余慧文	661,500	北平東交民巷[illegible]
余慧清	661,500	仝上
余慎行	700,000	天津[illegible]金城銀行
余叔華	152,460	天津[illegible]
余性[illegible]	4,655,000	天津十區大理道19號
余葛生	350,000	天津十區[illegible]
余季芳	1,977,450	天津[illegible]
余鑄先	348,000	漢口[illegible]街九號新華水泥公司
余昌宜	141,595	天津[illegible]
杜懋榮	225,000	天津十區[illegible]40號
杜芝瑩	525,000	天津十區雲南路25號
杜雅香	14,000	天津[illegible]8號
杜省三	1,800,000	天津[illegible]14號
杜維根	35,000	天津[illegible]道二十三號
杜鎮西	105,000	天津[illegible]10號
杜藹亭	350,000	唐山開灤醫院
杜濟民	731,000	濟南[illegible]
杜學炎	350,000	楊柳青[illegible]

江南水泥股份有限公司股東名册

戶名	股數	住址
杜　敏	35,000	天津一區重慶道長樂里五號
杜汝霖	20,925,000	天津啟新洋灰公司轉
杜　誠	100,000	上海中南銀行轉
杜馨園	500,000	天津啟新金城銀行
佟藹卿	45,000	天津第一區赤峰道鹽業銀行王子青轉
佟念莉	350,000	天津河北小于莊恒源紗廠
佟孟勳	330,000	津海關
佟志閎	2,096,500	天津一區大沽路誠安里六號
佟樸孫	1,128,750	天津一區遼寧路180號
谷源田	245,000	天津一區河南路24號
谷岫雲	17,500	天津福安大街西頭婦嬰醫院
谷天耀	175,000	天津河北新大路125號
余黃氏	367,500	上海北京路156號四樓九號
利昌行	5,000	天津第一區承德道9號
辛　農	1,050,000	長沙西門內二號收轉
岑　豐	175,000	天津一區羅斯福路381號
沙詠滄	6,125,000	天津啟新洋灰公司
沙貞英	875,000	仝　上
貝叔鈞	450,000	北平崇外中帽胡同36號
貝伯瑩	5,000	天津十一區保定道樹德里30號
宏興行	2,505,000	天津一區承德道九號
宏大貿易商行	192,500	北平前門大街163號
汪仲膏	300,000	天津啟新洋灰公司
汪勖謙	140,000	唐山啟新洋灰二廠
汪佩銓	145,000	天津一區漢口路長康里3號

江南水泥股份有限公司股東名册

戶名	股數	住址
汪梅之	3,415,000	天津十區重慶道三益里64號
汪秋泉	56,700	天津一區濱江道189號
汪念清	245,000	天津中國銀行王季荃轉
汪範五	350,000	北平東銅街五十二號
汪世華	22,500	天津一區郵政儲金匯業局
汪為璵	70,000	天津十區重慶道大吳邨23號
汪寶姝	560,000	北平東單新開路12號
汪良臣	35,000	唐山啟新洋灰工廠草場28號[illegible]
汪太玄	175,000	天津十區杜魯門路阜馬里十號
汪家驥	200,000	漢口揚子街九號華新水泥公司
汪雁秋	64,500	北平[illegible]胡同一號
汪慎遠	—0—	天津市一區[illegible]化道195號
汪文和	41,543,700	天津啟新洋灰公司轉
汪君陸	367,500	京滬綫棲霞山江南水泥廠
汪周秀慧	367,500	仝上
汪曙之	729,000	上海江西路406號321室
汪文憲	189,000	上海[illegible]36號[illegible]
汪粟甫	70,000	重慶打銅街14號重慶商業銀行
汪逢春	210,000	北平鹽業銀行侯和夫轉
汪守一	122,500	北平[illegible]文昌巷四號[illegible]
汪　宏	7,000,000	天津十區威爾遜路48號
汪笠影	200,000	天津十區重慶道大吳邨23號
汪智怡	900,000	天津十區成都道131號
許照定	192,500	天津新華銀行
茂華商業銀行	11,194,050	上海北京東路360號

江南水泥股份有限公司股東名冊

戶名	股數	住址
呂樹園	70,000	北平新街口[illegible]16號
呂春華	350,000	天津西北角嚴翰林胡同4號
呂綬唐	1,559,250	北平前門內西交民巷大陸銀行
呂楊氏	35,000	天津灤礦公司轉
呂文菊	35,000	天津十區馬廠道140號
呂英初	35,000	天津羅斯福路大慶里5號
呂良才	20,361,100	天津大沽路173號啓新洋灰公司
呂竹盧	30,100	天津
呂希謙	86,100	天津
呂宗霖	600,000	天津十區鄭州道[illegible]里2號
何肇基	35,000	天津久安銀行韓壽千轉
何振基	705,000	仝上
何宏基	35,000	仝上
何學師	35,000	天津一區光明路安寧里26號
何滌非	35,000	唐山開灤礦務局教育處
何[illegible]成	290,500	天津杜魯門路福安里16號
何增成	788,900	仝上
何澤通	21,000	仝上
何意成	290,500	仝上
何憲成	290,500	仝上
何桂蓮	175,000	天津一區承德道
何怡德	745,000	北平西交民巷上海銀行
何廼鍾	2,695,000	天津一區長春道四德里4號
何萃華	1,050,000	天津十區中正路金城銀行
何慎怡	45,000	天津十區重慶道[illegible]村2號

江南水泥廠檔案

江南水泥股份有限公司股東名冊

戶　名	股　數	住　址
何愈	1,400,000	天津十区成都道倫敦里18号
何蘭秀	70,875	天津(10)重慶道55号
何銀霞	45,000	天津(10)河北路順和里35号
何常棣	3,500,000	北京東直门内大街103号
何携謙	3,675,000	仝上
何宗謙	175,000	天津東馬路266号
何玉瑛	45,000	天津(10)開灤矿務局
何耕雲	350,000	重慶打銅街21号
何世華	45,878,059	天津啓新洋灰公司转
何李俊英	37,800	上海常德路381衖38号
何秉光	119,700	上海林森中路637弄11号
何熹成	290,500	天津(10)北鲁门路福安里16号
何熹貞	170,000	天津(10)云南路文登里11号
何子豫	600,000	天津中孚銀行转
吴許慶雲	105,000	天津耀華里四条80号
吴禮娛	122,500	仝上
吴之勉	7,525,000	天津新華銀行转
吴扶青	3,120,600	北京西安门内剪子巷5号
吴瑞吉	175,000	天津11滨江道祥云里7号
吴雲香	28,350	天津西门内葛家大院6号
吴慶己	350,000	天津四行储蓄會
吴維瑛	200,000	天津久安大樓208号
吴澤君	55,000	仝上
吴維楨	1,050,000	天津(10)大同道中国实業银行
吴祖銘	175,000	仝上

江南水泥股份有限公司股東名册

戶名	股數	住址
吳維瑜	980,000	天津(10)雲南路六登里11號
吳維翰	1,400,000	仝上
吳宗杰	2,282,500	天津(11)貴州路8號
吳興墉	350,000	天津(2)勝利路59號
吳永熙	247,500	天津(10)洛陽道競存小學校
吳[illegible]	1,741,000	天津(1)[illegible]道64號
吳彩華	210,000	天津(11)中山路金城銀行
吳蓮叢	70,000	仝上
吳淑年	87,500	仝上
吳彼得	87,500	天津(10)桐森路210號
吳月恒	87,500	仝上
吳景蘭	1,995,000	天津(1)大沽路36號[illegible]
吳元莊	525,000	天津(1)承德道68號
吳廷楨	45,000	天津(1)安寧里20號
吳廷棟	45,000	仝上
吳迪餘	114,300	唐山啟新洋灰公司
吳洪秋芳	45,000	天津(10)[illegible]中里
吳梅光	225,000	仝上
吳炳芬	105,000	天津(10)西康道福順里11號
吳炳箴	105,000	仝上
吳炳陽	70,000	仝上
吳炳芳	140,000	仝上
吳育齋	175,000	仝上
吳萬玉波	235,000	仝上
吳祈主	225,000	天津(1)濱江道118號

江南水泥股份有限公司股東名冊

戶名	股數	住址
吳少皋	4,500,000	北平宣外丞相胡同5號
吳晉先	122,500	天津大沽路新華銀行
吳文惠	1,050,000	天津開封道12號中興號
吳曉熊	2,100,000	天津中街122號金城銀行
吳訾桂榮	100,000	天津一區長春道四德里3號
吳瓏	490,000	天津濱江道廣東學校內
吳季桐	567,000	天津(1)中正路公大樓207號
吳讓三	1,050,000	雲南石屏李家巷收轉
吳光耀	90,000	北平西城北開市口51號
吳益浦	210,000	天津(1)承德道66號
吳劉景曜	210,000	唐山啟新洋灰公司草廠28號
吳恩益	1,785,000	仝上
吳篤生	1,400,000	仝上
吳恩師	1,645,000	仝上
吳祖登	350,000	天津(1)營口道110號
吳肇圻	175,000	天津(2)福安街22號
吳壽岑	100,000	開封王家廟門1號
吳朱洪筠	18,585,000	上海永康路163號
吳彭久昌	175,000	天津(2)福安街22號
吳宏藩	350,000	仝上
吳織盛	24,505,000	上海永康路163號
吳蓀	122,500	北平東單蘇州胡同25號
吳錫臣	336,250	天津中孚銀行
吳鏡麟	175,000	北平交道口南大街39號
吳大鈞	13,642,550	天津啟新洋灰公司轉

江南水泥股份有限公司股東名册

户　名	股　數	住　址
吴以虎	75,000	天津(1)興安路176號
吴鈞安	18,900	上海北京東路596弄11號
吴孝先	8,750,000	上海中南銀行裴延九轉
吴佩秋	735,000	上海武康路67號
吴佩蒨	100,000	天津(1)哈密道210號
吴慕軍	420,000	天津(1)濱江道148號
吴闓庵	280	北平前外[illegible]胡同19號
吴祖渊	282,975	南京中國農民銀行總[illegible]
吴立五	151,200	天津第十區長沙道[illegible]里一號
吴鉄珊	22,500	天津海関
吴若之	1,000,000	北平西交民巷11號
吴自强	1,000,000	仝上
吴志立	1,675,000	仝上
吴敬德	10,000	天津(10)昆明路279號
吴興銘	10,000	天津東馬路[illegible]街36號
吴振西	200,000	天津(10)柳州路華蘆東里34號
吴華甫	100,000	天津(1)大沽路103號灤礦公司
沈定青	453,600	北平小長街甲23號
沈國瑞	315,000	天津(10)澳門路慶雲里1號
沈觀濤	1,015,000	仝上
沈芹士	400,000	天津(1)長春道四德里3號
沈太閑	450,000	北平外一區草廠七條五號
沈友賢	805,000	北平琉璃廠西太平巷3號
沈雨人	350,000	天津(1)錦州道168號
沈　禎	1,785,000	天津(10)重慶道生[illegible]里1號

江南水泥股份有限公司股東名册

戶名	股數	住址
沈慧儒	22,500	天津(10)上海道中[illegible]天津[illegible]
沈潤如	45,000	天津(10)[illegible]南道1號
沈　牧	245,000	天津(1)[illegible]綏道41號
沈　芝	250,000	天津(1)山東路[illegible]號
沈集齋	245,000	天津(1)河北路178號
沈古琴	340,000	天津[illegible]區成都道現仁里15號
沈鍾麟	355,000	天津(10)[illegible]馬路[illegible]福華里6號
沈文[illegible]	44,785,000	天津啟新洋灰公司天津
沈令[illegible]	70,000	天津[illegible]道[illegible]6號
沈[illegible]愛	875,000	北平西[illegible]中國旅行社
沈文甯	1,050,000	天津[illegible]王境華[illegible]
沈[illegible]華	3,063,500	京滬線棲霞山江南水泥廠
沈文業	1,130,500	上海戈登路460弄15號
沈伯剛	280,525	上海九江路150號516室
沈丁淑賢	50,000	天津(1)陝西路122號
沈[illegible]甫	500,000	仝上
沈慧[illegible]	1,000,000	天津(10)[illegible]道45號
沈慧銘	1,000,000	仝上
沈慧[illegible]	1,000,000	仝上
沈予鑑	1,000,000	仝上
沈家[illegible]	1,000,000	仝上
宋賀淑芬	137,200	北平旗[illegible]西大街北頭14號
宋德[illegible]	55,000	天津(1)羅斯福路194號
岳書元	192,500	天津啟新洋灰公司
岳夢熊	202,500	天津河東[illegible]街[illegible]10號

江南水泥股份有限公司股東名册

戶名	股數	住址
汲欽	250,000	天津(2)勝利路47號
私立木齋學校	1,200,000	天津(2)光明道
孟劍閣	125,000	天津(1)迪化道大和[illegible]里10號
孟馬鑫鑾	45,000	天津(10)營口道37號
孟馬永湛	175,000	仝上
孟慶貞	226,250	天津(1)瀋陽道永壽里9號
孟憲章	200,000	天津(1)蘭州道10號
孟玉雙	2[illegible],000	北平和平門內[illegible]街16號
孟廣喆	542,700	仝上
孟俊清	157,500	天津(10)煙台道45號
孟筱溥	122,500	天津(10)[illegible]路金城銀行
孟憲文	428,750	天津黎棧大慶里二號
孟廣淇	150,400	天津(1)長春道四德里13號
孟廣珮	36,000	天津保定道樹德里6號
孟宋臣	145,000	天津(10)中正路中紡宿舍
孟君照	240,000	北平和外北柳巷五號
孟繼慧	490,000	北平東單新開路12號
孟正爽	157,500	天津(6)大江路中紡宿舍
孟頌虞	1,732,500	北平西單西二條甲1號
孟博忠	378,000	北平大柵欄瑞蚨祥
孟陶青	14,000	濟南普利門吉祥街3號
孟慶雲	700,000	天津啟新洋灰公司通信[illegible]
姒六謙	105,000	天津(11)建國道318號
姒南笙	262,500	仝上
姒玉嘉	35,000	仝上

江南水泥股份有限公司股東名册

戶名	股數	住址
李靄如	16,310,000	天津[illegible]
李立大	355,000	天津(6)杜魯門路15大樓四號
李應登	175,000	天津(10)[illegible]金城銀行
李子義	2,020,000	天津(2)長安街58號
李悅中	4,200,000	天津(2)福[illegible]街大信里6號
李世運	175,000	天津(10)[illegible]里4號
李夔龍	70,000	仝上
李東[illegible]	35,000	天津(1)錦州道56號
李潤[illegible]	315,000	天津[illegible]
李[illegible]	52,500	天津(10)柳州路益壽里12號
李[illegible]	52,500	仝上
李冰淇	70,000	仝上
李潔范	52,500	仝上
李瑜	52,500	仝上
李琦	140,000	仝上
李星白	45,000	天津(10)[illegible]陽道永壽里3號
李蓄田	2,000,000	天津(10)林森路[illegible]別墅20號
李靜貞	1,500,000	仝上
李曉[illegible]	1,500,000	仝上
李淑貞	1,500,000	仝上
李[illegible]	1,500,000	仝上
李季貞	1,500,000	仝上
李延季	32,000	天津(1)[illegible]
李葉氏	210,000	天津十區成都道22號
李信[illegible]	45,000	天津[illegible]

江南水泥股份有限公司股東名册

户名	股數	住址
李德馨	274,250	天津江南水泥公司
李肇普	3,400,000	天津浙江興業銀行
李　素	35,000	天津馬廠道98號
李循良	245,000	天津(6)林森路175號大樓四號
李本濂	227,500	天津(10)鎮南道80號
李士静	612,500	唐山市廣也公司22號
李正綱	105,000	唐山啟新洋灰公司
李承先	130,886	天津(1)馬廠道110號
李效蘇	175,000	天津(1)中孚銀行董保三轉
李素馨	5,000	仝上
李鮑崇德	1,367,100	天津(10)南京道39號大樓四號
李含德	472,500	天津(1)陜西路254號
李王顯進	350,000	仝上
李克忠	280,000	天津赤峰道上海銀行內
李忠誠	175,000	天津(10)南海路二號
李元修	245,000	天津(10)睦南道92號
李楚坡	35,000	天津西門外129號
李瑞成	14,175	天津河東小關曹家大當6號
李金安	90,000	天津(1)新北門馬恩元轉
李懷瑾	70,000	天津(1)大同道17號
李鑫奎	350,000	仝上
李清和	700,000	天津(10)中正路安大樓208號
李建豪	22,500	天津(1)河南路三育里8號
李希聃	135,000	天津(10)西安道福順里105號
李鳳金	45,000	天津(1)山西路福壽里54號

江南水泥股份有限公司股東名册

戶名	股數	住址
李寶陶	45,000	天津(1)長春道124號
李淑文	45,000	天津(1)壽安街10號
李靜原	45,000	天津東門內[illegible]大樹胡同5號
李克憲	675,000	天津河南[illegible]三育里14號
李德持	135,000	天津(1)赤峰道84號
李學潛	350,000	天津(10)重慶道99號
李學泓	350,000	北平東四禮士胡同53號
李桂森	300,000	天津(1)長春道84號
李益臣	681,100	北平東四禮士胡同53號
李若林	770,000	仝上
李光絅	175,000	天津(10)常德道97號
李家祜	770,000	天津(10)重慶道97號
李勵臣	455,000	天津(1)重慶道82號
李孫宗周	17,500	天津(8)戶部街[illegible]祥德[illegible]
李六一	1,319,220	天津(1)林森路198號
李子眘	112,500	天津(10)中正路144號
李湯五	225,000	天津北門東[illegible]里4號
李健毅	175,000	天津(10)常德道77號
李永眘	35,000	天津(11)山西路[illegible]75號
李守仁	75,950	[illegible]
李冰如	35,000	天津[illegible]北郵政管理局
李平如	385,000	仝上
李雅南	88,200	天津西門[illegible]38號
李家璋	105,000	仝上
李榮富	1,611,000	天津一區濱江道104號

江南水泥股份有限公司股東名册

戶名	股數	住址
李靜之	1,050,000	天津(10)烟台道福康里2號
李海鳴	1,100,000	北京東城吉州胡同98號
李君直	1,050,000	天津[illegible]堆鎮[illegible]紙廠
李縛棠	1,540,000	天津(10)烟台道福康里3號
李少康	450,000	天津(1)濱江道25號
李雲章	157,500	天津(1)錦州道[illegible]
李文蔚	3,150,000	天津(1)大沽路[illegible]公司
李文闓	350,000	天津(10)洛陽道慶福里6號
李敏儒	100,000	天津河北小于莊中紡七廠
李彥昇	175,000	天津(10)芷江路文合里七號
李洋	-0-	天津(10)沙市道45號
李熙穎	35,000	天津(3)二緯路慶善里1號
李伯康	2,175,000	天津(10)曲阜道福聚里44號
李家端	225,000	天津南開[illegible]道中紡六廠
李蘊真	3,325,000	天津(10)曲阜道福聚里44號
李彤文	293,615	天津南門內大街82號
李仲明	3,675,000	仝上
李少洪	3,972,150	仝上
李季慶	3,675,000	仝上
李芸	1,225,000	天津(10)重慶道生生里18號
李莉	612,500	仝上
李家芬	196,000	唐山建國路慕仁里二階一號
李家鳳	252,000	天津(1)西安道福順里86號
李家慶	196,000	唐山建國路慕仁里二階一號
李養愉	1,545,000	天津山西路14號

江南水泥股份有限公司股東名册

戶名	股數	住址
李襄誠	1,000,000	天津中[illegible]路中國農工銀行
李家榮	122,500	天津(1)中國銀行[illegible]保主部
李炳生	100,000	天津(1)合肥道大陸銀行[illegible]
李文錦	105,000	天津中孚銀行
李永義	1,750,000	濟南[illegible]大街44號
李崇文	1,050,000	保定南關永利東
李洋浩	1,050,000	天津(1)煙台道福康里7號
李江榮	1,750,000	天津(1)山東路55號
李永仁	1,540,000	濟南東[illegible]街14號
李季璋	415,400	天津(10)西安道慈厚里9號
李奉煜	450,000	天津(1)濱江道天春大樓209號
李家琛	225,000	天津(1)林森路125號
李維煦	70,000	天津營口大街道德里3號
李明寶	2,400,000	天津(10)昆明路79號
李學洪	90,000	天津(6)九江路無錫道孝友里3號
李鄧維瑞	90,000	天津(10)林森路濟厚里4號
李振武	157,500	天津(10)睦南道68號
李植銘	660,000	天津(1)濱江道40號
李月宝	7,700,000	天津(1)哈爾濱道44號
李清源	45,000	天津(1)大沽路[illegible]胡同1號
李仲岐	35,000	河北省郵政管理局快遞組
李松蔭	175,000	天津(2)[illegible]道42號
李湘蓉	45,000	天津(10)第33號路永和里12號
李玉英	41,100	天津(10)貴州路[illegible]中里
李樹仁	88,200	仝上

江南水泥股份有限公司股東名册

戶名	股數	住址
李劉文清	387,100	天津(10)貴州路君中里
李樹楷	264,600	仝上
李家驤	400,000	天津(2)東門外扒又街31號
李定均	10,500	天津河北大胡同德仁堂藥舖
李志青	3,600,000	天津中國農工銀行陶伯勤轉
李理仁	595,000	北平西直門內草[illegible]胡同3號
李芸	284,400	天津(1)安東路3號
李韻清	12,477,500	北平西郊燕京大學
李藹清	18,[illegible]42,875	天津(10)泰安道9號轉
李重興	195,000	天津(10)長沙道九福里10號
李仲甫	175,000	天津省師附小一部
李學思	367,500	天津(6)滄州道宜彥里1號
李毓珍	67,500	天津(2)興安道蔚華里2號
李正驤	122,500	天津(2)勝利路25號
李龍泊	140,000	仝上
李淑敏	784,000	天津(1)赤峰道64號
李琴藩	9,800	天津十區浙江路16號
李湘雲	90,000	天津(10)南陽道中大電机廠
李廉卿	35,000	天津(1)承德道50號
李張恩茂	35,000	天津十區昆明路福蔭別墅3號
李仲芬	6,[illegible]62,500	天津(10)金城銀行轉
李學勤	52,500	天津(10)西安道177號
李幼珍	175,000	天津(6)九江路97號
李少秋	1,600,000	天津(6)成都道[illegible]里25號
李納然	17,500	天津(2)三民道一號

江南水泥股份有限公司股東名册

户名	股數	住址
李守真	138,162	天津久安信託公司轉
李安然	980,000	天津(6)[illegible]路59號
李超然	1,050,000	仝上
李振庭	191,100	天津(10)[illegible]陽道105號
李志誠	350,000	天津(6)九江路59號
李公然	945,000	天津(6)[illegible]路59號
李緣生	110,250	天津(10)久安信託公司
李暢民	250,000	天津(1)陝西路15號
李恩正	350,000	天津(6)九江路59號
李樹蔵	385,000	仝上
李寶驊	22,992	天津(10)馬廠道110號
李之江	1,400,000	北平[illegible]1號
李之洋	2,100,000	天津(10)[illegible]福康里[illegible]號
李之海	1,750,000	北平前[illegible]大街127號
李化南	2,800,000	天津(10)[illegible]
李師平	1,225,000	天津(10)馬廠道92號
李勲南	875,000	仝上
李均藩	350,000	仝上
李堯藩	700,000	仝上
李垓藩	700,000	仝上
李紹南	45[illegible],000	仝上
李文茂	—0—	天津(10)[illegible]金城銀行[illegible]
李品忱	9[illegible],000	天津(10)[illegible]3號
李冰玫	315,000	北平[illegible]號
李治廣	2,101,500	天津(1)大沽路[illegible]號

江南水泥股份有限公司股東名冊

戶名	股數	住址
李禎記	135,000	天津(10)[illegible]道[illegible]里3號
李蔚如	45,000	天津(1)山西路163號
李墨青	-0-	河南[illegible]街陳家胡同[illegible]
李次梅	124,800	天津(10)西安道福順里10號
李紹祖	175,000	天津(1)赤峰道64號
李相度	525,000	天津(1)承德道3號
李平易	-0-	天津(10)錦州道132號
李林蔭	4,790,000	天津(10)鄭南道金林村3號
李伯年	225,000	天津(10)西安道58號
李瀛洲	35,000	天津[illegible]電車道342號
李堯鈴	90,000	北京內一區[illegible]6號
李盛之	28,350	天津(10)[illegible]里2號
李龍伯	81,900	天津(10)上海道103號
李 黃 心鸿	1,633,000	天津(10)鄭南道120號
李充之	3,805,200	仝上
李佳穀	630,000	仝上
李憩之	3,805,200	仝上
李進之	4,473,000	仝上
李菊田	270,000	天津(1)[illegible]路新華利里[illegible]號
李佳萱	630,000	天津一區鎮南道120號
李勤之	1,268,400	仝上
李慎之	1,268,400	仝上
李嘉有	25,000	天津[illegible]
李紹軒	15,000	天津(6)[illegible]路153號
李娛莊	110,000	天津(1)中正路68號

江南水泥股份有限公司股東名册

户名	股數	住址
李桐齡	1,000,000	天津(1)哈爾濱道11號
李毓禎	225,000	天津(1)上海道108號
李仕堯	120,000	天津(6)蘇州道分局[illegible]胡同[illegible]號
李玉書	204,750	天津(1)濱江道169號
李鑑康	31,500	仝上
李耀五	210,000	天津(10)長沙路鴻德里19號
李輔臣	280,000	天津(1)福建路11號
李麗華	210,000	北平宣外丞相胡同5號
李蔭冰	35,000	天津(10)中央銀行
李景渤	1,202,500	天津(10)芷江路興仁里四號
李史穗蘊	1,200,000	天津(1)[illegible]里60號
李榮氏	71,662	[illegible]醫院
李緩秋	94,500	天津(1)甘肅路115號
李淑敏	45,000	天津(6)河北省立天津女中
李志良	17,500	天津太平道鴻基里6號
李存周	450,000	天津(8)[illegible]94號
李集桐	157,500	天津錦州道承德里65號
李廉如	-0-	天津中孚銀行李德藩[illegible]
李[illegible]鷟	140,000	天津(1)[illegible]馬路十二號
李拱宸	735,000	天津大沽路新華銀行
李邦本	2,425,000	天津(1)羅斯福路290號
李光復	-0-	天津(1)貴州路[illegible]里57號
李仲璇	1,629,250	北平東內[illegible]通[illegible]四號
李彥衡	8,793,250	天津(10)馬場道110號
李文藻	907,200	天津東[illegible]273號

江南水泥股份有限公司股東名册

戶名	股數	住址
李則晨	1,102,500	天津沙市道四維里8號
李庶灃	225,000	天津(1)[illegible]路271號
李賡瀓	7,656,250	天津(1)台灣路16號
李則杲	402,500	天津(10)沙市道四維里8號
李彥馨	6,221,250	天津(10)馬場道110號
李式金	6,137,500	仝上
李雲章	2,525,250	仝上
李彥通	8,159,254	仝上
李賡鑫	[illegible],472,500	天津(1)台灣路16號
李賡鈞	6,921,250	仝上
李賡錚	9,493,750	仝上
李道武	90,000	天津(10)[illegible]里[illegible]29號
李伯武	26,250	天津(11)南门内[illegible]安里12號
李志光	1,000,000	[illegible]里6號
李殿武	70,000	北平西[illegible]灣九號
李鏞華	250,000	天津(10)山西路[illegible]遠里14號
李淑貞	73,500	[illegible]22號
李淑貞	141,400	天津(10)曲阜道80號
李淮如	17,500	天津(10)長沙路[illegible]里9號
李建新	900,000	天津(1)[illegible]路41號
李慕康	[illegible]50,000	北平朝内竹竿巷37號
李奉暉	[illegible]25,000	天津(10)[illegible]道26號
李家禧	134,550	天津(10)曲阜道20號
李學斌	307,300	仝上
李 [illegible] 華	15,000	仝上

江南水泥股份有限公司股東名册

戶名	股數	住址
李勲叟	2,222,500	天津(10)曲阜道80號
李家禮	29,394	仝上
李正	1,225,000	天津(10)河北路320號
李德齋	105,000	天津(8)[illegible]242號
李松林	1,462,500	天津(1)營口道[illegible]大樓14號
李蒲英	35,000	唐山啓新洋灰工廠
李蘊真	[illegible],350,000	天津(1)建國道24號
李淑灌	350,700	[illegible]29號
李元凱	90,000	[illegible]利民公司
李徒德	853,825	[illegible]
李秀貞	51,450	仝上
李月貞	90,000	秦皇島東山街36號
李壽桐	135,000	[illegible]
李世英	105,000	北平[illegible]16號
李養冲	1,452,500	天津(10)馬廠道[illegible]
李重嚴	1,750,000	北平中孚銀行[illegible]
李欽一	3,500,000	天津中孚銀行轉
李玉初	675,000	北平中孚銀行轉
李漢數	90,000	北平[illegible]
李集甫	935,000	天津[illegible]
李珍璞	1,470,000	仝上
李步伯	17,500	天津[illegible]
李趙潔蘭	105,000	天津(1)[illegible]10號
李季崧	175,000	天津東萊銀行
李子和	20,315,000	天津啓新公司轉

江南水泥股份有限公司股東名册

戶名	股數	住址
李毅仲	122,500	天津東門外水閣南5號
李振東	35,000	天津(10)開灤礦務局轉
李賡生	35,000	天津南門西太平街榮安里5號
李孝擾	13,230	上海康定路88弄102號
李煋庚	270,000	上海民國路[illegible]大樓3樓32號
李寶華	202,500	仝上
李承慰	612,500	京滬綫棲霞山江南水泥廠
李 沛	369,500	仝上
李范佩琛	490,000	仝上
李曉荷	367,500	仝上
李時霖	22,500	上海哈同路278號1/c
李炳暘	19,775,000	上海常熟路133號內52號
李乃煌	12,250,000	上海九江路民生紗廠[illegible]轉
李耀章	1,202,500,000	仝上
李幼桐	110,250	浙江嘉興南門南[illegible]里5號
李玉才	100,000	天津(10)大沽道中國銀行倉庫6號
李鳳宗	200,000	天津(1)河南路[illegible]三寶里八號
李灝鍔	100,000	天津(10)大同道23號
李介伯	3,500,000	天津(2)勝利路39號
李桐年	300,000	天津[illegible]
李子文	822,500	天津(1)濱江道48號
李之永	16,000	天津啟新公司高書言轉
李汝耕	100,000	天津(10)大同道23號
李配文	500,000	天津(1)哈爾濱道66號
李震坤	100,000	上海西藏北路安宜邨5號

江南水泥股份有限公司股東名冊

戶名	股數	住址
李牧洲	529,200	南京下關中興煤礦公司
李潤岩	122,500	北平東四礼士胡同53號
李金堂	25,025	天津河北北洋大學
李趙長蔭	20,000	天津(10)[illegible]道80號
李良謀	12,400	天津(10)長沙路民園大樓22號
李淑貞	2,000	天津(6)[illegible]道5號
李恭模	50,000	天津[illegible]銀行轉
李順之	140,000	唐山啟新洋灰廠
李林藝軒	100,000	天津(10)林森路[illegible]別墅20號
李世湘	100,000	天津(1)海大道麗城行轉
李月琴	3,600,000	天津(10)大理道104號
李華亭	100,000	天津(10)昆明路福康別墅4號
李學甫	10,000	天津(1)羅斯福路253號
李毓儒	259,200	上海[illegible]路[illegible]號
李贊涵	90,000	北平中孚銀行轉
李潤珠	21,000	北平東皇城根[illegible]號
李麗雅	113,400	天津(10)[illegible]慶大藥行
李禎方	1,200	天津(1)[illegible]道42號
李繼深	50,000	天津(1)宮南大街42號
李唐夢卿	5,000	天津(1)蘭州道振德里3號
李否謙	10,150	北平東城演樂胡同94號
李玫通	4,625	北平東城錢市胡同[illegible]號
李志道	100,000	天津(10)[illegible]園吉義里12號
李岫雲	100,000	天津(10)民[illegible]路279號
李學謙	175,000	天津(1)[illegible]道64號

江南水泥股份有限公司股東名冊

戶名	股數	住址
李敬齋	200,000	天津南門裡81號
李濟剛	14,750	天津赤峰道中孚銀行
李滌塵	500,000	天津啟新公司董事部轉
李隆愚	20,000	天津十區山西路耀華里80號
周良升	157,500	天津中正路249號1號
周光裕	1,050,000	天津四行儲蓄会
周炳南	945,000	天津北門外大街源豐永海味店
周汝崑	175,000	天津一區林森路42號
周世鈞	210,000	仝上
周靜儒	735,000	唐山啟新洋灰工廠礦山公司16號
周甄才	612,500	天津一區林森路42號
周全	45,000	天津十區岳陽道福中里4號
周善華	122,500	唐山啟新洋灰公司草場四號
周東生	2,857,750	唐山啟新工廠周紹直轉
周叔弢	350,000	天津十區西安道59號
周懿敬	315,000	塘沽南洋學校
周乃賡	350,000	天津久安大樓光華公司
周志臣	0	唐山市中山路61號
周莊嚴	350,000	天津久安大樓衛生華新周竹臣轉
周運諦	350,000	仝上
周真如	1,100,000	仝上
周滙川	175,000	唐山開灤總務處黃蘊珠轉
周健華	2,922,850	天津久安信託公司轉
周秉良	1,595,300	天津十區泰安道九號
周梅棻	490,000	仝上

江南水泥股份有限公司股東名册

戶名	股數	住址
周東衡	315,000	天津七區成都道136號
周報本	2,467,500	天津十區泰安道9號
周沅君	200,000	天津一區營口道62號劉宅轉
周慧瑜	400,000	天津十區中正路久安大樓208號
周永田	52,500	天津三區二緯路慶善里1號
周翔攀	1,120,000	北平交道口北車輦店胡同51號
周禮慧	175,000	天津十區曲阜道志同里4號
周仁信	284,445	天津十區泰安道9號
周善李	10,312,155	仝上
周仲子	450,000	天津十區大理道66號
周息盦	1,015,175	天津十區久安大樓衛輝華新公司
周亮之	1,452,500	北平啟新洋灰公司內
周彥芬	35,000	天津一區山西路259號
周敬先	105,000	天津七區陶謙路陶謙里七號
周毅	122,500	天津一區山西路259號
周鳳波	3,304,800	天津侯家後街65號
周啟圭	14,061,250	天津哈爾濱道20號
周二公	1,142,400	天津泰安道9號
周彝儀	175,000	仝上
周佑安	1,628,375	仝上
周英	250,000	天津東萊銀行 ↑
周永	170,000	天津河北第三府電車公司宿舍轉 ↓
周介然	104,280	北平武衣庫三號
周慧初	10,000	天津十區湖北路63號
周法南	20,812	天津十區衛德大院14號

江南水泥股份有限公司股東名册

戶名	股數	住址
周炳元	280,000	天津十区湖北路63號
周久恭	1,454,901	天津十区泰安道9号
周寶之	14,610,962	仝上
周篤恒	2,450,000	天津小白樓安仁里7号
周慶隆	105,000	天津致昌銀号
周頌聲	385,000	北平内二区後王公廠8号
周炳常	5,710,000	天津十区衛德大院14号
周慰曾	1,673,510	天津六区福建路1号
周介然	4,760,000	天津十区泰安道9号
周明鈞	1,100,000	天津十区雲南路文登里1号
周性全	3,305,000	天津十区泰安道9号
周恩平	275,000	天津久安公司
周叔善	1,050,000	天津十区泰安道9号
周幺孫	14,000,000	仝上
周履慧	4,480,000	仝上
周有光	50,000	天津一区承德道50号
周明相	3,010,000	天津十区泰安道9号
周康泉	3,010,000	仝上
周榮庭	25,410	天津啟新公司李雲真轉
周乃洞	157,500	天津開灤矿務局
周柏鏞	700,000	天津哈尔滨道大增里3号
周毅修	841,250	天津十区北平道福安里12号
周樂濟	793,800	天津十区桂林路20号
周智慧	〃	天津十区泰安道9号
周孝友	793,800	天津十区桂林路20号

江南水泥股份有限公司股東名册

戶名	股數	住址
周福民	45,000	天津[illegible]東路[illegible]轉
周瑞馨	245,000	天津十區岳陽道125號
周承周	1,242,500	天津浙江道交通銀行
周鼎良	2,943,500	天津十區泰安道9號
周明楷	1,750,000	仝上
周明昌	1,750,000	仝上
周明耆	3,010,000	仝上
周樹威	90,000	天津十區北[illegible]福蔭里7號
周普良	23,195	天津十區久安信託公司
周建良	81,585	仝上
周禹良	135,975	仝上
周燾良	23,195	仝上
周毓英	105,000	天津河北[illegible]
周炳生	1,750,000	天津羅斯福路寶華金店
周新吾	10,500,000	天津十區泰安道9號
周思賢	3,377,500	北平東單新開路12號
周汪瓊娟	735,000	仝上
周常	989,800	天津十區桂林道20號
周棣	122,500	天津十區林森路中津別墅17號
周志俊	8,415,750	天津十區久安信託公司
周知卿	250,000	天津十區成都道福長里7號
周[illegible]芳	250,000	仝上
周婉良	281,125	天津十區桂林道20號
周誠詮	3,211,950	天津十區久安信託公司轉
周慧貞	135,000	天津山東路10[illegible]號

江南水泥股份有限公司股東名冊

戶名	股數	住址
周壽嵩	45,000	北平西駙馬後宅甲9號
周仲錚	117,600	新華銀行轉
周佩馨	6,300	北平東城東槐樹胡同14號
周友三	980,000	天津林森南路288號
周淵和	175,000	天津中南銀行劉玉嘉轉
周耀西	396,900	青島江蘇路36號
周浩波	225,000	北平交通銀行西城辦事處
周國鐮	135,000	北平宣內石駙馬大街96號
周毛歸蓉	90,000	北平西城錦什坊街[illegible]巷7號
周伯庭	175,000	湖南辰谿華中水泥廠
周張韻楚	245,000	天津中孚銀行轉
周婷	2,056,000	天津浙江興業銀行
周華輔	500,000	天津一區洪德路176號
周春年	56,881,300	天津啟新洋灰公司轉
周潤田	35,000	北平西城西斜街[illegible]三號
周繼良	157,500	天津久興公司周志輔轉
周嗣良	94,500	仝上
周仲雲	4,870,600	仝上
周述良	63,000	仝上
周兆良	189,000	仝上
周代良	220,500	仝上
周驥齊	5,915,000	仝上
周佑仁	1,368,500	仝上
周景春	35,000	天津一區[illegible]道131號
周世澤	114,800	天津久安公司周志輔轉

江南水泥股份有限公司股東名册

戶名	股數	住址
周吉三	707,000	天津久安公司周志輔轉
周運康	25,200	上海愚園路1293弄42號
周陳舜英	18,900	仝上
周葉尹謀	1,568,700	上海漢口路六號交通銀行洋文間
周關基	107,800	台灣基隆東明路41號永建煤礦
周靜文	100,000	北平鹽業銀行[illegible]轉
周忻	100,000	天津十區大沽路中衡公司
周宇基	14,700	上海徐家匯天平路26弄7號
周會誠	22,000	上海永康路雷米坊一號
周智卿	300,000	上海大名路115號華豐五金號
周焦琴	7,382,350	天津十區大慶道大典村17號
周壽康	400,000	天津中正路久安大樓一成公司
周馬伴雲	20,000	天津十區山西路[illegible]華里86號
阮榮昌	130,000	天津十區保定道54號
阮定豫	135,000	天津二區勝利路二慶里11號
阮定冀	0	天津十區勝利路北口二慶里11號
阮仲英	250,000	北平西直門內[illegible]黃瓜園2號
阮渭涇	1,500,000	天津一區哈爾濱道105號
阮仲明	70,000	天津十區大沽路106號
阮步咸	200,000	天津十區濟南道新華里14號
邵文濂	35,000	天津十區泰安道5號周宅
武匡國	105,000	天津赤峰道12號[illegible]
武靖塵	175,000	天津羅斯福路288號
武輝	903,000	天津煙台道25號
武梓封	140,000	仝上

江南水泥股份有限公司股東名冊

戶名	股數	住址
武儀容	1,365,000	天津十區成都道[illegible]里6號
武依嫻	187,500	天津一區承德道112號
武石齋	720,000	天津一區[illegible]2號
武金	35,000	北平[illegible]胡同7號
金城銀行信託部	200,000	天津中街[illegible]金城銀行
金克明	400,000	天津一區赤峰道27號
金韞玖	100,000	天津一區[illegible]26號
晉頤曾	170,000	唐山啟新洋灰工廠
晉閣眷宜	1,470,000	北平東四牌樓[illegible]胡同41號
晉啟之	455,200	唐山啟新洋灰工廠
晉慎儀	100,000	唐山啟新洋灰工廠12號
殷同林	1,225	天津城內[illegible]34號
殷副龍	90,000	轉[illegible]中國農民銀行
殷一呂	4,500	上海[illegible]46[illegible]號
殷魯深	2,415,250	仝上
殷勤	278,000	仝上
殷昭	63,000	仝上
夏蘭芬	1,200,000	天津[illegible]北洋紗廠
夏墨仲	562,500	北平大沽作38號
夏尉曾	175,000	仝上
夏總文	70,000	仝上
夏錦江	2,275,000	天津一區松江路19號
夏思危	127,575	北平(8)[illegible]路大[illegible]巷12號
夏席儒	77,175	仝上
夏王貞熔	22,050	仝上

江南水泥股份有限公司股東名冊

戶名	股數	住址
林婉	350,000	天津(10)成都道安善里5號
林曉東	525,000	天津(10)岳陽道15號
林暘	857,500	天津鹽業銀行
林肖三	90,000	天津(1)赤峰道87號
林灝善	225,000	[illegible](8)[illegible]老公所胡同[illegible]16號
林維善	315,000	天津(1)赤峰道87號
林宇書	225,000	仝上
林震亞	725,000	天津海關總務課
林德馨	125,100	天津(6)廣東路典德里20號
林竹蔭	1,050,000	天津(1)多倫道北新里3號
林厚堂	450,000	天津(10)中正路久安大樓誠孚公司
林溥之	450,000	天津北門東泰華里4號
林鍾獎	872,500	北平北京大學醫學院沈院長轉
林效禹	270,000	天津(1)長春道35號
林兆璋	19,660,200	天津(1)睦南道32號
林兆祥	140,000	天津(1)河北路39號
林榮鵠	450,000	天津(10)泰安道86號
林蓝萍	90,000	天津河北[illegible]路18號
林景湯	175,000	天津(1)赤峰道142號
林鳳笙	5,454,400	天津(1)中正路14號新華銀行
林月金	192,500	北平王府井大阮府胡同33號
林家華	110,250	古冶車站唐家莊開灤礦務局
林家玲	45,000	仝上
林家璧	45,000	仝上
林夢成	157,500	仝上

江南水泥股份有限公司股東名册

戶名	股數	住址
林子鴻	362,800	北平東四南大同胡同50號
林柏年	857,500	天津中孚銀行轉
林如心	350,000	天津中央銀行
林逸	2,551,500	上海江西路406號320室
林頌徽	50,000	天津國華銀行林事中轉
林叔暉	350,000	天津(10)杜魯門路61號
林俊英	30,000	天津(10)新泰興大樓三樓18號
林子上	5,000	天津(1)泰康道9號
林璉	600,000	天津(10)開灤礦務局
鄧光謨	180,000	天津(11)河南路勝利營造廠
鄧麗銘	66,150	天津(10)中正路中國銀行轉
鄧桂英	98,000	北平東四前燈草胡同9號
鄧漣芳	132,300	上海榆林路304號
鄧錦琳	500,000	天津(10)保定道樹德里8號
鄧永熹	1,000,000	仝上
鄧貞傳	4,000,000	天津(1)興安路[illegible]里5號
鄧培華	200,000	天津浙江興業銀行
金又文	1,125,000	北平前外鷂兒胡同38號
金惠生	122,500	古冶林西開灤礦務局
金鏐青	35,000	唐山啟新洋灰二廠
金魯瞻	360,000	北平東四錢糧胡同甲14號
金達寅	119,000	天津(10)[illegible]道182號
金福達	350,000	天津[illegible]
金輔丞	124,600	天津(1)河南路78號
金城銀行	5,250,000	天津(10)中正路

江南水泥股份有限公司股東名册

户名	股數	住址
金炳五	140,000	古冶唐家莊河灘礦務局
金大可	1,250,000	天津啓新洋灰公司高季言轉
金丁	472,500	天津(10)重慶道三益里58號
金夢魚	70,000	天津(2)福安道48號
金福立	45,000	天津(10)中正路中南銀行
金麗棠	45,000	仝上
金城銀行信託部天津分部	40,482,500	天津(10)中正路金城銀行
金達午	1,050,000	天津(10)倫敦路慶方里1號
金静軒	225,000	天津(10)河北路南野405號
金鐘	57,386	天津啓新洋灰公司高季言轉
金鏡生	35,000	天津(10)長沙路永安里3號
金佩珍	3,150,000	天津(10)洛陽道延德里7號
金達申	147,000	天津(10)重慶道182號
金達辰	7,000	仝上
金易堂	150,300	天津赫德道8號
金鍾珍	441,000	北平崇外下三上5號
金衣園	2,100,000	天津(7)醫藥醫院
金沈嘉珍	245,000	天津中孚銀行轉
金通尹	250,000	上海(18)華山路1510號
金達	7,000,000	上海襄陽南路397號
金向可	10,000	天津啓新洋灰公司高季言轉
金孚益	100,000	北平鹽業銀行
郝允明	75,000	天津(10)中正路久安大樓成孚公司
郝趙淑華	385,000	北平西單舊刑部街32號
郝張英年	35,000	天津(1)西寧路72號

江南水泥股份有限公司股東名册

戶名	股數	住址
邱明德	70,000	天津(10)東亞企業公司
邱宗岳	340,200	上海永嘉路371弄51號
邱龍龍	35,200	天津(10)成都道安樂里5號
邱榮彬	1,984,500	天津(10)成都道觀仁里12號
邱瑞庭	100,000	仝上
邱蕗蓀	107,000	仝上
邱蔭傑	191,100	仝上
荀綱文	50,000	天津(1)中正路中原銀行
卓幼山	1,058,400	湖南辰谿水泥廠
招景周	99,225	唐山交通銀行開灤辦事處
招嘉康	1,575,000	天津(10)洛陽道寶善里11號
招蘭影	367,500	仝上
易鏤齋	490,000	北平琉璃廠西太平巷3號
杭淑媛	1,512,500	天津(1)甘肅路27號
和冰如	35,700	天津(1)承德道38號
房忠達	225,000	天津河北調漳路吉合里23號
房瑞浦	22,500	天津啟新洋灰公司邊觀祥轉
房德仁	45,000	天津烟台道河北省銀行倉庫
季泉山	450,000	天津(1)合隆里17號
季蘭茹	551,250	通縣南關201號
李雲卿	1,400,000	仝上
協盛公號	175,000	天津(10)大沽路151號
管安康	350,000	天津(7)南市華樓東天順里14號
乾伯英	135,000	天津估衣街德厚里14號
門均	200,000	天津(11)二馬路匯裕里11號

江南水泥股份有限公司股東名册

戶名	股數	住址
范自榮	225,000	天津大直沽吴家胡同南頭河沿
范冰青	5,414,625	北平東四9條23號
范寶椿	700,000	天津(10)泰安道88號
范恩普	3,675,000	天津(1)南京道48號
范志容	2,970,000	天津(10)大沽路衛德大院4號
范玥甫	765,000	天津(1)羅斯福路381號
范儒生	70,000	天津(1)濱江道光明新樓205號
范濟川	122,500	天津(10)杜豐门路16號
范叔歐	472,500	青島冠縣路112號
范張淑芳	200,000	天津(6)小劉莊桃源里10號
范　靜	200,000	仝　上
范樹梅	500,000	天津(10)泰安道70號
洪子歐	3,850,000	天津海河東甲字北洋紗廠
洪其端	400,000	唐山廣東街書院大樓8號
洪　光	2,450,000	張北縣中街6號
洪綺霞	2,053,100	京滬路龍潭鄉每轉
洪梅蓀	100,000	天津大胡同90號
洪翊棠	10,000	天津(10)長春路永安里三號曹宅轉
紀慧蒼	63,000	天津(10)武昌道11號
紀乃寬	151,200	天津(1)陝西路義德里26號
紀衡瞻	175,000	天津河東福安街5號
胡廣成	90,000	天津河東濟濟局
胡蔭培	105,000	天津(10)曹慶道三益里20號
胡肯棠	350,000	唐山啓新洋灰公司8號
胡惠安	2,117,500	天津舊義界大馬路4號

江南水泥股份有限公司股東名册

戶名	股數	住址
胡季順	463,837	天津(1)濱江道257號
胡伯華	105,000	天津四行儲蓄會[illegible]
胡宗湊	35,000	仝上
胡文玉	675,000	天津中紡五廠
胡濯珊	225,000	天津(10)杜魯門路94號
胡哲甫	1,050,000	天津(10)重慶道263號
胡林生	575,000	仝上
胡慶昌	855,000	天津(10)黄海路永康里1號
胡耀珊	245,000	北平西單三友社
胡禹生	550,000	天津重慶道26號
胡蓮瑜	630,000	天津(10)南京路永康里6號
胡文鴻	1,102,500	天津(10)泰州道33號
胡文彬	175,000	天津(10)中正路62號大中銀行
胡　鑄	140,000	天津(10)常州路津中里51號
胡德謦	45,000	天津(10)昆明路同康里7號
胡德衷	90,000	仝上
胡公器	700,000	石屏[illegible]
胡華羨	1,225,000	四川長壽縣
胡南屏	2,450,000	北平北大文學院
胡宗堯	90,000	天津(10)岳陽道永安里17號
胡羽士	1,400,000	東北[illegible]
胡光沛	1,050,000	雲南雲南大學轉
胡光渤	1,050,000	天津(10)柳州路慶合里3號
胡昭文	1,460,250	[illegible]6號
胡允文	1,050,000	北平西直門內[illegible]寺1號

江南水泥股份有限公司股東名冊

戶　　名	股　　數	住　　址
胡經文	1,050,000	四川長壽县南门1號
胡郁文	1,050,000	蘇州東吳大學
胡擇川	612,500	天津濱江道廣東学校
胡嘉樂	1,050,000	雲南通海县南门外二號
胡鏡之	1,050,000	四川三台縣南大街8號
胡大猷	1,050,000	遵義縣西関53號
胡燦昆	825,000	天津濱江道廣東学校
胡建青	1,050,000	石屏礦野，娛江寧城樓
胡季剛	1,443,750	北平西单安堂大院5號全宅
胡大鈞	1,050,000	上海機務事務所校樓
胡愛蘭	350,000	修仁县東大街七號
胡大受	1,050,000	河南新鄉臺莊三號
胡光瀠	1,050,000	天津(10)鎮南道135號
胡岱雲	2,450,000	美國哈佛大學樓
胡大璐	1,050,000	遵義縣南関10號
胡淑貞	1,050,000	桂林東门內1號
胡趙潤	700,000	宣安县城內3號
胡鏡秋	525,000	遵義縣南门3號
胡光注	700,000	哈爾濱道外樂
胡應華	1,050,000	石屏閔村樓
胡威廉	1,050,000	廣西武鳴縣北门大街6號
胡寧熹	105,300	天津(10)72號路200號
胡孔昭	2,695,000	北平輔大附中樓
胡大榮	1,050,000	張家口橋東3號
胡大璋	1,050,000	遵義縣南関22號

江南水泥股份有限公司股東名册

戶名	股數	住址
胡光溥	1,050,000	昆明市七〇六7號
胡哲士	1,575,000	河南溫縣西門內7號
胡光泰	1,050,000	美國威斯康辛大學轉
胡士可	1,400,000	北平輔仁大學轉
胡右文	2,450,000	北平東城聖心學校轉
胡彬文	1,050,000	仝上
胡玉珊	540,000	天津(2)遼寧道3號
胡睿文	1,050,000	北平東城聖心學校轉
胡　濬	875,000	上海辣斐德坊8號轉
胡光洪	1,050,000	天津(10)鎮南道135號
胡桐蓀	350,000	天津(1)羅斯福路334號
胡學騫	350,000	天津(1)哈爾濱道238號
胡慶豐	795,000	天津(1)吉林路24號
胡慶田	795,000	仝上
胡樹雯	90,000	北平王駙馬大街96號
胡錫明	622,500	天津中孚銀行董經理轉
胡北賓	1,125,000	上海中正中路明德里5號
胡玉軒	40,180	北平宣外丞相胡同15號
胡慶泉	176,400	京滬路龍潭車站交江南水泥廠
胡高瑚	1,575,000	硯山縣鳳陽鎮郵局轉
胡慕伊	450,000	漢口揚子街5號
胡遠禔	155,000	天津羅斯福路努力大樓三樓21號
胡傳聿	0	天津陝西路11號
胡光節	105,000	北平西四礼路胡同11號
胡似夔	200,000	天津一區山西路永慶里16號

江南水泥股份有限公司股東名册

戶名	股數	住址
倪毓璉	70,000	天津濬通公司轉
倪毓璉	623,500	仝上
倪潯夫	45,000	天津(10)保定道松壽里53號
倪叔平	1,104,600	北平東四北八條34號
倪書平	105,000	仝上
倪希珍	170,000	北平崇内喜鵲胡同7號
倪瑛	10,250,000	上海九江路150號7樓民中紗廠
倪錫麒	16,800	上海吉司非而路172號
姜壽長	35,000	唐山啟新工廠
姜幼稟	2,450,000	天津(1)大沽道15號
姜育珍	98,000	天津(2)于家大院2號王曉峰轉
姜漸逵	700,000	天津(10)掛甲寺北洋紗廠
姜德林	245,000	天津(10)[illegible]道80號
姜青於	157,500	天津(1)營口道豐業大樓內14號
姜子健	700,000	北平前門外大街140號
姜嬌井	787,500	天津(1)東浮橋1號
姜仕璽	30,000	天津啟新公司高季言轉
俞承駒	274,400	上海(18)[illegible]路[illegible]弄[illegible]
俞嘉	106,280	天津(1)察哈爾路43號
俞季皋	200,000	河北[illegible]廠
俞振清	1,050,000	天津(1)承德道2號義昌信內
俞涵滄	1,400,000	北平西城西鐵匠胡同15號
俞君飛	4,077,976	天津新華銀行轉
俞雁賓	45,000	天津(1)安寧里20號
俞保康	45,000	天津(1)濱江道214號

江南水泥股份有限公司股東名册

戶名	股數	住址
俞瑞顏	350,000	天津金發師胡同七號
俞述顏	306,050	仝上
俞湛持	3,027,500	北平景山後街六號
俞國成	100,000	天津一區張自忠路98號
查志厚	1,400,000	天津營口道98號
查方川	175,000	[illegible]
查濟庸	163,450	唐山礦地公司25號
姚大經	175,000	天津河北三馬路竹豐里5號
姚秀	22,500	天津河北宇緯路宇仁里2號
姚以德	35,000	天津礦地公司轉
姚寶秋	70,000	天津(十)大理道162號
姚乃寬	210,000	天津(四)中正路金城銀行
姚然君	210,000	浙江興業銀行天津分行轉
姚法彌	22,500	天津(二)樹德道蘭華里15號
姚慎忱	214,000	北平北池子46號
姚兆竹	270,000	天津(六)下瓦房同善里5號
姚美煩	220,500	天津(十)芷江路三義里15號
姚志成	33,750	天津(一)山東路恒安里16號
姚鷺寶	78,150	天津東站鐵路管理局
姚盛	3,520,000	上海林森中路1200弄10號
姚嫣貴	70,000	天津(一)東馬路163號
姚崇	325,000	上海林森中路1200弄40號
姚鴻林	35,000	天津(一)東馬路163號
姚賀華	175,000	天津(十)中正路167號二樓
姚賜	900,000	天津中孚銀行轉交董事公司

江南水泥股份有限公司股東名册

戶名	股數	住址
姚子勤	422,100	上海新閘路194弄3號
姚立人	200,000	北平北池子56號
姚福銑	48,087	唐山市(二)新街智字五条五号
姚士宏	48,800	北平和内松樹胡同21號
姚達夫	16,800	鎮江建築東街培成小学校
施錫恩	1,330,000	天津(一)成都道77號
施肇基	2,665,600	天津中孚銀行轉
施求麟	1,263,875	上海襄陽南路429弄3號
施今初	793,800	上海舊法界雷上達路65號内3號
施書農	100,000	天津芷江路18號
施訥齋	28,780	天津中紡公司溫少華轉
柳書敏	222,500	唐山啟新仁西草場12號
柳書珍	35,000	唐山啟新磁廠
柳慎言	2,030	天津新華銀行轉
段方午	625,000	天津河北玉皇大街五福里6號
段中貞	1,050,000	山西懷仁縣西城5號
段　貞	1,050,000	濟南舊軍門巷5號
洪憲恕	1,800,000	天津(四)馬場道老武官胡同17號
洪壽臣	245,000	天津大門内三条胡同宏義銀號
苑克儉	202,500	天津(四)大理道106號
信原溢	25,557,450	天津(一)哈爾濱道131號
信源溢銀號	3,000,000	天津(一)羅斯福路227號
南　屏	700,000	硯山縣鳳陽路郵局轉
南柏齡	115,000	天津(一)大沽路97號
律孟夫	5,000	天津(七)江都路一號

江南水泥股份有限公司股東名冊

戶名	股數	住址
津海關稅務司公署	4,200	津海關
苗玉琦	35,000	天津(10)南京路[illegible]
汪彥清	70,000	天津(1)河南路[illegible]號
钟警浦	700,000	天津(1)灣[illegible]道[illegible]15號
洽化南	1,000,000	天津(10)重慶道231號
皇甫在茂	500,000	天津[illegible]公司[illegible]
孫馨山	35,000	天津啟新洋灰公司
孫公奇	6,335,000	天津啟新公司[illegible]
孫瑞澧	5,250,000	上海[illegible]路406號320室[illegible]
孫炳章	45,000	天津(10)[illegible]里甲10號
孫敬之	400,000	天津(10)[illegible]路186號
孫寶琳	45,000	天津大沽路[illegible]
孫保靜	22,500	天津[illegible]里17號
孫森馥	150,000	天津(10)岳陽道[illegible]里18號
孫玉[illegible]	7,500,000	北平西城[illegible]16號
孫旭[illegible]	22,500	唐山啟新洋灰工廠
孫華[illegible]	2,450,000	安徽[illegible]15號
孫華[illegible]	525,000	台灣台北[illegible]公司
孫華[illegible]	1,050,000	安徽[illegible]號
孫玉環	350,000	漢口河北路[illegible]號
孫山峻	525,000	蘇州[illegible]107號
孫川如	13,421,250	上海中正中路[illegible]號
孫 桐	12,500	天津(10)[illegible]里18號
孫越橋	262,500	天津(1)[illegible]123號
孫濃生	227,500	天津中孚銀行[illegible]

江南水泥股份有限公司股東名册

户　　名	股　　數	住　　址
孫玉璜	1,440,000	天津一區青峰道九十號
孫嚴如	122,500	天津(1)林森路186號
孫在友	5,880,000	天津(10)台兒莊路14號
孫承訓	175,000	天津(1)營口道勝安里二十二號
孫用熙	585,000	天津(10)杜魯門路24號
孫芹生	2,875,000	天津(10)常德道115號
孫芸壽	105,000	天津東萊銀行
孫冰如	840,000	天津(2)復興道48號
孫會元	350,000	天津(10)成都道永定里舊五號
孫俊卿	25,578,000	天津(2)復興道48號
孫會廉	700,000	天津(10)成都道永定里舊五號
孫士忠	450,000	天津(10)中正路久安大樓誠孚公司轉
孫振東	220,000	天津(1)長春道六號
孫玲	22,500	天津(10)長沙路83號玉宅轉
孫懿卿	262,500	天津(10)上海道80號
孫進泉	70,000	天津重慶道輔南里13號
孫玉亭	70,000	天津(10)蘇州道積善里一號
孫羽儀	350,000	天津市城廂分行轉
孫耀祖	17,500	天津(1)大沽路興安里十號
孫淑珈	1,000,000	天津(1)建代道31號
孫寶文	80,000	天津(1)秦皇島道三樓二十六號
孫寶和	80,000	仝上
孫春彭	0	天津(1)康寧路17號
孫在襄	2,875,000	天津(10)中正路157號
孫鳳鳴	182,500	天津(8)三民道21號

江南水泥股份有限公司股東名册

戶名	股數	住址
孫秉衡	1,225,000	天津(2)三義道21號
孫九皋	2,975,000	仝上
孫賀銘	70,000	天津十區杜魯門路16號
孫武儀容	227,500	天津(10)成都道儀數里6號
孫觀潮	875,000	天津(10)成都道儀數里10號
孫觀敏	875,000	仝上
孫在方	1,065,000	天津(1)[illegible]
孫以豐	207,900	香港交通銀行
孫哲森	45,000	北平內一區西庫司甲18號
孫同翹	805,000	唐山[illegible]
孫懷德	0	天津二區民族路一38號轉
孫懷忠	315,000	天津(10)大同道6號中國銀行倉庫內
孫美蓮	175,000	北平東單[illegible]10號
孫玉成	179,100	唐山北山別墅8號
孫寶慶	250,000	天津(1)[illegible]
孫三友	661,500	天津(1)桂林道2號周宅轉
孫似英	875,000	北平[illegible]朝陽胡同三號
孫淑清	122,500	天津赤峰道上海銀行轉
孫繩武	175,000	天津(1)[illegible]
孫補堂	2,740,000	天津(10)河北路442號
孫明生	382,200	天津(2)[illegible]道61號
孫信	122,500	天津[illegible]
孫步雷	955,500	天津(2)[illegible]
孫周魯	506,500	天津(10)大理道220號
孫漢儒	245,000	天津(2)[illegible]15號

江南水泥股份有限公司股東名册

戶名	股數	住址
孫南浦	840,000	天津(10)四川路二號
孫依桐	765,000	天津(1)永德道12號
孫婉貞	105,000	天津南開[illegible]
孫化亭	157,500	唐山開灤礦務局會計處
孫蔭芳	350,000	林西開灤醫院
孫振浩	157,500	古冶唐家莊開灤醫院
孫錫三	1,750,000	北平中孚銀行
孫珍方	539,000	北平舊簾子胡同五號孫靜菴轉
孫綺雲	420,000	北平永光寺中街三號
孫恂方	958,650	上海中孚銀行轉
孫　君	301,750	仝上
孫遷方	385,875	仝上
孫愷方	1,047,228	仝上
孫仲華	6,615,000	仝上
孫婉如	1,058,400	仝上
孫琴壽	1,527,400	天津中孚銀行
孫養儒	612,500	天津(10)大理道124號
孫順宜	6,615,000	天津(10)大理道122號
孫旺祿	1,078,000	天津(10)成都道112號
孫燏南	7,000,000	天津(10)常德道34號
孫章甫	20,405,000	天津(10)大理道122號
孫治華	3,500,000	天津(10)常德道34號
孫修華	3,500,000	仝上
孫正華	3,500,000	仝上
孫平華	3,500,000	仝上

江南水泥股份有限公司股東名册

户名	股數	住址
孫齊華	3,500,000	天津(四)[illegible]道34號
孫俊臣	140,000	天津(一)河南路新華利里四號
孫智開	35,000	天津(四)[illegible]63號
孫雲生	[illegible]266,000	天津中央銀行
孫燕謀	5,985,000	上海江西路406號319室
孫伯軒	4,806,200	京滬路棲霞山江南水泥廠
孫棐忱	140,268,950	南京頤和路二號
孫思永	264,600	上海山陰路[illegible]路123號
孫恕先	100,000	天津北门西北[illegible]十二號
孫沐遠	70,000	天津[illegible]北路[illegible]胡同2號
孫鄧佩珊	3,600	上海江南[illegible]
徐樹芬	1,200,000	鄭州中山北街104號[illegible]
徐世偉	120,000	天津[illegible]公司轉
徐爲勳	10,000,000	天津(一)[illegible]胡同十號
徐[illegible]	[illegible],000,000	仝上
徐保書	7,000,000	天津(一)中正路198號久安信託公司
徐永昌	3,500,000	天津(一)[illegible]道十九號
徐慎德	0	天津(一)[illegible]道十九號
徐在昌	7,000,000	仝上
徐楚潮	1,900,000	仝上
徐基仁	45,000	天津(一)[illegible]號
徐錫九	135,000	天津[illegible]
徐惠怡	375,000	天津(一)[illegible]道一八九號
徐[illegible]如	485,000	天津[illegible]道98號
徐和民	140,000	唐山啟新工廠

江南水泥股份有限公司股東名册

戶名	股數	住址
徐吉甫	700,000	天津(10)中正路久安大樓208號
徐忍安	3,500,000	天津(10)中正路[illegible]久安信託公司
徐杞蘭	2,702,000	天津馬場道[illegible]號
徐慕維	450,000	天津啟新公司董事部
徐韓臣	35,000	仝上
徐鴻昌	175,000	天津中正路[illegible]行
徐又彙	225,000	天津(1)[illegible]路28號
徐玉田	90,000	古冶唐家莊[illegible]公室
徐露如	105,000	天津[illegible]公司[illegible]
徐藍田	350,000	天津北門東[illegible]里四號
徐肇瓔	1,020,000	北平宣外[illegible]胡同[illegible]號
徐鬘雲	1,597,500	仝上
徐意白	903,350	天津(10)中正路久安公司轉
徐石雪	3,098,400	北平琉璃廠西太平巷三號
徐慎英	225,000	天津小于庄中紡七廠
徐溥明	225,000	仝上
徐汪莘寶	1,125,000	天津中正路53號
徐綿雲	103,838	天津(1)泰安道[illegible]號
徐思虞	258,300	天津(1)長春道53號
徐永扣	78,750	天津[illegible]里三號
徐寶源	45,000	天津(10)九江路10號
徐立平	350,000	天津(1)[illegible]轉
徐喜之	1,537,500	天津(1)[illegible]道[illegible]
徐羅氏	1,350,000	天津中正路[illegible]號
徐[illegible]琦	1,550,000	天津一區[illegible]道一八九號

江南水泥股份有限公司股東名册

户名	股數	住址
徐景文	500,000	天津中正路53號
徐允文	157,500	天津(10)中正路六合洋行
徐 炫	303,100	天津(10)南[illegible]永康里七號
徐致儒	150,000	天津(10)大沽路114號[illegible]洋行轉
徐恩翰	350,000	天津(1)哈密道[illegible]内
徐伯業	1,400,000	北平前外[illegible]
徐雲甫	50,000	天津(1)[illegible]道新華大樓内407號
徐善同	15,750,000	天津(10)[illegible]九號轉
徐曉芳	7,000,000	仝上
徐萬庵	5,136,150	唐山[illegible]
徐英敏	343,000	天津(10)[illegible]南道93號
徐純捷	66,150	天津營口道118號
徐振鏞	35,000	天津[illegible]
徐敬哉	175,000	天津(1)河[illegible]68號
徐嗣香	1,255,000	天津(10)[illegible]
徐永福	180,000	天津(1)大沽路[illegible]六號
徐明德	45,000	天津(10)[illegible]號
徐 濱	35,000	北平[illegible]銀行轉
徐致恒	5,250,000	天津(10)[illegible]號轉
徐延年	54,225	天津中正路四行儲蓄會
徐繼曾	150,000	天津(1)吉林路17號
徐振堯	5,040,000	天津一區[illegible]
徐貞如	10,255,000	北平[illegible]號
徐慕貞	245,000	天津(1)[illegible]
徐子東	52,500	天津西門内[illegible]七號

江南水泥股份有限公司股東名冊

戶名	股數	住址
徐子彝	45,000	天津河北[illegible]中和醫園
徐德馨	22,500	北平西單[illegible]4號
徐淑藻	70,875	北平東單水磨胡同[illegible]號
徐澤民	94,500	仝上
徐發祥	200,000	天津四行儲蓄會
徐敦和	622,500	[illegible]新工廠
徐德音	3,500,000	天津(11)常德道34號[illegible]
徐秀岩	210,000	天津(1)大沽路[illegible]里十號
徐華農	280,000	江南水泥廠
徐爾駿	525,000	仝上
徐爾強	525,000	仝上
徐初雄	525,000	仝上
徐浦孫	170,100	上海南京東路310號[illegible]永金號
徐瑛	157,500	上海河南路[illegible]號[illegible]
徐[illegible]龐	145,000,000	上海九江路[illegible]
徐肇欽	482,450	北平新華銀行
徐吳蘭芝	2,700,000	天津馬場道[illegible]
徐淑文	100,000	天津一區[illegible]道一八九號
徐子敏	200,000	天津(10)林森路[illegible]303號
徐保[illegible]	200,000	仝上
徐恩重	100,000	天津(1)中正路[illegible]銀行
徐敬義	200,000	天津(1)中正路[illegible]
徐[illegible]文	200,000	天津(10)林森路[illegible]號
徐同書	300,000	天津(1)中正路[illegible]公司
徐沛芬	9,625	天津

江南水泥股份有限公司股東名册

户名	股數	住址
徐志文	721,280	北平和平門外前揆公園42號
徐祜忠	140,000	天津一區安［illegible］路永蔭里6號轉
徐沛根	1,000,000	天津一區哈爾濱道［illegible］錢莊轉
徐張克燕	226,800	唐山市馬家屯後街7號
徐勵	5,000	天津一區營口道104號
徐若蓀	400,000	天津十區［illegible］樓二樓208號轉
徐寶琳	2,000,000	天津十區［illegible］遵路48號
徐寶均	2,000,000	仝上
徐寶培	2,000,000	仝上
徐緒如	35,000	天津十區營口道15號
徐侃	431,100	天津十區漢陽道三友里10號
徐陸惠英	100,000	天津成都道488號
徐志清	500,000	天津一區花園路7號
徐震東	200,000	天津一區羅斯福路71號
馬埈和	70,000	天津二區博愛道12號
馬世俊	350,000	天津十區長沙路［illegible］新里7號
馬子玉	45,000	天津一區赤峰道89號
馬壽頤	15,750	天津一區遼寧路179號
馬萬鍾	35,000	天津一區大沽路文安里10號
馬雲驤	225,000	天津十區中正路四行儲蓄會
馬世榮	245,000	北平西交民巷上海銀行
馬玉芳	42,350	天津一區山西路259號
馬清波	35,000	天津十區成都道延壽里15號
馬寶駒	1,025,000	天津一區大沽路文安里10號
馬邊令威	1,750,000	天津二區博愛道27號

江南水泥股份有限公司股東名册

戶名	股數	住址
馬金瑞	25,000	天津北門外大街65號
馬登雲	45,000	天津十區桂林路31號
馬明慧	1,895,000	天津十區中正路金城銀行轉
馬援	45,000	天津中正路六安公司
馬炳如	122,500	天津海關
馬克埜	490,000	天津六區浦口道桂安東胡同1號
馬淑敏	45,000	天津十區雲南路25號
馬東山	612,500	天津六區浦口道桂安東胡同1號
馬維善	367,500	仝上
馬知毅	45,000	天津竹竿巷25號
馬恩瀚	45,000	仝上
馬芳亭	385,000	天津一區河北路天昌里16號
馬任民	225,000	天津河東大經路25號
馬仿山	1,075,000	天津五區六緯路23號
馬文荃	90,000	天津十區中正路綏大樓405號
馬景英	73,500	天津城內府署街武學東箭道3號
馬玉潤	70,000	天津一區浜江道69號
馬浩然	35,000	廣西桂林蘇橋机廠
馬玉恩	90,000	古冶唐家莊利民公司
馬祝明	1,155,000	北平中南銀行
馬致遠	66,150	仝上
馬金玉	16,250	北平內大納福胡同15號
馬萬里	122,500	天津一區蘭州道慶元里19號
馬增新	30,000	北平東城魏家胡同41號
秦子青	4,025,000	北平東城洋尾胡同7號

江南水泥股份有限公司股東名册

戶名	股數	住址
秦幼林	63,000	天津八區沿河南路17號
秦少川	45,000	天津啟新公司馬恩元轉
秦夢九	175,787	天津一區營口道110號劉宅轉
秦煥意	40,915	天津一區山西路259號
秦惠娟	17,500	天津福安大街西頭婦嬰醫院
秦文新	525,812	天津一區樹森路228號
秦澄伯	5,000	天津老車站郵政局
耿恩惠	35,000	天津啟新公司轉
耿泰昌	135,000	天津六區三義莊[illegible]胡同7號
耿輔臣	225,000	天津北馬路223號
耿鶴年	562,500	天津一區徐州道先農里102號
耿潤華	857,500	北平西交民巷前紅井1號
耿韻韶	3,500,000	天津一區永德道33號
耿采菴	30,012	北平打麥廠三山齋
耿承	67,500	唐山市大學校國立唐山工學院內
高火緻	175,000	天津一區林森路45號
高季堂	1,750,000	天津一區曲阜道21號
高岩言	945,000	天津一區大沽路24號
高成芳	280,000	天津啟新公司轉
高季言	123,816	仝上
高元培	45,000	天津一區北平道福安里西11號
高蘿氏	210,000	天津一區成都道32號
高士慶	1,280,000	天津一區陝西路191號
高幼溥	248,166	天津一區赤峰道89號
高直序	225,000	天津一區錦州道鼎新里9號

江南水泥股份有限公司股東名册

户名	股數	住址
高其昌	35,000	天津灤礦公司轉
高振方	35,000	仝上
高孟鄰	1,120,000	天津十區北平道福安里11號
高仲言	19,600	天津灤礦公司轉
高代方	35,000	仝上
高立方	35,000	仝上
高瑛	75,000	天津大沽道蘭中里42號
高凱歐	45,000	天津十區北平道福安里11號
高秀德	17,500	天津福安大街西頭婦嬰醫院
高燕堂	247,500	天津十區大沽路小白樓讀興古玩店
高靳潭	225,000	天津十區貴州路津中里20號
高玉蔥	225,000	天津十區小劉莊德源里10號
高幼珊	135,000	天津十區大沽路114號
高 鄒 白雯	76,750	天津七區東馬路163號
高文仲	1,925,700	天津二區賓興道66號
高彤	90,000	天津北門外小洋貨街24號光明轉
高麐雲	200,000	天津十區[illegible]道[illegible]里5號
高潛	0	天津第十區[illegible]道福順里103號
高恒年	525,000	天津一區濱江道光明新樓208號
高貴生	140,000	天津河北獅子林華興工廠
高宗彥	35,000	天津三區[illegible]胡同2號轉
高連萊	47,250	古冶[illegible]
高芷玉	726,250	天津三區天緯路10號
高凌百	3,780,000	上海[illegible]號
高恩洪	550,320	北平[illegible]胡同3號

江南水泥股份有限公司股東名册

戶名	股數	住址
高蕙蘭	7,000,000	上海四川路650號[illegible]室高[illegible]先生轉
高家英	7,000,000	仝上
高在宜	7,000,000	仝上
高士芬	7,000,000	仝上
高艳芬	1,120,000	仝上
高觀四	337,900	上海江西路406號329室[illegible]轉
高紹敏	100,000	天津八區北馬路高家胡同7號
高大成	2,000,000	天津十區重慶道三益里58號
高　方	679,100	天津十區[illegible]理道8號
高參[illegible]	10,000	天津啟新洋灰公司高肇言轉
高堯昌	10,000	仝上
高農方	20,000	仝上
高淑芳	350,000	北平中央合作金庫轉
高　洋	220,000	天津一區[illegible]增里3號
高厚安	200,000	天津十區洛陽道68號
倪鴻棋	540,000	天津一區中正路27號轉
倪夏湘	1,172,500	唐山啟新洋灰工廠杜芸良轉
倪雲卿	396,900	天津一區赤峰道131號
倪葆光	303,750	天津一區營口道仁和里10號
倪葆忠	335,250	仝上
倪松遠	31,500	仝上
倪范式賢	472,500	仝上
倪葆樞	337,500	仝上
倪黃學敏	472,500	仝上
倪葆埜	337,500	仝上

江南水泥股份有限公司股東名册

戶　　名	股　　數	住　　址
倪君璞	1,120,000	上海北四川路太平坊六號
倪松生	300,000	天津一區營口道仁和里
簡煥文	63,000	天津
權德昌	175,000	天津河北三馬路橫街五號

江南水泥股份有限公司股東名冊

戶名	股數	住址
栗龔岐珍	210,000	天津北營門西藥舖店
師心齋	35,000	天津十區林森南路224號
鄒尊仁	200,000	天津一區華中路25號二樓
袁賓建	11,067,950	天津十區馬場道137號
袁琦禎	245,000	北平無量大人胡同20號
袁心武	2,450,000	天津十區鎮南道80號
袁嘉芯	700,000	仝上
袁嘉葉	700,000	仝上
袁嘉茁	700,000	仝上
袁仲蕃	3,600,000	天津中央信託局轉
袁嘉英	700,000	天津十區鎮南道80號
袁家巍	1,750,000	天津中央信託局轉
袁伯修	3,600,000	天津長蘆鹽務局
袁家震	1,750,000	仝上
袁右聃	1,400,000	天津鹽業銀行轉
袁衛	870,000	天津十區鎮南道80號
袁復	800,000	仝上
袁嘉菽	700,000	仝上
袁家芯	450,000	仝上
袁家菽	450,000	仝上
袁家葉	450,000	仝上
袁家茁	350,000	天津十區鎮南道80號
袁家英	350,000	仝上
袁韶瑜	331,500	天津十區馬場道360號
袁芯	35,000	仝上

江南水泥股份有限公司股東名冊

戶名	股數	住址
袁嘉櫻	1,272,500	天津一區[illegible]南道16號
袁家櫻	200,000	仝上
袁家淑	612,500	重慶[illegible]公司22號
袁慧海	70,000	天津一區貴陽路雲深里3號
袁堅侯	1,347,500	天津開灤礦務總局轉
袁家蘊	11,357,500	南京新街口中央通訊社李約轉
袁家芸	10,237,500	天津民國大廈18號轉
袁鐵崖	225,000	天津竹竿巷永祥棧內
袁善叔	2,268,000	天津十一區[illegible]道[illegible]里5號樓上
袁敘宣	1,575,000	天津十一區金城銀行轉
袁廷生	175,000	仝上
袁克昌	634,100	天津中華醫院
袁毅山	700,000	天津十一區泰安道72號
袁啟[illegible]	45,000	天津大沽路馬大夫醫院
袁鑄厚	2,467,500	天津民國大廈18號
袁般暉	2,326,500	仝上
袁春靖協	2,775,000	仝上
袁季[illegible]	2,310,000	仝上
袁守和	250,000	北平[illegible]胡同[illegible]號
袁璧開	275,000	天津十一區[illegible]路福厚里3號
袁周佩貞	362,500	天津一區[illegible]路108號
袁曼英	705,600	北平西交民巷金城銀行轉
袁曼雲	504,000	仝上
袁紹和	150,000	北平金魚胡同[illegible]
袁銘芝	367,500	上海中孚銀行轉

江南水泥股份有限公司股東名冊

戶名	股數	住址
袁季新	1,375,775	上海中孚銀行轉
袁子緯	11,025,000	仝上
袁紹英	2,572,500	北平西單舊刑部街37號
袁瓊如	25,725,000	天津中孚銀行轉
袁崇虞	14,700,000	北平西城豐盛胡同2號
袁燿暉	35,000	天津一區興安路273號
袁靜	8,400	天津一區林森路福厚里3號
袁希淵	25,050	北平西郊清華大學
袁葉蓁	455,700	天津一區馬場道137號
袁福昌	50,000	天津一區保定道51號
袁尤愛維	50,000	天津一區營口道[illegible]大樓四樓13號
袁家淑	150,000	天津一區湖北路63號周宅轉
袁子暢	175,000	天津一區馬場道137號轉
袁日灃	21,500	仝上
鄒紹民	280,000	天津一區長春道四德里4號
郁利銓	22,500	天津營口道220號
柴香圃	500,000	天津河北[illegible]北廠
柴志澄	122,500	北平沙灘北京大學紅樓454號
翁公輝	17,325	天津蘇州道174號
翁海秋	350,000	天津一區煙台道5號
翁竹卿	4,480,000	天津一區羅斯福路渤海大樓157號
翁袖天	450,000	天津一區[illegible]道6號
翁澤生	43,200	天津濱江道廣財巷15號
荊蕙生	150,000	天津一區國華銀行丁惠清轉
荊華瑛	200,000	天津十區上海道萬慶里78號

江南水泥股份有限公司股東名册

戶名	股數	住址
涂瑞華	35,000	啟新洋灰總會轉
涂愚庵	17,500	仝上
涂采中	157,000	仝上
涂慧娟	105,000	仝上
涂絅蓀	105,000	仝上
涂竹波	42,000	仝上
涂憲雄	52,500	仝上
涂苑珠	1,050,000	仝上
涂心景	105,000	仝上
涂姚瑶	105,000	仝上
涂英生	105,000	仝上
涂彝曾	200,000	啟新洋灰公司
唐璜	300,000	中國鹽業銀行天津行
唐森泉	4,925,000	天津一區濟陽道二二號
唐益樓	5,698,500	天津一區泰安道四德里四號
唐英	17,500	天津一區中國路合誠銀行轉
唐樹華	350,000	天津一區長沙路95號
唐鑫	3,150,000	天津一區蓋友坊內國豐號轉
唐保華	72,500	北平[illegible]9號
唐華超	70,000	天津中國銀行
唐立厂	122,500	天津一區桂林道二號周宅轉
唐貫德	15,000	天津一區河北路順和里26號
唐振紹	735,000	北平西城[illegible]6號
唐毓斌	35,000	秦皇島東山街36號
唐瑞華	367,500	天津成都道47號

江南水泥股份有限公司股東名册

戶名	股數	住址
唐仲文	90,060,000	上海北京路121號二樓
唐星海	24,233,000	上海北京路444號
唐騮千	11,250,0000	上海林森中路1449號
唐駿千	112,500,000	仝上
唐驥千	112,500,000	仝上
唐海濤	1,100,000	天津一區濮陽道二一號
唐君鵬	200,000	天津一區大沽路江夏里B字3號
思齋慈善基金財團	147,420,475	啟新洋灰公司陳信之轉
郝琴堂	2,724,400	惠山啟新公司華廠20號
郝容之	216,000	北平門半華箔胡同2號
郝文速	495,000	天津六行市場天祥車務行
郝白勤	900,000	天津十區阜通長安里13號
郝在中	630,000	天津一區鎮江道20號
郝勳德	87,500	北平門半華箔胡同2號
郝萬榮	1,600,000	天津一區阜道13號
郝振聲	200,000	天津浙江興業銀行
浙江興業銀行天津分行	24,063,675	天津華樓大街
浙江興業銀行天津東馬路支行	1,745,000	天津東馬路98號
泰山公司	1,470,000	天津東馬路浙江興業銀行內
侯仲笙	340,000	天津一區赤峰道118號
侯國璽	675,000	天津十區北[illegible]道46號
侯路然	67,500	天津羅斯福路同興銀號
侯顧佩英	2,000,000	天津蘇州路179號
侯和夫	345,000	平和齊外前新街東大道2號
侯蘊生	105,000	天津永德道5號

江南水泥股份有限公司股東名冊

戶名	股數	住址
侯芳麗	245,000	北平前海公園9號
侯一山	210,000	天津中孚銀行童傑之轉
侯有聲	2,000,000	天津河北西窯窪恒源紗廠
侯英	3,660,000	天津一區林森路228號
侯春	3,000,000	仝上
凌世德	135,000	天津十區睦南道17號
凌光嚴	4,550,000	天津一區赤峰道132號
凌鏞紱	1,550,000	仝上
凌盧琪	100,000	天津十區松壽里內達德里1號
凌濬	2,450,000	湖北江夏西門1號收轉
凌其峻	2,500,000	北平王府井大街仁立公司
凌勉之	500,000	唐山開灤礦務局
凌毓棟	900,000	天津啟新洋灰公司轉
席華祥	61,350	上海浙江西路405號3-1室
茹錚	670,950	唐山啟新花磚廠街1號
茹王向	4,025,700	唐山啟新工廠
時英俄	750,000	天津恒[illegible]電話[illegible]轉
通方	99,200	北平德勝門大街興善寺
通益行	238,200	天津一區隆泰里2號
桑秦來	87,500	天津[illegible]棧內
展麗泉	50,000	天津多倫街77號
班鏡寰	75,000	開灤礦務總局
奚為禮	45,000	天津十區大沽路三慶里13號
奚菊生	175,000	天津勝利道17號
寇慧英	400,000	天津十區開封路德厚里4號

江南水泥股份有限公司股東名册

戶名	股數	住址
張淑英	397,500	天津江南公司轉
張華農	7,000,000	天津灤州礦務公司轉
張仲公	175,000	天津(10)保安道樹德里3號
張慎之	2,500,000	天津久安信記公司轉
張雲清	170,000	唐山瓷廠街1號
張育珊	150,000	天津(1)[illegible]道常德里3號
張幼亭	225,000	仝上
張和燦	210,000	天津(1)西寧路35號
張慶榮	5,900,000	天津(1)林森路57號
張燮臣	315,000	天津(10)林森路慶餘里2號
張偉	350,000	北平無量大人胡同20號
張琇軫	175,000	天津(10)中正路273號
張澤良	350,000	唐山啟新洋灰工廠
張明甫	262,500	仝上
張忠僩	350,000	天津(10)馬家道新武官胡同7號
張孫士敏	125,000	天津(1)陝西路290號
張雲燮	4,147,350	唐山啟新工廠周紹寬轉
張邁然	70,000	天津(1)[illegible]道89號
張厚基	70,000	塘沽永利化學工業公司
張惠吉	700,000	天津(1)營口道62號
張育青	445,000	天津(1)哈爾濱道11號
張連仲	52,500	天津(10)[illegible]道13號
張正平	1,050,000	天津(1)大沽路216號
張在恂	1,225,000	天津河[illegible]
張鴻業	215,000	天津(7)侯家後前街63號

江南水泥股份有限公司股東名册

戶名	股數	住址
張耀琮	35,000	天津(10)南京道24號
張文樓	375,000	天津中紡7廠
張鈞玉	1,357,500	天津(11)長春道23號
張紉廉	175,000	天津(10)河北路111號
張傳祥	175,000	天津(10)長沙路泉德里7號
張兆椿	45,000	天津[illegible]紡[illegible]廠會計科
張濯銘	245,000	天津娘娘宮德盛窯業公司
張仲俊	105,000	北平西城[illegible]角胡同31號
張蒔蔕	525,000	天津(10)浙江路六合里7號
張端如	100,000	天津開灤礦公司轉
張以孝	122,500	天津(10)北平道崇仁里[illegible]華里19
張基栻	525,000	天津(1)蒙古路74號
張景山	157,500	天津美孚公司
張廣鈞	105,000	天津(1)大沽路文安里10號
張崇惪	700,000	天津(10)成都道86號
張敬廉	400,000	天津北馬路泰來里2號
張饕秀	539,000	上海中正路955號
張香琹	160,000	天津(1)承德道證券交易所
張曾鑒	17,500	天津[illegible]新學書院
張墉皋	735,000	天津北洋大學
張仲[illegible]	745,000	天津(1)重慶道三益里64號
張百鋼	1,050,000	京滬線江南水泥廠
張伯韜	612,500	北平北新橋香餌胡同[illegible]安里5號
張[illegible]羽	73[illegible],000	天津南開大學
張子玲	35,000	唐山華[illegible]公司

江南水泥股份有限公司股東名册

戶名	股數	住址
張鴻賢	35,000	天津(11)保定道[illegible]德里16號
張希楨	595,000	天津(10)中正路雪廬貿易行
張君平	175,000	上海中正東路東南信託公司
張道彭	157,500	天津(11)承德道38號
張秉權	45,000	天津中正路中實錢莊
張秀珍	35,000	天津(11)赤峰道130號
張子榮	525,000	天津中正路中實錢莊
張景恒	35,000	天津(11)[illegible]營道57號
張潤益	194,775	天津(1)長春道兆豐里4號
張洪茇	1,760,000	上海中正北路282弄11號
張百鋼	145,000,000	上海九江路150號7樓
張子莊	350,000	天津(1)哈爾濱道天德里7號
張扶之	556,250	天津(10)瀋陽道福林里[illegible]42號
張蔭南	90,000	天津(11)哈爾濱道13號
張明道	367,500	天津赤峰道[illegible]銀號
張[illegible]	6,500,000	天津(1)昆明路279號
張維杉	35,000	天津(10)甘肅道66號
張沈秀貞	10,337,500	天津(11)甘肅道聚福里41號
張蓉惠	417,220	[illegible]
張孝慈	[illegible]58,600	仝上
張淑槿	2,234,400	仝上
張會東	1,500,000	天津中國農工銀行
張[illegible]橋	3,500,000	天津[illegible]公司
張志一	542,500	天津南門西[illegible]47號
張仲謨	675,000	天津[illegible]公司

江南水泥股份有限公司股東名册

戶名	股數	住址
張星海	500,000	天津(1)區安道新順里27號
張松年	175,000	天津大沽路光明綢緞莊
張家鳳	170,000	天津(1)區長春道松森里1號
張丙生	2,615,750	天津(10)區重慶道生祥里1號
張興之	150,000	上海大陸銀行轉
張質菴	350,000	天津(1)區浙江道21號
張樹培	45,000	天津大生銀行轉
張春明	9,900	天津(9)區大沽路普[illegible]院14號
張伯霖	13,050	天津(1)區大沽路衛德村宅14號
張廣潭	7,500	天津(1)區赤峰道天生恒銀號
張洞七	90,000	天津(10)區大理道91號
張靖遠	70,000	天津(1)區長沙道83號
張守仁	175,000	天津勝利路16號
張西南	122,500	天津(1)區長春道四德里4號
張俱光	900,000	天津西南城角宏生堂內
張敬恒	75,000	天津竹竿巷元祥棧內
張靜波	270,000	天津(9)區天祥市場樓下
張建業	315,000	天津(1)區煙台道45號
張靜涵	360,000	天津(1)區天祥市場樓下
張碧乙	1,247,662	北平朝內北小街前橋楊樹胡同16號
張燕明	150,000	天津(10)區民園大樓11號
張法田	90,000	天津(1)區長江道75號
張省三	22,500	天津(1)區河北路吉慶里6號
張蓮鈺	245,000	天津(10)區洛陽道林蔭邨6號
張達廷	1,400,000	天津(10)區[illegible]金城銀行

江南水泥股份有限公司股東名册

戶名	股數	住址
張廼蘅	1,411,200	天津(10)中正路金城銀行
張敬臣	29,650	天津(6)蘇州道60號
張知興	1,199,000	天津海関[illegible]吳老维摩
張敬軒	1,800,000	天津估衣街德厚里14號
張錫紱	350,000	北平西城大覺胡同31號
張瀾生	1,890,000	天津(10)重慶道生生里1號
張忠信	245,000	天津(1)承德道68號中華醫院
張餘齋	65,205	天津中國銀行
張紫峰	367,500	天津(1)長春道73號
張信民	1,040,000	天津北洋紗廠
張約齋	1,750,000	天津中正路金城銀行
張文新	2,062,500	天津(10)中正路93號
張企權	175,000	天津中正路金城銀行
張　僉	261,250	天津啟新洋灰公司
張順崇	1,032,500	仝上
張　嶺	358,750	仝上
張　崇	175,000	仝上
張慧卿	675,000	天津(1)濟南路義善里13號
張學臣	411,600	天津(6)復興道天安製鐵所
張耕吾	245,000	天津(1)四平道東二號
張瑩橋	122,500	天津北門外侯家胡同宏義銀號
張學儀	157,500	天津哈爾濱道福泉號
張集广	245,000	天津(1)鄭州道鼎新里2號
張允宜	57,500	天津(1)西安道福順里103號
張鳳來	1,800,000	天津(2)糧店後街75號

江南水泥股份有限公司股東名冊

戶名	股數	住址
張子純	900,000	天津馬場道麗華里2號
張鳳偉	2,700,000	天津(2)[illegible]後街6號
張駿成	270,000	天津河北[illegible]緯路55號
張克賢	45,000	天津河北西窯洼北城南胡同3號
張輔周	61,425	天津(10)[illegible]陽道求志里17號
張繡佛	270,000	天津(1)浙江道225號
張百林	270,000	仝上
張宗榕	45,000	天津河北[illegible]仁里11號
張白林	135,000	天津(1)浙江道225號
張伯麟	135,000	仝上
張俊庸	135,000	天津(1)哈爾濱道51號
張連鑄	252,700	天津南門外[illegible]家台胡同4號
張學敏	175,000	天津(6)江西路福田里4號
張子炎	35,000	天津國華銀行
張振翥	50,000	天津(10)中正路147號二樓
張毅然	38,700	天津(10)上海道77號
張欽軒	350,000	天津(2)博愛道[illegible]里6號
張維馨	428,750	北平[illegible]胡同20號
張象區	657,500	天津(1)哈爾濱道108號
張效陶	210,000	江西萍鄉贛西煤礦局
張惠篤	1,315,037	北平西城[illegible]16號
張荊聲	167,813	仝上
張淨甫	350,000	天津(1)錦州道[illegible]銀號
張振斌	350,000	天津(1)[illegible]珠寶店
張紹鑫	105,000	天津(1)中央銀行

江南水泥股份有限公司股東名冊

戶名	股數	住址
張務滋	315,000	天津(10)營口道四宜里18號
張鳳藻	385,000	天津(1)哈爾濱道10號
張通荃	428,750	北平南池子水窖胡同21號
張進德	175,000	天津(6)威尼斯路127號
張裕雲	50,000	天津(6)威尼斯路126號
張叔瑜	675,000	天津陝西路213號
張守信	345,000	天津河北省銀行總行
張化新	70,000	天津(6)台灣路12號
張章翔	3,367,500	天津(1)哈爾濱道36號
張吟香	490,000	天津(1)承德道5號一樓25號
張邁然	450,000	天津(1)長春道57號
張淑英	157,500	天津(2)博愛道荊蔭里14號
張肅鋒	122,500	天津(1)湖北路51號
張兆賢	225,000	天津(1)赤峰道47號
張振中	350,000	天津久安大樓208號
張桂蘭	35,000	天津東門天津女醫院
張星橋	245,000	天津(10)保定道志德里8號
張華清	70,000	天津(7)光明廟街子69號
張連第	157,500	天津東唐莊紗廠四廠
張希聖	175,000	天津(7)河北水師二十一號
張蘊謙	236,484	天津(10)西阜道聚福里26號
張俔	7,350	天津輸出入管理委員會轉
張寓鑾	4,378,500	天津(1)河北路洪興里12號
張鴻圻	1,120,000	上海中正一路蘇州里五弄11號
張直卿	201,850	天津(1)錦州道158號

江南水泥股份有限公司股東名冊

戶名	股數	住址
張权武	85,050	天津(10)[illegible]台道53號
張平方	100,000	天津(1)南京道51號
張培基	11,250	天津(1)興安路10號
張渭曾	220,000	天津(1)南京道51號
張 準	17,500	天津(1)濟安公司
張夢星	47,250	天津察哈尔路37號
張斂生	225,000	天津(1)承德道9號
張蘊芳	20,000	天津(1)吉林路福德里5號
張孝友	157,500	北平東城金魚胡同二号五宅轉
張用聰	1,050,000	天津(10)沙市道四維里8號
張華亭	102,000	天津(2)[illegible]路26號
張復澧	45,000	天津(1)赤峰道116號
張仲麒	698,000	天津[illegible]路天昌里[illegible]號
張述澧	90,000	天津(1)赤峰道116號
張寓澧	45,000	仝上
張禹民	1,314,400	天津(10)[illegible]賀家巷後20號
張亦鵬	402,500	天津(10)第二發電所
張文詁	45,000	天津[illegible]家後前街106號
張澤純	90,000	仝上
張仲良	225,000	天津(10)[illegible]北甯東街24號
張義衎	5,710,000	天津開灤礦務公司轉
張韡瑛	122,500	天津(1)大沽路60號
張擷香	56,200	仝上
張恩全	175,000	仝上
張佐周	1,150,000	天津(1)[illegible]道[illegible]大雜貨店

江南水泥股份有限公司股東名册

户名	股數	住址
張藻恒	1,820,000	北平崇内泡通衚衕4號
張寶忠	4,500,000	天津山長春道47號
張　黻	1,050,000	昆明市[illegible]雲街56號
張仁堂	105,000	天津(7)東馬路163號
張　怡	352,800	上海南陽路70號
張恭慈	389,200	仝上
張東亮	150,000	天津(1)赤峰道27號
張岐安	650,000	天津(4)[illegible]路[illegible]里7號
張達予	19,174,250	天津河北恒源紗廠
張　馨	441,000	上海南陽路70號
張士豪	140,000	北平東城演樂胡同45號
張傳雲	35,000	秦皇島東山街30號
張石堅	647,500	北平東四三條25號
張平齋	35,000	天津(6)[illegible]77號轉
張[illegible]音	4,009,600	湖南辰谿華中水泥廠
張　協	716,200	南京中央銀行張伯勉轉
張肅孫	350,000	北平竹竿巷3號
張厚學	35,000	北平中孚銀行轉
張伯勉	1,050,000	天津中孚銀行轉
張誌軒	1,575,000	仝上
張英麟	1,575,000	仝上
張蔚然	675,000	北平東華門大街萬慶館6號
張彥通	267,925	北平中孚銀行
張漢鑫	5,582,500	天津中孚銀行
張迺初	735,000	北平西城豐盛胡同[illegible]號張宅轉

江南水泥股份有限公司股東名冊

戶名	股數	住址
張念慈	402,500	天津中孚銀行轉
張浦清	18,750	天津林森路吉慶里1號
張秀珍	350,000	天津(一)錦州道錦福里銀號
張明琳	35,000	天津(一)重慶道205號
張遵範	490,000	天津(十)紹興道1號
張大照	350,000	天津(一)陝西路213號
張玉華	70,000	北平西直門內醬房大院20號
張仲甫	350,000	天津(十)睦南道53號
張芝南	21,735	上海白克路博愛藥號
張少筠	2,234,056	上海林森中路1458弄26號
張賡百	350,000	上海八仙橋中南銀行
張承學	264,600	上海常德路633弄22號
張粲如	16,466,550	上海江西路406號319室
張孫毓蘭	1,283,310	上海中正北一路華園里5弄11號
張鴻椿	3,307,500	全上
張鴻茂	2,572,500	全上
張仁潔	918,750	全上
張國梁	175,000	天津東馬路青年會
張文彩	400,000	天津(一)興安路承蔭里18號
張緒昌	100,000	天津(一)哈密道利安里17號
張單秀蓮	2,500,000	天津(一)泰興道119號
張平屏	100,000	天津(一)長春道96號
張向夫	1,300,000	北平東城中孚銀行張鐵綱轉
張許瑞華	300,000	天津(一)岳陽道大福里1號
張福同	100,000	天津(一)鎮南道80號

江南水泥股份有限公司股東名冊

戶名	股數	住址
張佐文	200,000	天津(一)中國農工銀行轉
張霖卿	25,725	北平打磨廠三山齋眼鏡店
張叔誠	600,000	天津(十)成都道156號
張錫九	112,087	天津(三)民權路協東診療所
張厚龍	10,800	北平中孚銀行轉
張瑞銘	16,200	天津(十)澳門路1號
張藻書	5,000	天津中國銀行轉
張寶齋	10,000	天津一區遼寧路30號
張德輝	5,000	天津(十)營口道三樂里4號
張志儒	41,700	天津一區長春道144號
張國玉	25,200	靜海縣南長莊娘娘廟西
張希哲	50,000	天津中正路中國銀行轉
張志厚	60,000	天津(十)桂林路協興里6號
張士達	1,225,000	北平南池子水窖胡同21號
張續平	100,000	天津河東興隆街吉家胡同62號
張錦援	1,000,000	天津(十)保定道樹德里5號
張熾昌	500,000	天津承德道伍號
張士琦	400,000	天津(十)大理道48號
張　濟	170,000	天津(十)成都道永祥里16號
張中柱	700,000	仝上

江南水泥股份有限公司股東名册

户名	股數	住址
陳伯剛	7,525,000	上海安和寺路580弄3號
陳存款	9,100,000	天津久安信托公司轉
陳忠厚	9,800,000	仝上
陳善成	15,960,000	天津啟新公司陳仁說轉
陳恕齋	16,310,000	仝上
陳合德	17,705,100	仝上
陳充之	16,310,000	仝上
陳充寬	6,510,000	天津十區成都道32號
陳翼之	6,580,000	上海法華路560弄7號
陳充暨	6,300,000	仝上
陳惠之	6,300,000	仝上
陳充澄	6,573,000	仝上
陳維和	6,166,000	天津久大公司轉
陳培之	6,562,500	上海法華路560弄3號
陳充儉	6,580,000	仝上
陳範有	1,500,000	天津永利公司轉
陳志同	209,475	天津[illegible]道益德里4號
陳禹銘	800,000	天津江南公司陳[illegible]轉
陳敏慎	45,000	天津[illegible]轉
陳恩桂	135,000	天津五區北[illegible]路福祥里17號
陳積慶	3,500,000	天津久安信托公司
陳文蓮	630,000	天津上海銀行朴鏡東轉
陳　賓	45,000	天津十區宜昌道68號
陳孟剛	192,500	天津十區自由道52號
陳藝遠	1,050,000	仝上

江南水泥股份有限公司股東名册

戶名	股數	住址
陳慰農	2,135,000	天津二區自由道52號
陳士瑞	45,000	天津羅斯福路336號
陳碧鏵	7,000,000	天津新華銀行轉
陳子宸	3,600,000	天津中孚銀行轉
陳先慶	1,750,000	天津(一)上海道集賢里5號
陳伯益	140,000	天津雲南路東亞里15號
陳萬壽	35,000	仝上
陳徵	4,163,950	天津中孚銀行轉
陳述虔	280,000	唐山啟新洋灰工廠運輸課
陳堯靖	248,500	仝上
陳玉素質	36,750	仝上
陳育泉	3,675,000	唐山啟新洋灰二廠
陳子培	140,000	仝上
陳孫傳凰	1,970,500	仝上
陳夢初	180,000	天津啟新 陳恩元轉
陳新民	300,000	北平清華大學化工系
陳達育	3,600,000	天津久安信託公司
陳恩元	87,500	天津赤峰道裕康銀行轉
陳晉	45,000	天津[illegible]江道[illegible]大樓207號
陳篪成	17,500	天津啟新 徐耀書轉
陳真	100,000	北平内六區景山東街西老胡同2號
陳火蘭	217,500	天津中正路久安大樓208號
陳子香	90,000	天津(一)歸綏道14號
陳紹賢	2,682,750	天津(四)建國道聖心醫院
陳冠生	105,000	天津(一)華中路15號

江南水泥股份有限公司股東名冊

戶名	股數	住址
陳信巙	1,341,375	唐山小營東街6号
陳倫有	316,250	天津灤礦公司轉
陳獻庭	11,700	天津(1)羅斯福路216号
陳張允超	234,337	天津(10)睦南道311号
陳濬洙	700,000	天津大沽路103号轉
陳呂鳳梧	496,900	天津(10)成都道28号
陳以莊	3,500,000	天津威爾遜路67号
陳退盦	542,500	天津(10)岳陽道永寶里6
陳萱媛	99[illegible],500	仝上
陳體劍	225,000	天津河東開濼里1号
陳宋學淑	315,000	唐山礦務陳書霖轉
陳茂錦	134,400	仝上
陳鑑清	262,500	仝上
陳碧英	70,000	仝上
陳堯英	140,000	仝上
陳碌如	4,500,000	天津(12)北安道92号
陳世桐	105,000	天津(10)貴州路煒中里12号
陳翰文	120,000	天津(1)中國農工銀行
陳叔華	700,000	北平崇內東小街後椅子胡同
陳炳章	45,000	天津北門外大街65号
陳啓祥	450,000	天津(1)羅斯福路285号
陳秀珍	45,000	天津(6)杭州道13号巷內
陳鳳霖	1,000,000	北平順治門外順城街75号
陳敬通	35,000	天津河北廣上槐家大院
陳亞納	2,924,775	北平登禹路20号

江南水泥股份有限公司股東名册

戶名	股數	住址
陳鴻逵	1,312,500	天津濱江道交通銀行
陳家瑚	175,000	〃中正路金城銀行
陳富恒	385,000	〃梨棧大慶里2号[illegible]
陳桂庭	225,000	〃(1)長春道35号
陳楊蕙芳	87,500	〃(10)北平道36号
陳寬驊	112,500	〃(2)三民道1号
陳季當	1,925,000	〃北洋紗廠
陳之璪	22,500	〃(1)赤峰道72号
陳待仲	180,000	〃(10)中國銀行樓
陳鳴一	7,350,000	〃新華銀行樓
陳祖貞	70,000	〃多倫道93号
陳叔炎	52,500	北平内一区小方家胡同7号
陳同燮	700,000	〃宣内抄手胡同11号
陳忠甫	350,000	〃内一区多福巷19号
陳幼芝	9,450	天津西南角誠樸里6号
陳輝萱	3,187,500	〃南门外官溝街王家[illegible]14号
陳士傑	105,000	〃(10)重慶道大興新村1号
陳靜之	105,000	〃郵政信箱第[illegible]号
陳繼源	800,000	〃(10)耀華里45号
陳冠九	210,000	〃(2)壽安街[illegible]祥里14号
陳天榕	70,000	〃 〃
陳之問	45,000	天津(1)新[illegible]路長安里22号
陳沛生	50,000	〃二[illegible]街史家胡同3号
陳幼石	363,150	〃(10)鎮南道312号
陳織軒	22,050	〃怡和公司

江南水泥股份有限公司股東名册

戶名	股數	住址
陳淑坚	105,000	天津县[illegible]道老官胡同12号
陳永昇	45,000	〃 (10)中正路193號11楼3号
陳铁荫	3,082,450	〃 (10)重慶道102号
陳宏萱	735,000	啟新公司請滙宏轉
陳為豐	740,000	上海四川路49号成泰轉
陳金蔭	982,450	天津(10)重慶道102号
陳耀儒	367,500	〃 (1)河北路天昌里12号
陳鴻賓	105,000	〃 〃 〃
陳宗寶	110,700	天津(10)沅陽道鼎和里2号
陳心元	945,175	〃 中孚銀行李濟剛轉
陳慎行	520,000	〃 (10)煙台道60号
陳育成	135,000	〃 河南路90号三樓21号
陳禹琳	665,000	北平鹽業銀行轉
陳博	1,350,000	天津河北大窯窪恒源紗廠
陳孫徽文	280,000	〃 東馬路倉廒街32号
陳慎言	3,150,000	上海花旗銀行轉
陳仲柔	6,230,000	南京科巷白鹿巷10号
陳玉書	35,000	天津(1)昆明路慶德里8号
陳鐵珊	180,000	〃 (1)義慶道62号
陳海紋	630,000	〃 (2)建國道3号
陳建被	70,000	〃 (1)濱江道69号轉
陳奇馨	1,260,000	北平東城西石槽7号
陳寶貴	35,000	天津(1)濱江道頤年行
陳戈平	135,000	〃 (1)河北路福壽里9号
陳君鈿	200,000	古冶[illegible]9号

江南水泥股份有限公司股東名冊

戶名	股數	住址
陳絜文	45,000	天津(2)[illegible]美國營盤7號樓
陳淑記	45,000	〃 〃
陳慕蕙	245,000	北平[illegible]中國實業銀行轉
陳祥玉	22,500	天津(1)兵工[illegible]祥云里3號
陳子貞	1,260,000	青島[illegible]南洋女校
陳宓華	350,000	天津(10)63號路[illegible]里7號
陳靖	35,000	[illegible]公司轉
陳懋存	2,143,750	[illegible]4號
陳懋勳	2,143,750	〃 〃
陳嗣慶	2,450,000	〃 〃
陳懋亮	2,143,750	〃 〃
陳明珠	2,143,750	〃 〃
陳懋令	2,143,750	〃 〃
陳漢清	3,325,350	〃 〃
陳怡	1,275,000	天津(1)農工銀行楊大受轉
陳炳土	122,500	〃(10)北平道三德里35號
陳希聖	654,500	漢口揚子街[illegible]公司
陳天保	35,000	天津(2)建國道[illegible]里4號
陳適雲	1,764,000	〃(1)鹽業銀行轉
陳元愷	980,000	青島新疆路18號
陳謙受	5,017,500	北平中孚銀行轉
陳石城	9,450	〃 〃
陳樹春	10,717	北平石老娘胡同傅宅轉
陳偉達	70,000	〃 [illegible]胡同22號
陳桐	132,300	天津中孚銀行轉

江南水泥股份有限公司股東名冊

戶名	股數	住址
陳福長	735,000	天津中孚銀行轉
陳海玫	35,000	〃 (2)建國道[illegible]号
陳子敬	236,250	〃 東站郵政局
陳延夔	32,400	〃 中國銀行
陳長生	70,000	〃 濟安自來水公司
陳偉光	706,900	〃 新華銀行轉
陳閎鐸	93,800	〃 〃
陳志華	35,000	天津(10)河北路光明里2号
陳菊如	249,200	〃 (10)岳陽道永安里9号轉
陳君謐	4,600,000	〃 (10)常德道34号
陳惺嵐	115,762	〃 濱江道福厚里10号
陳香餘	175,000	〃 (10)營口道15号
陳繼業	35,000	〃 (1)西寧道同善里31号
陳康侯	1,050,000	〃 (10)北平道92号
陳淑華	17,500	〃 上海道福順里27号[illegible]
陳　興	350,000	〃 (10)重慶道生生里18号
陳兆煜	261,250	上海江西路406号221室
陳敏修	680,400	〃 廣元路雲裳[illegible]8号
陳祖貽	2,205,000	〃 四川北路718号
陳興亞	490,000	〃 江西路406号229室
陳丕沐	83,300	〃 〃
陳卿風	135,000,000	上海九江路[illegible]轉
陳惠東	1,123,000	〃 北京路新華銀行[illegible]轉
陳宗緒	407,200	南京鼓樓頭條巷11号陳[illegible]轉
陳筱雨	22,500	天津(6)[illegible]里5号

江南水泥股份有限公司股東名册

戶名	股數	住址
陳樹德	100,000	天津啓新公司陳信之轉
陳景昌	400,000	天津一区证券交易所内福丰行
陳雅泉	8,600,000	天津一区哈尔滨道131号
陳儉養	632,100	天津一区中正路新華銀行转
陳献廷	80,000	天津(1)羅斯福路216号
陳晴初	248,062	金華交通銀行
陳翔青	14,700	天津(10)衡陽路6号
陳鳴	2,012,500	北平西交民巷四号转
陳氏	1,500,000	仝上
陳武	2,000,000	仝上
陳綱	148,750	仝上
陳越	350,000	北平石景山鋼鉄廠
陳翔榮	200,000	天津十区潼関道純仁里2号
陳棣華	210,000	天津(2)自由道62号
陳宣保	75,600	北平金城銀行转
陳家興	10,000	天津天后宫河沿馬路54号
陳甲珊	5,000	天津中孚銀行转
陳英仁	40,000	天津(1)羅斯福路216号
陳伯卿	200,000	天津(1)中国墾业銀行
陳梅	2,000,000	北平米市大街中孚銀行
陳棣	2,000,000	仝上
陳蕙英	200,000	天津(1)浜江道69号
陳宣禧	100,000	天津十区仁立公司转
陳孝寬	1,100,000	天津啓新公司陳信之转
陳尚德	100,000	天津(10)曲阜道志同里9号

江南水泥股份有限公司股東名册

戶名	股數	住址
陳春霖	20,000	天津(10)營口道正誠銀号
陳丕英	209,000	上海江西路406号319室陳新[illegible]樓
陳孝蘭	500,000	啟新公司陳[illegible]之樓
陳英	300,000	天津(10)重慶道69号
陳王如	100,000	〃 浙江興業銀行

江南水泥股份有限公司股東名冊

戶名	股數	住址
宣　士	202,500	上海江西路406號320室
桂遂初	70,000	天津(10)襄陽道德星里9號
桂行方	127,941	啟新公司桂錦甫轉
桂季桓	1,881,600	上海廬山公園旁吉林路1號
都佩之	70,000	〃 新重慶路成蔭里6號
都書雲	3,115,000	江蘇常熟東門內1號
曹依文	1,400,000	天津(10)濱漢道64號
曹佑章	595,000	唐山啟新洋灰公司工廠
曹榮實	525,000	天津上海銀行
曹卓然	662,500	〃 (10)鄭州道永興里5號
曹祝三	700,000	〃 (10)山西路松壽里54號
曹君實	1,050,000	〃 (10)大理道56號
曹紹田	350,000	〃 (10)營口道安利大樓新昌和
曹祥宸	210,000	啟新洋灰公司
曹振華	35,000	天津郭莊子李家台大街藝術學會第二小學
曹雲操	682,500	〃 (1)濱江道274號
曹少璋	4,725,000	〃 新華銀行轉
曹士令	175,000	〃 (1)河南路新華里11號
曹煥平	1,[illegible]50,000	漢口交通銀行
曹慶頤	775,000	天津(10)錦州道洪德里1號
曹靜貞	1,350,000	〃　〃
曹覺盦	675,000	〃　〃
曹慶稀	675,000	〃　〃
曹慶五	675,000	上海福煦路153弄福熙花園8號
曹幼梅	1,125,000	北平南長街東河沿10號

江南水泥股份有限公司股東名册

戶名	股數	住址
曹桔孫	675,000	青島韶關路22号
曹秉亮	122,500	天津金城銀行
曹秀霞	210,000	天津(10)營口道四宜里9号
曹光宇	252	天津(10)大沽路249号
曹德存	2,985,000	天津中孚銀行
曹樹華	225,000	天津(10)大沽路114号
曹寶辰	157,500	天津(10)林森路258号
曹繼蘭	35,000	天津東馬路168号
曹華清	350,000	天津四平道94号
曹鎮西	35,000	天津羅斯福路238号
曹潤璋	56,700	天津(1)長春道4号
曹荆川	264,600	青島山東鹽務管理局
曹憲堂	1,400,000	天津(1)世界大樓211号
曹保安	140,000	天津(1)裕豐大樓206号
曹永茂	15,000	天津(6)台北路培壽里4号
巢徽清	350,000	天津(10)北平道92号
黃令聲	1,801,825	天津(1)濱江道189号
黃筱寅	175,000	上海南北青雲路松高二村45号
黃孔博	100,000	天津亞細亞煤油公司
黃葉一帆	1,050,000	天津南開大學轉
黃秉樞	105,000	天津(10)山西路普華里95号
黃緯基	392,000	天津(10)營口道四宜里9号
黃廿泉	70,000	上海常德路總稅務司公署
黃式琴	672,500	天津(1)承德道24号義昌信
黃陶孫	350,000	天津(10)重慶西道長樂里5号

江南水泥股份有限公司股東名冊

戶名	股數	住址
黄潤生	770,700	天津(10)蘭州道43号
黄璧清	225,000	〃(1)河南路193号
黄勛志	45,000	〃(10)沙市道四維里8号
黄文芝	787,500	〃(10)馬[illegible]道24号
黄藕如	252,000	〃(10)鎮南道120号
黄吉甫	306,250	〃(6)南昌路[illegible]林里60号
黄敏琪	225,000	〃(1)大吉路8号
黄光衡	45,000	〃(10)沙市道福林里[illegible]40号
黄佩君	2,380,000	〃(10)澳门路2号
黄仲涵	900,000	開灤礦务局
黄静之	1,550,000	〃(6)南昌路[illegible]里3号
黄伯常	105,000	[illegible]開灤礦務局[illegible]公司
黄大恒	1,460,000	趙各莊開灤礦务局
黄逸民	1,300,000	天津成都道98号
黄立之	831,600	北平馬大人胡同26号
黄[illegible]廷	337,500	〃西四北[illegible]子胡同16号
黄立[illegible]	315,000	〃馬大人胡同26号
黄[illegible]璋	[illegible]2,500	〃　〃
黄立鈞	1,754,000	北平[illegible]老胡同12号
黄念祖	3,500,000	天津(10)[illegible]34号[illegible]
黄鳴[illegible]	17,500	〃中正路128号3樓
黄[illegible]思	1,400,000	[illegible]
黄振祥	100,000	天津(10)[illegible]里[illegible]号
黄仲章	100,000	〃(1)[illegible]大[illegible]161号
黄[illegible]庭	800,000	北平西四北[illegible]子胡同16号

江南水泥股份有限公司股東名册

戶名	股數	住址
梁慎之	2,000,000	北平南長街56号
梁秉怡	15,960,000	天津(1)陝西路256号
梁季銘	50,000	天津(10)林森路寶華里10号
梁公常	7,900,000	天津鹽業銀行
梁英華	652,540	天津(1)察哈尔路43号
梁萬堂	35,000	天津(1)萬全道103号
梁佛青	153,475	天津(1)陝西路160号
梁仲英	157,500	天津北門西羅家胡同小大院8号
梁保如	107,800	天津山西路295号後門
梁詠裳	99,225	北平燈禹路20号
梁衡華	2,100,262	仝上
梁錫鵬	2,550,000	天津(1)濱江道平和里8号
梁雲亭	105,000	天津(10)林森路248号
梁　安	70,000	仝上
梁子伯	577,500	仝上
梁志漢	70,000	天津(1)泰隆路17号
梁延順	135,000	天津(10)營口道23号
梁朝祺	245,000	天津中紡公司
梁子緣	315,315	天津(1)中正路新華銀行
梁綺堂	191,100	北平西直門內高井胡同甲2号
梁致和	1,725,000	北平西裱褙胡同甲52号
梁玉記	77,175	廣州越華路74号之二,三樓
梁啓兆	12,046	雲南昆明市廣東省銀行
梁觀烈	35,000	天津(1)濱江道北洋藥房
梁鑄今	245,000	北平東城甘雨胡同14号

江南水泥股份有限公司股東名册

戶名	股數	住址
梁問今	5,014,700	北平中南銀行
梁節修	192,500	北平西交民巷4号
梁黃玉珍	5,000	天津(10)北平道40号
梁桂林	500,000	廣州粵海關轉
梁惠如	100,000	北平東城西裱背胡同甲52
姬惠民	500,000	天津(11)大沽路啟新公司
姬津	600,000	天津耀華學校
姬明月	17,500	天津福安大街婦嬰醫院
婁仲淳	200,000	天津(10)沙市道宏壽里8号
婁介如	70,000	天津(10)河北路111号
婁觀濤	5,000	仝上
婁公記	1,641,850	天津(10)湖北路6号
婁學文	350,000	天津(10)成都道世界里35
婁琳英	1,750,000	天津(11)山東路54号
婁寶榮	787,500	天津(10)黃家花園天隆里16
婁麟伯	732,600	天津(10)長沙路宏壽里舊17号
婁張雪君	200,000	天津(10)貴州路正和里12号
啟新洋灰公司	456,978,536	天津(11)大沽路103号
啟新之	1,764,000	仝上
崔思彤	425,000	天津新華銀行
崔滌齋	200,000	天津中紡公司
崔鳳棣	240,000	天津啟新公司
崔利元	29,400	天津(10)岳陽道168号
崔吉如	1,814,400	天津(8)針市街公記藥行
崔書琪	800,000	天津山西路55号

江南水泥股份有限公司股東名册

戶名	股數	住址
崔毓秀	[illegible]05,000	天津(10)[illegible]之里4号
崔相[illegible]	35,000	北平齊内[illegible]1号
崔思盧	184,725	〃 [illegible]
崔振[illegible]	100,000	天津(10)常德道16号
莊[illegible]	122,500	〃 女師學院
盛南臺	437,500	〃 啟新洋灰公司
盛振煌	2,275,000	〃 (10)杜魯門路[illegible]公司
郭[illegible]	285,000	〃 啟新洋灰公司
郭[illegible]平	35,000	北平[illegible]街2号
郭中[illegible]	150,000	天津(10)[illegible]道46号
郭德金	57,500	〃 (10)中正路114号
郭肇俊	100,000	〃 河北[illegible]
郭[illegible]	8,942,500	[illegible]303号14号
郭華[illegible]	[illegible]15,000	北平内六[illegible]甲1号
郭[illegible]	1,257,500	天津(10)杜魯门路[illegible]里16号
郭李[illegible]	350,000	〃 (1)長春道[illegible]里3号
郭朱紀[illegible]	45,000	北平[illegible]街5号
郭耀如	70,000	〃 啟新洋灰公司
郭其桐	45,000	[illegible]銀[illegible]街義盛[illegible]
郭嘉	2,082,500	〃 廣源銀号
郭煥章	[illegible]50,000	〃 中紡[illegible]
郭[illegible]城	90,000	〃 (1)吉林路[illegible]号
郭[illegible]	1,147,500	〃 (10)中正路114号
郭煥文	175,000	〃 河東[illegible]里13号
郭新[illegible]	735,000	〃 (6)杭州道六[illegible]里5号

江南水泥股份有限公司股東名冊

戶名	股數	住址
郭素願	8,750	天津(1)哈尔濱道天增里3号
郭誠錫	175,000	天津(10)民園大樓05号
郭華駿	600,000	天津(6)寧波道3号
郭道中	315,000	天津(10)芷江路興仁里4号
郭雲書	787,500	天津(10)湖北路69号
郭時欽	198,450	天津(8)户部街四益里2号
郭岱雲	382,500	天津(6)中紡四廠宿舍1号
郭鈞	167,500	北平東直門內大街103号
郭克念	100,000	天津(1)吉林路17号
郭世五	45,000	仝上
郭文錦	450,000	仝上
郭鴻昌	135,000	天津(1)興安路承蔭里1号
郭駿莊	985,000	天津(10)世享道80号
郭惠安	200,000	天津(1)黑龍江路隆泰里14号
郭剛誠	155,925	北平內五区宝鈔胡同72号
郭道洲	22,756	上海楊樹浦路563弄77号
郭竹銘	100,000	天津中正路河北省銀行
郭志遠	10,000	天津(6)寧波路16号
郭兆驥	35,000	天津(1)哈尔濱道56号
郭際豐	38,200	北平西城報子街柳樹井8号
章維珍	35,050	天津(1)重慶道149号
章文華	250,000	天津(1)昆明路安寧里26号
章滄澗	1,182,500	天津(10)山西路[illegible]里78号
章國棟	700,000	仝上
章曾中嫩	1,225,000	仝上

江南水泥股份有限公司股東名冊

戶名	股數	住址
章宗修	70,000	北京西直门内翠芳胡同3号
章邀民	100,000	天津(1)中正路23号
章斐	700,000	[illegible]
章惠梅	170,100	南京(8)陶園台永利碱廠
章憲華	45,360	〃 〃
章鑑蘇	2,954,700	漢口華鎦路竹蕙里10号
章昌晉	844,200	〃 〃
章成勳	3,780,000	上海延慶路51弄2号
章燮勳	2,835,000	〃 〃
章宏勳	2,835,000	〃 〃
章受雲	137,812	上海華山路華園内536号
章李亞霞	109,000	蘇州園頭路608号
章尚泳	774,125	天津
章儷存	500,000	〃 (1)貴陽路振德里2号
梅竹公	120,000	〃 (10)耀華玻璃公司
梅存	205,000	〃 (10)泰安道1号
梅堂	70,000	〃 (7)黃家花園馬路章新鐵廠
梅宜	35,000	〃 (2)勝利路22号樓
梅瑩黎	10,000	〃 (10)大沽路72号
紹遠昌	123,500	〃 (10)煙台道53号
康寶煌	1,750,000	〃 開灤礦務局
康惠甫	675,000	〃 (10)烟台道4号
康相九	680,400	〃 (3)柳金村41号
康松筠	9,212,700	〃 (10)長沙路鴻德里19号
康淑芬	2,150	〃 (10)鎮南道41号

江南水泥股份有限公司股東名册

戶　　名	股　　數	住　　址
康振山	437,500	天津河北路161号
康心銘	270,000	北平西四磚塔胡同27号
康鏞氏	441,000	天津(11)保定道仁慶里7号
康權三	200,000	天津河北二經路三順里二号
龐蓉氏	285,000	天津北門外小洋貨街24号
屠季和	175,000	浙江嘉興上火土
屠章寶珍	35,000	〃　〃
屠世昌	175,000	〃　〃
屠世媛	35,000	〃　〃
屠世嫻	52,500	〃　〃
屠更生	350,000	〃　〃
陶雁庭	225,000	天津匯豐銀行
陶宗震	525,000	天津金城銀行
陶樹銘	70,000	天津開灤礦局
陶松喬	35,000	仝　上
陶朱文英	735,000	北平景山東大街丙1号
陶偉鐸	350,000	北平内一区大雅宝胡同旁2号
許恭尹	1,182,500	浙江興業銀行天津分行
許福鈕	70,000	天津馬場道98号
許立珍	90,000	天津濱江道長泰大樓209
許靜莼	450,000	仝　上
許閑若	1,298,300	北平城内弘通觀4号
許心餘	192,500	天津金城銀行
許瑩璟	456,487	北平齊内老君堂79号
許慶富	175,000	唐山啟新

江南水泥股份有限公司股東名冊

戶名	股數	住址
許廣秋	350,000	唐山啓新
許斯	71,662	北平登禹路20号
許鈞	1,155,000	天津(10)常德道146号
許寶驊	200,000	天津(10)馬場道110号
許寶騤	574,000	北平崇内弘通觀4号
許寶駒	413,000	仝上
許昂若	1,073,800	仝上
許騤若	1,836,800	仝上
許之仙	296,800	北平齊内老君堂79号
許佩周	145,000	天津(11)多倫道四義北里12号
許季上	52,920	天津開灤礦局
許姚啓樂	67,500	北平黃化門納福胡同13号
許澄之	1,020,600	南京山西路7号
許瑞珪	25,200	天津
許志剛	7,000	濟南中正路91号
許翰承	100,500	天津(10)上海道臨向里12号
陸子恩	1,010,000	唐山啓新
陸柏蔭	75,000	天津中孚銀行
陸晏春	122,500	天津(2)平安街16号
陸文才	45,000	天津北門內華家大門1号
陸淑貞	61,250	天津中孚銀行
陸樹功	900,000	天津(10)仁立公司
陸景維	90,000	天津(7)南斜街30号
陸肇基	360,108	仝上
陸乾初	175,000	天津小營門路達文里87号

江南水泥股份有限公司股東名册

戶名	股數	住址
陸德懋	1,155,000	天津海關
陸吉夫	225,000	天津(10)上海道108号
陸君孚	122,500	天津蘇州道185号
陸曼如	135,000	天津東亞企業公司
陸重憲	35,000	天津(10)上海道108号
陸謙甫	50,400	唐山啓新
陸還玉	455,000	天津(10)漢陽道三友里14号
陸嘉歡	175,000	天津中门農民銀行
陸壽菊	201,600	北平東四北11条34号
陸襄淇	2,520,000	上海滇池路中孚銀行
陸鳳池	5,177,100	天津(11)沙市道福興里2号
陸樹平	35,000	天津(11)浜江道交通銀行
陸夢芝	20,000	天津(10)長沙路鴻德里
陸令生	17,500	天津(10)永宝里11号
常濟川	612,500	唐山礦地公司22号
常錫三	612,500	仝上
常　圓	612,500	仝上
常玉泉	35,000	天津西头永明寺長盛和
常靜雲	35,000	天津(11)迪化道86号
常佩印	2,000,000	天津(10)北平道86号
常友衡	50,000	天津海關
常　鵬	17,500	天津婦嬰院
常敬泰	700,000	建水縣馬坊街
常敬勝	1,050,000	仝上
陶寶劻	137,900	漢口揚子街9号張榮知轉

江南水泥股份有限公司股東名册

戶名	股數	住址
商遜夫	1,962,500	天津國華銀行轉
商文藻	70,000	天津(10)文登里17号
商文新	850,500	湖北江夏縣郵局轉
商銘新	1,750,000	貴陽東城二号轉
戚再生	135,000	天津(10)營口道23号
戚鳴鶴	25,515	上海新閘橋路育倫里8号
乾康行	5,706,000	天津新華大樓303号
麥藻章	1,350,000	天津(10)柳州路益壽里31号
麥永磬	12,862	北平王府大街大鵓鴿市甲二号
庾宗溎	12,492,900	上海江西路406号320室
國立清華大學本齋數學研究所	1,115,000	北平舊刑部街20号
華清	300,000	天津啓新公司崔煥棠
華澤澎	2,000,000	天津四行儲蓄會
華克襄	35,000	唐山啓新華廠轉
華毓元	119,000	天津(10)成都道福長里5
華澤明	150,000	天津(1)哈爾濱道四箴南里22号
華靜安	175,000	天津(2)自由道64号
華玉淇	350,000	天津[illegible]華銀行
華水叔	1,050,000	天津(8)大胡同98号
華仲隱	105,000	天津大沽路衛德大院14号
馮敏齋	500,000	天津江南公司
馮筱棠	300,000	汲縣王府後街5号
馮潤華	700,000	鄭州高級工業學校
馮韻修	6,300,000	灤州礦務公司轉
馮牖民	315,000	天津(2)博愛路10号

江南水泥股份有限公司股東名册

戶名	股數	住址
馮雅林	90,000	天津(11)山東路108号
馮儀	700,000	天津(11)哈尔浜道18号
馮柳橋	2,542,250	天津南開大学楼
馮學曾	212,500	天津海關
馮翠仙	175,000	唐山啓新老廠19号
馮叔禮	665,000	唐山啓新
馮仲文	3,527,300	天津河東大獅子胡同32号
馮孟憲樺	175,000	仝上
馮匡樺	358,750	仝上
馮練百	22,500	天津(10)杜魯門路福廕里5
馮啓亞	1,347,850	北平宣内後王公廠8号
馮哲甫	411,250	天津中正路同濟保險公司
馮錦堂	35,000	天津大沽路南德里9号
馮禮甫	225,000	天津(10)金城銀行
馮萬鴻	100,000	唐山啓新
馮玉璋	127,575	天津(11)遼寧路49号
馮學綱	10,000	天津河東佟家胡同4号
馮檀墀	175,000	天津(2)粮店前街29号
馮姣生	529,200	天津營口道118号
馮貴森	45,000	天津濟安自來水公司轉
馮彬若	45,000	天津(10)浙江路華昌洋行
馮鶴一	770,000	開平馬家溝開灤員司房41号
馮仰周	135,000	天津(11)濱江道95号
馮斌岐	35,000	上海四馬路大興街梁溪旅社
馮味冰	4,860,000	上海江西路406号320室轉

江南水泥股份有限公司股東名册

戶名	股數	住址
馮復新	1,215,000	上海江西路406號320室轉
馮敬恒	145,000,000	上海九江路民豐紗廠轉
馮蓉	2,900,000	天津仁立公司
馮洋德	10,000	天津興隆洋行
馮國元	4,200	上海北山西路德安里1弄8號
馮建中	350,000	天津河北路達生織廠轉
馮志嫻	300,000	天津(10)保定道樹德里5號
單德言	1,257,500	天津(2)三民道60號源豐行
單振文	1,421,000	天津(10)先農里5號內17號
單日新	1,225,000	仝上
單錫之	70,000	天津(1)濟安自來水公司
單季銘	1,050,000	天津(1)長春道元興太雜貨店
單家瑞	90,000	天津(1)哈爾濱道129號
單學章	35,000	天津東南角萬莊子14號
單東笙	243,957	上海南京西路455弄15號
單莊小學校	2,800	北戴河海濱單莊
單嘉瑞	10,000	天津(1)哈爾濱道129號
彭秀	175,000	天津江南公司馮敬高轉
彭連城	276,250	唐山華新紗廠
彭世昌	225,000	天津(6)杜魯門路177號
彭凱禮	175,000	天津耀華玻璃公司趙慎[illegible]轉
彭伯華	1,225,000	天津(6)廬东路德餘里
彭光林	210,000	天津(6)哈密路18號
彭子騰	490,000	北平[illegible]
彭際雲	105,000	天津(1)赤峰道31號

江南水泥股份有限公司股東名册

戶名	股數	住址
湯浴蘭	226,800	天津(7)二道街6号
湯雲	612,500	天津金城銀行轉
湯紹遠	1,475,000	北平鹽業銀行轉
湯希春	262,500	天津赤峰道33号
程光鉞	122,500	天津(10)林森路慶餘里
程蕙英	1,125,000	天津中紡二廠沈同郅轉
程紹曾	170,100	唐山北山別墅8号
程金聲	225,000	天津中紡五廠
程貽謀	105,000	天津中國農民銀行程福鏞轉
程徐仁鈺	1,715,000	江蘇宜興南門遠真巷8号
程蘊潔	100,000	天津金城銀行李少陵轉
舒祝蓀珍	350,000	天津(1)赤峰道53号
舒凌霄	35,000	北平西直門內翠峰菴胡同
舒觀長	900,000	天津(10)重慶道26号
舒繡庭	100,000	天津久安公司轉
傅良臣	450,000	天津(2)民族路40号
傅文宣	658,000	北平東城林駙馬胡同
傅聘三	3,675,000	天津(6)杭州道5号
傅士鈺	105,000	天津(1)長春道四德里对过
傅融餘	495,000	北平德勝門大街宏善寺
傅劉淑華	1,155,000	北平西四陰涼胡同5号
傅孝懃	1,345,000	仝上
傅介商	225,000	天津陝西路158号
傅冰芝	286,254	南京永利化学公司錏廠
傅耕野	396,900	漢口(8)二曜小路四美里7号

江南水泥股份有限公司股東名册

戶名	股數	住址
傅萬年	132,300	北平石老娘胡同7号
傅沅叔	1,073,100	仝上
傅增湘	430,500	仝上
傅文漢	18,375	仝上
傅寶昌	122,500	天津(8)西头水閣外大街6号
傅明章	245,000	天津城内户部街县杨神殿西18号
傅志偉	500,000	天津(1)羅斯福路大慶里11号
喬曾子餘	140,000	天津裕津銀行轉
喬鶴齡	227,500	天津(10)大沽路141号復中行
愷成貿易行	1,550,000	天津(1)長春道268号
曾　慶	122,500	天津(10)重慶路生生里18号
曾中媛	35,000	天津(10)南海路10号
曾昭德	175,000	天津(1)營口道72号
曾以詮	90,000	天津金城銀行李柏堅轉
曾作舟	35,000	天津(10)長沙路永安里3号
曾雁秋	270,000	天津(2)復興道永年油廠内
曾　磊	400,000	天津大同道中國實業銀行
曾養甫	4,060,000	南京平倉巷15号
曾　平	63,148,097	天津久安信託公司轉
曾永金	1,900,000	天津(10)重慶道三益里25号
曾志南	2,000,000	天津(1)哈爾濱道165号
曾季高	400,000	天津(1)河南路義善里13号
費安琳	100,000	天津建化道81号
費興仁	260,000	天津馬大夫医院雷大夫轉
童保之	210,350	天津中孚銀行

江南水泥股份有限公司股東名册

戶名	股數	住址
童竟成	78,750	北平中孚銀行
溫培元	135,000	天津羅斯福路336号
溫錫天	105,000	昌黎西觀音閣街19号
溫永日	560,000	唐山礦轉.
溫俊岐	175,000	天津(11)承德道50号
溫祖武	276,250	天津大沽路446号
溫金美	112,500,000	上海茂名南路369号
溫玉峰	20,000	天津大沽路45号
溫永華	25,000	天津(10)三德里62号
富聘臣	157,500	天津(10)成都道倫敦里10号
甯麗恒	105,000	天津東馬路266号
甯培壇	175,000	天津(2)復興道48号
甯國東	3,690,000	天津重慶道263号胡宅轉
甯守默	713,480	天津灤矿公司轉
惲範民	100,000	天津(6)威尔逊路67号
焦寶鈞	225,000	天津河北金家窯劉家板廠
棲霞寺	7,000,000	南京京沪路棲霞山
雲俊英	35,000	北平西直门内翠華菴胡同
雲　石	2,450,000	濟南舊軍门巷3号轉
雲毓章	300,000	天津矿地公司
景敏士	385,000	天津馬場道318号
畢華英	17,500	天津福安街婦嬰医院
畢可賢	200,000	天津(1)山東路36号
畢雅玉	210,000	天津大沽路吉萬里4号
鹿篁倫	770,000	天津赤峰道上海銀行

江南水泥股份有限公司股東名册

户名	股數	住址
賀松林	70,000	第十区北平道福安里西段59號
賀聯雋	283,500	天津第一区河北路214號
賀益年	215,600	北平西交民巷上海銀行
賀蔭亭	3,757,500	天津十区大沽路168號
賀鐵銘	742,500	西關掌鼓廟大街永順成內
項冲	700,000	上海交通銀行總處
過樨人	154,000	上海溧陽路1156弄2號
達仁堂	14,000,000	天津一区濱江道135號
達花錫珠	540,000	蘇州城內臨頓路蕭家巷志恒里23
喻傳鑑	35,000	天津(10)湖北路6號轉
楊鳴岑	45,000	本市宜安埠小兒家胡同3號
楊孝威	5,800,000	天津新華銀行轉
楊厚滋	200,000	天津中孚銀行轉
楊靖	210,000	天津雲南路東亞里18號
楊筱丹	175,000	天津赤峯道上海銀行內
楊海東	125,000	天津鼓樓府署街恒德里2號
楊秀如	692,500	唐山啟新洋灰工廠趙肴九轉
楊邦瑞	140,000	唐山啟新洋灰工廠
楊邦珩	105,000	唐山華新紡織公司
楊志瑞	1,395,000	天津十区北平道46號
楊國啟	2,600,000	北平前內順城街16轉
楊國濱	2,600,000	仝上
楊國珍	5,250,000	仝上
楊肖庭	780,000	仝上
楊玉書	13,654,725	仝上

江南水泥股份有限公司股東名册

戶名	股數	住址
楊美璋	45,000	天津十區西安道福順里105號
楊迴光	550,000	天津十區洛陽道62號
楊敬修	900,000	河北小于莊馮柳村37號
楊潤甫	94,500	天津十區豐二道四宜里9號
楊丹臣	453,600	鼓樓東29號
楊益彰	700,000	中正路中國農工銀行轉
楊子明	1,750,000	河北閘上十八家後胡同5號
楊學茹	7,525,000	天津二區光復道16號
楊學仁	7,000,000	天津二區民族路54號
楊孫淑英	5,250,000	仝上
楊世奇	5,250,000	仝上
楊學昌	5,250,000	仝上
楊學謙	5,600,000	仝上
楊沈希詒	5,250,000	仝上
楊世英	5,250,000	仝上
楊鴻聲	17,500	二區復興道孝豐公司
楊學綱	70,000	天津十一區南閘老街史家胡同5号
楊學宏	7,175,000	天津二區光復道16號
楊文光	3,500,000	天津二區民族路54號
楊耀庭	7,000,000	仝上
楊益彰	5,710,000	天津十一區南閘老街史家胡同5号
楊孫文璞	5,250,000	天津二區民族路54號
楊學彭	7,000,000	仝上
楊文翰	5,250,000	仝上
楊學秀	7,000,000	仝上

江南水泥股份有限公司股東名册

戶名	股數	住址
楊學通	7.000.000	天津二區民族路54號
楊會川	2.950.000	天津一區楊福蔭路6號
楊世謙	175.000	天津十區大理道西頭曉園
楊禹聞	3.157.350	一區河北路仁豐里5號
楊文琇	756.000	天津(10)馬場道104號
楊文瑞	2.520.000	仝上
楊蔭昌	575.000	天津一區長春道四德里4號
楊友樟	350.000	天津十區長沙路新亜邨
楊伯謙	900.000	本市河東小閔71號宜昌公司
楊紹襄	350.000	天津河北宜興埠後街28號
楊頌贊	2.870.000	天津十區中正路金城銀行轉
楊慧娟	612.500	仝上
楊庚玉	367.500	仝上
楊殿鎮	1.187.500	仝上
楊殿和	525.000	仝上
楊問潭	1.066.450	古樓東大街219號
楊丕賢	998.179	太原南肖墻1號高宅轉
楊曉亭	700.000	南門外夏家二條21號
楊興權	70.000	天津一區黑龍江路10號
楊濂孫	22.500	天津一區河北路仁豐里5號
楊振華	19.600	天津十區成都道世界里45號
楊秉淑	1.225.000	天津十區中正路金城銀行轉
楊堂孟	840.000	七區東馬路二道街貢院胡同3號
楊鐘英	225.000	十區長沙路敦厚里新10號
楊萃英	205.000	天津十區潼關道怡仁里8號

江南水泥股份有限公司股東名册

戶名	股數	住址
楊競生	4,500,000	本市十區貴州路津中里32号
楊智嫺	480,000	天津營口道仁和里3號
楊肖彭	595,000	天津十區沙市道德善里新4号
楊瑞麟	490,000	天津十區河北路順和里35号
楊恩鴻	350,000	河北金家窑海潮寺胡同2号
楊介眉	45,000	開灤礦務総局
楊美梅	45,000	仝上
楊明穀	5,266,800	天津一區河北路天昌里12号
楊景元	450,000	天津一區錦州道upload新里11号
楊素芳	175,000	北平蘇線胡同吾易里235号
楊翼華	1,062,500	第一區山東路108號
楊正權	1,120,000	第一區多倫道294號
楊樹檀	45,000	本市河北昆緯路開源里31号
楊賚南	1,325,000	第十區中正路207號
楊紡荪	787,500	第一區嫩江路76號
楊紫荪	50,000	仝上
楊鳳年	1,350,000	天津(2)糧店後街75號
楊文奎	90,000	馬場道104號
楊蔭康	202,500	北平府右街棗林大院1号
楊天澗	180,000	秦皇島道南勞工路十号
楊天正	135,000	北平府右街棗林大院1号
楊天任	112,500	仝上
楊福勳	630,000	仝上
楊天覺	5,600,000	第一區中正路中國農工銀行
楊朱德君	703,675	天津十區河北路320號

江南水泥股份有限公司股東名册

戶名	股數	住址
楊韻村	135,675	北平西城東養馬營4號
楊潞广	735,000	天津十區上海道慧豐里3號
楊鏡川	35,000	北平前內順城街16號轉
楊益民	7,350	北平西城錦什坊街西皂和醫園
楊有蓮	50,000	北平東單水磨胡同49號
楊峻臣	2,022,300	湖南辰谿華中水泥廠
楊林	7,140,000	天津中孚銀行轉
楊淑清	122,500	北平東城什方院21號
楊成玉	735,000	北平西城豐盛胡同22號袁宅轉
楊鶴軒	306,250	天津一區陝西路213號
楊健菴	175,000	十區營口道15號瑞和行
楊金波	35,000	十區煙台道25號
楊靜皮	12,862	天津一區陝西路德鄰里12號
楊冠英	2,878,750	蘇州西北街87號
楊秀英	122,500	仝上
楊翼之	135,000,000	上海九江路150民豐紗廠江子雄轉
楊之游	135,000,000	仝上
楊文偉	35,000	平津區敵偽產業處理局清英處
楊英	100,000	蘇州臨頓路608號
楊榮照	200,000	第一區吳安路承蔭里1號
楊學奇	400,000	一區華中路75號二樓
楊項君琳	90,000	一區貴州路28號
楊汝玉	70,000	天津1區馬廠道165號
楊旭樓	560	天津十區河北路順和里暨德里2號
楊新如	2,100	天津一區河北路仁壽里5號

江南水泥股份有限公司股東名冊

戶名	股數	住址
楊季昌	10,000	河北元緯路二馬路寶善里一號
楊域榮	1,025,000	一區長春道51號
楊英奇	200,000	天津浙江興業銀行轉
楊景星	280,000	北平崇內盔甲廠甲13號
葉張氏	45,000	天津十區開封道四號
葉述善	745,387	天津馬場道90號
葉剛侯	4,020,000	仝　上
葉樹田	35,000	天津赤峰道上海銀行內
葉　叔	122,500	唐山啟新工廠
葉桐溪	2,112,500	一區羅斯福路297號
葉扶霄	198,450	上海大陸銀行轉
葉道紀	35,000	天津十區南海路和安里6號
葉樹祺	79,800	第一區中正路27號
葉國乾	157,500	天津濱江道廣東學校內
葉篤傑	90,000	天津十區北平道109號
葉瀛洲	157,500	第一區哈爾濱道33號
葉　才	135,000	北平西直門內後廣平庫22号
葉宗英	3,185,000	北平中孚銀行轉
葉恭綽	44,450	上海陝西南路271弄124号
葉性宏	229,043	上海泰安路114弄5号
葉蓮華	70,000	仝　上
葉秀峯	7,105,000	上海武康路67号
葉鉄卿	94,815	上海梵皇渡路三義坊4号
葉采臣	700,000	天津鈴鐺閣街宝安里1号
葉文樓	89,425	天津北門東泰豐里3号

江南水泥股份有限公司股東名册

戶名	股數	住址
葉曼麗	20,000	上海中正中路740弄68号
萬世慧	490,000	天津一区大沽路文兴里13号
萬劉叔穎	271,250	天津一区大沽路文兴里13号
萬世雄	350,000	仝上
萬墨宸	56,700	天津二区民生路38号
萬興隆	525,000	香港雪厰街4号
萬億秋	525,000	重慶大渡口鋼鉄厰
萬水海	525,000	仝上
萬竹廬	1,408,575	北平琉璃厰西太平巷3号
萬家榮	70,000	北平西单南千章胡同16号
萬振坪	1,225	天津十区林森路牛津别墅19
萬金波	51,755	仝上
萬紹庭	529,812	仝上
萬　里	490,000	天津十区河北路320号
萬漱芬	70,437	天津十区重慶道60号
萬興行	122,500	天津一区哈尔浜道益友坊
萬元成	100,000	天津二区民生路38号
新華銀行	41,820,910	天津一区中正路14号
新生股份有限公司	630,000	天津東门内30号
新中銀號	250,000	天津一区羅斯福路247号
靳士華	18,900	天津十区北平道96号
靳學書	270,000	天津東馬路二道街大胡同6号
靳效衛	225,000	仝上
靳範儒	675	天津十区重慶道26号舒宅转
靳炎彬	200,000	天津三区威尔逊路127号

江南水泥股份有限公司股東名册

戶名	股數	住址
源盛行	2,187,500	天津十區大沽路106号
源昶號	10,395,000	上海南京路993号顧子餘轉
董清芳	87,500	天津三區二經路康安里1号
董李學琴	35,000	天津啟新高季言轉
董鄧韻琴	35,000	上海常德路總稅務司董鴻志轉
董樹遠	472,500	天津二區勝利路同和興棧內
董正誼	540,000	天津一區哈尔濱道63号
董肇錚	140,000	天津十區河北路浙江學校
董其五	1,037,500	天津一區長春道93号
董墨宸	210,000	天津十區西安道147号
董和生	296,400	仝上
董仲儒	122,500	天津一區錦州道132号
董濟齋	3,500,000	天津中正南路中南銀行轉
董張慧娟	1,198,200	天津赤峰道濟安自来水公司馮貴森轉
董振民	787,500	天津一區赤峰道95号
董本喬	1,925,000	天津十區保定道36号
董一山	1,330,000	湖南辰谿華中水泥廠
董致泉	2,143,750	北平後门外东黄城根10号
董幹丞	786,012	天津中南銀行轉
董玉萸	35,000	天津十區鎮南道120号
鄒奎曜	225,000	天津一區浙江路121号
鄒墨娟	35,000	天津十區長沙路95号
鄒致榮	140,000	天津鼓樓西達摩庵前胡同15号
鄒繼鈞	35,000	天津十區成都道安樂里12号
鄒育才	980,000	天津中孚銀行轉

江南水泥股份有限公司股東名册

戶名	股數	住址
鄒尚英	5,145,000	天津中央銀行轉
鄒增一	361,700	上海江西路406号319室
鄒賡業	5,000	天津陳唐莊中紡四廠
鄒立賢	500,000	天津十区曲阜道78号
賈秉耀	470,000	天津十区潼關道64号
賈世清	595,000	唐山開灤醫院
賈長琪	35,000	天津十区東亞企業公司
賈瑞林	1,575,000	南京棲霞山二廠
賈新南	170,100	上海江西路中國紡織公司
賈秉祿	6,125,000	南京棲霞山二廠
賈少琴	100,000	天津一区大沽路久興里5号
賈履綏	775,000	天津十区山西路耀華里4条14号
賈蔭榜	200,000	天津一区哈尔濱道108号
鄔韞璜	506,250	天津啟新洋灰公司
裘向華	9,012,500	塘沽新港工程局
褚仲芳	420,000	天津河北大街314号恒和[illegible]
瑞隆行	1,760,000	天津十区海大道133号
瑞來行	115,000	天津一区興安路326号
雷光頤	100,800	天津十区沙市道餘慶里4号
雷瑞庭	200,000	天津東馬路二道街52号
虞光庭	70,000	天津中正路國華銀行轉
虞誠之	560,000	北平東四北11条門樓胡同18
虞琪	100,000	天津中正路久安大樓208号
路世才	123,450	天津南門內大寺西胡同8号
路仲明	23,450	仝上

江南水泥股份有限公司股東名冊

戶名	股數	住址
路五福	687,500	天津十區營口道四宜里15号
经家邁	300,000	天津十區澳门路慶雲里3号
经心蘭	57,500	天津十區湖北路6號
聖约翰同學金基金	140,000	天津新華銀行朱樹讓轉
聖经會	315,000	天津十區杜魯门路77号
訾銘謙	350,000	天津十區大理道85号
訾學謙	1,425,000	天津二區中正路西四緯路28号
廉修誠	500,000	天津十區山西路392号
廉俊明	225,000	天津二區糧店後街75号
肇泰保險公司	900,000	天津一區營口道50号
啓之吉	1,400,000	天津十區中正路137号
隆泰行	6,255,000	天津十區中正路207号
齊明	1,050,000	天津一區山东路45号
齊淑宜	227,500	天津十區上海道89号
齊述樵	70,000	仝上
齊鈞	105,000	天津十區西康道81号
齊子直	1,500,000	天津二區光明道12号
齊照岩	350,000	仝上
齊子正	105,000	仝上
齊純一	735,000	天津十區貴州路44号
齊燕如	350,000	上海貝當路303号14号房
齊楨欒	265,000	天津十區長沙道平安里3号
齊鈺章	164,700	天津河北大經路功勝里42号
齊紹華	175,000	天津一區浙江道光明新樓205号
齊少康	2,870,000	天津十區大理道爵都別墅6号

江南水泥股份有限公司股東名册

戶名	股數	住址
齊植縣	138,600	北平寓府平津區鐵路局運輸處
齊植宋	157,500	北平西城机織衛 19号
齊植朵	157,500	仝上
齊紹顏	100,000	天津十區成都道倫敦里13号
齊家珊	2,500,000	天津一區哈爾濱道66号
翟益如	157,500	天津單街子小馬路馨吕公寓13号
翟秋懷	63,000	北平東城王府井大街中華百貨售品所
翟靜媛	1,000,000	天津一區西頭場院街孫家[illegible]胡同2号
壽雅君	612,500	天津一區永德道33号
廖佩墉	100,000	天津六區蘇州道積慶里11号
裴立明	1,277,500	上海中正中路模範村52号
裴立仁	1,277,500	仝上
裴立範	1,277,500	仝上
裴立平	1,277,500	仝上
裴延九	7,000,000	仝上
鄧丕烈	200,000	天津一區興安路170号
鄧頤	420,000	天津廣東學校內
鄧芝園	153,000	北平西四大巡捕廳9号
鄧萍英	99,000	仝上
鄧郁周	2,275,000	天津一區河北路慶豐里4号
鄧苑章	10,000	北平宣外騾馬市大街潘家河沿22号
鄧麗貞	60,000	天津十區河南路靜安里四号
鄧淋賢	80,000	天津十區南海路靜安里4号
鄧閏圯	200,000	天津河東于廠徐家棗場二條1号
鄧孔山	100,000	天津一區甘肅路交通里5号

江南水泥股份有限公司股東名册

戶名	股數	住址
趙仲岩	568.276	北平安内大佛寺西大街72号
趙洵岩	210.546	仝上
趙[illegible]乾	700.000	天津私立新亞學校
趙[illegible]九	605,000	唐山啟新工廠
趙敍	1,000,000	天津河北元緯路工学院
趙[illegible]如	175,000	天津赤峰道上海銀行
趙巖青	3.045.700	唐山啟新工廠
趙瑞宗	35,000	仝上
趙淑賢	87,500	仝上
趙蓮洲	70,000	仝上
趙孟鉞	135,000	天津哈尔濱道158號
趙忠馨	525,000	青島廣州路3號
趙芸蓀	525,000	瀋陽長春鐵路局
趙夢九	175,000	天津十區湖南路[illegible]安里3号
趙[illegible]琴	70,000	天津十區大理道8號
趙[illegible]	70,000	天津十區馬廠道[illegible]胡同1号
趙全壽	45,000	天津北門西北[illegible]胡同13号
趙珩	50,000	天津花園路華東錢莊
趙吳氏	35,000	天津一區山西路259號
趙斌清	15,000	天津十區山西路耀華里78号
趙魁陞	35,000	天津[illegible]道[illegible]公司
趙訓仁	45,000	天津鹽業銀行轉
趙秀山	45,000	北平前門外[illegible]胡同[illegible]
趙[illegible]甫	175,000	天津二區中正橋西[illegible]路28号
趙忠民	15,000	天津十一區二道橋[illegible]後12号

江南水泥股份有限公司股東名册

戶名	股數	住址
趙燕凱	650,000	天津二道平安街28號
趙金銘	45,000	北平前外西河沿[illegible]
趙詩蔚	150,000	天津特四區北洋紗廠
趙克明	2,275,000	天津常德道103號
趙連棡	105,525	天津(4)沈莊子34號
趙琳太	70,000	天津(1)哈爾濱道34號
趙約三	534,150	天津久安信託公司
趙師章	283,000	天津(10)泰安道80號
趙玉綸	22,500	天津濱江道169號
趙樹生	90,037	杭西湖廣濟醫院
趙德和	70,000	天津鼓樓東大街277號
趙孟雲	494,700	天津(10)光明里6號
趙興堯	1,960,000	唐山開灤礦務局
趙讓秋	2,100,000	上海四川路[illegible]
趙叔壽	1,957,900	天津(10)河北路光明里6號
趙季南	1,750,000	上海四川路[illegible]
趙蘭端	35,100	天津濱江道265號
趙中[illegible]	90,100	天津中國銀行
趙博[illegible]	180,200	天津(10)[illegible]200號
趙深生	85,000	天津(10)[illegible]
趙閩庭	456,000	天津( )[illegible]道146號
趙宗群	525,000	北平燕京大學南大地61號
趙子儒	105,000	天津(6)成都道85號
趙博廉	350,000	天津(1)哈密道138號
趙卿剛	192,500	天津(1)哈爾濱道143號

江南水泥股份有限公司股東名册

戶名	股數	住址
趙華傑	75,500	北平東城[illegible]27號
趙醒吾	1,347,500	[illegible]
趙洪岩	350,000	天津勝利路二德里6號
趙元方	134,400	天津中南銀行
趙慶杰	11,958,800	南京江南水泥廠
趙景華	5,719,400	仝上
趙百慎	35,000	上海江西路406號327室
趙承璞	1,320,000	仝上
趙克正	40,000	仝上
趙[illegible]清	40,000	蘇州閶門外南濠街
趙慶熙	385,000	上海江西路406號327室
趙[illegible]臣	3,100,000	天津(1)長春道119號
趙慎立	1,400,000	天津(10)煙台道15號
趙　和	200,000	天津(1)[illegible]
趙聞齡	50,000	天津[illegible]
趙成齡	50,000	仝上
趙[illegible]才	100,000	天津(1)[illegible]里11號
趙茹芝	500,200	天津(1)[illegible]路27號
劉啟明	8,400,000	上海江西路406號321室
劉鶴靜	4,556,000	天津[illegible]
劉棣臣	700,000	天津(1)吉家胡同31號
劉慧文	122,500	天津(1)[illegible]8號
劉智妙	122,500	仝上
劉有裕	465,143	天津(1)[illegible]13號
劉樹萱	112,500	天津[illegible]14號

江南水泥股份有限公司股東名册

戶名	股數	住址
劉有餘	12,288,303	天津一區大沽路103號
劉韓業	4,281,300	天津一區長春道21號
劉佩之	135,000	天津梨棧金城銀行
劉頌滔	127,225	天津解放路[illegible]公司
劉祥生	225,000	鹽業銀行天津分行
劉福榮	105,000	天津(10)長沙路64號
劉子明	655,000	仝上
劉幼峰	35,000	天津(10)西安道133號
劉宇廷	35,000	天津(8)糧店街5號
劉自明	45,000	天津(10)上海道三多里8號
劉乃懿	775,000	天津江南水泥公司轉
劉曉崙	317,990	天津馬場道90號
劉象蘭	70,000	天津河東[illegible]大街197號
劉介人	257,500	天津(1)新華路42號
劉泰明	150,000	天津(1)赤峰道中孚銀行
劉瑞泉	125,000	國華銀行天津分行
劉國傑	6,750,000	天津(1)大沽路115號
劉啟成	382,500	天津(10)雲南路2號
劉松山	1,150,600	天津濱江道[illegible]大樓209號
劉少陵	700,000	天津河北[illegible]萬柳村46號
劉繩若	200,000	天津(1)赤峰道53號
劉毅	150,000	天津(10)沙市道四[illegible]里5號
劉景泉	105,000	天津東馬路二道街18號
劉在如	990,000	天津鼓樓西162號
劉惠民	225,000	天津馬廠道工商中學

江南水泥股份有限公司股東名册

户名	股數	住址
劉蔭庭	157,500	天津(11)長春道151號
劉淑英	31,500	天津針市街梅家胡同14號
劉永康	385,000	古冶趙各莊開灤礦局
劉凱垣	350,000	天津河北小于莊中紡七廠
劉宏勳	2,500	天津(1)萬全道華興巷12號
劉綬舫	70,000	天津黄姑巷尹家胡同4號
劉錫橋	2,250,000	天津北馬路獅子胡同榮記棧
劉景昌	831,600	天津城西丁公祠前30號
劉景新	700,980	仝上
劉張靚玉	140,000	天津(10)山西道福順里21號
劉鴻選	122,500	天津(2)福安街德安里5號
劉蔭棠	205,800	仝上
劉先翔	1,150,000	北平西城二龍路1號
劉紹齡	350,000	天津(10)大理道新島里18號
劉景潭	35,000	天津河北辰緯路豐泉里3號
劉中原	175,000	天津河北四馬路崇藝里3號
劉紹國	225,000	北平啟新洋灰公司
劉彭之貞	175,000	天津(10)新華路中津別墅6號
劉素貞	2,642,500	仝上
劉蔣惠仁	350,000	北平西城二龍路1號
劉俊清	15,000	天津(10)長沙路津東小學
劉善福	1,035,000	天津(10)岳陽道福林里62號
劉子彬	172,000	天津侯家後前街65號
劉煦年	175,000	天津(10)鎮南道112號
劉德昌	425,000	天津(8)北城內西箭道毛家胡同十號

江南水泥股份有限公司股東名册

戶名	股數	住址
劉柏年	902,300	天津(2)復興道48號
劉益吾	2,200,000	天津(2)民族路25號
劉增墉	225,000	天津鹽業銀行劉伯蓀轉
劉仲炎	225,000	天津久安大樓[illegible]公司
劉毅岩	4,138,350	天津東萊銀行
劉[illegible]文	1,350,000	天津長沙道5號
劉熙康	675,000	天津錦[illegible]街近仁里2號
劉[illegible]周	150,900	天津(1)河北路230號
劉毅巖	700,000	天津東萊銀行
劉紹元	450,000	天津(2)致安里31號[illegible]
劉子[illegible]	72,000	天津(2)[illegible]貨廠二條胡同19
劉兆南	18,500	天津(1)濱江道75號
劉[illegible]宜	800,000	天津估衣街德馨里14號
劉[illegible]淞	780,000	天津(10)大理道永和里13號
劉莉瑛	17,500	仝上
劉瑛卿	107,800	仝上
劉友深	21,000	仝上
劉元[illegible]	22,500	天津(6)[illegible]道天津女中
劉韻豆	90,000	天津河东明文[illegible]
劉[illegible]泉	90,500	天津(1)岳陽道[illegible]合里5號
劉耀德	70,000	天津西頭[illegible]街69號
劉妙慈	583,100	北平[illegible]門外[illegible]磚廠4號
劉[illegible]嫻	1,197,849	北平崇弘[illegible]4號
劉[illegible]園	141,750	天津(10)長沙路桐華里14號
劉式鈞	392,500	天津(10)芷江路泰華里7號

江南水泥股份有限公司股東名冊

戶名	股數	住址
劉宗淑	35,000	天津(10)湖南路燕翼里4號
劉恩普	247,500	天津(1)[illegible]道24號
劉元禮	22,500	天津(10)泰安道32號
劉　鑄	297,500	天津(10)[illegible]12號38號平安影業公司
劉國孫	37,800	唐山啟新工廠
劉安仁	35,000	天津(1)[illegible]12道廣財巷4號
劉頤孫	542,625	天津(1)吉林路34號
劉海川	2,520,000	天津(10)新華路273號
劉通文	70,000	天津西北城角大糧巷155號
劉光惠	350,000	天津(10)馬廠道信德里140號
劉復華	175,000	仝　上
劉月園	364,000	天津(10)宜昌道惠東南里10號
劉家驥	225,000	天津東南角[illegible]號
劉椿年	350,000	天津河北堤頭劉家胡同[illegible]號
劉鶴齡	262,500	天津(2)復興道48號
劉安程	358,750	仝　上
劉[illegible]銘	50,000	天津(10)解放路193號
劉家贊	1,050,000	天津(1)[illegible]路17號
劉紹武	758,100	天津(10)河北路287號
劉寶琳	350,000	天津(1)長春道10號
劉[illegible]瑛	156,800	南京司法行政部劉子昂轉
劉黃宗英	175,000	天津[illegible]
劉振綱	70,000	天津(1)大沽路文興里45號
劉建吾	70,000	仝　上
劉鴻恩	15,000	天津[illegible]

江南水泥股份有限公司股東名册

戶名	股數	住址
劉承漢	144,980	天津(1)西寧路恒裕里7號
劉寶森	175,000	天津東门外迤南東瓦胡同10号
劉福臨	525,000	天津(10)北平道恒裕里17号
劉肇富	70,000	天津侯家後前街106號
劉慧田	525,000	北平西城學院胡同1號
劉安勵	350,000	天津(10)解放路金城銀行
劉國仙	105,000	天津(10)沙市道國際醫院
劉字信	1,255,000	天津(10)久安信託公司
劉金鏞	590,000	天津(10)雲南路22號
劉蔥漱芬	422,625	天津(10)重慶道60號
劉毅侯	1,084,737	仝上
劉安和	17,500	天津(1)大沽路48號
劉述武	140,000	天津(1)河北路仁壽里5号
劉樹勛	35,000	天津(2)勝利路16号
劉蓋臣	1,070,880	天津(2)濮陽道66號
劉董麟炳	112,500	天津馬廠道中紡六廠宿舍
劉瑞符	105,000	天津(1)錦州道同新里2號
劉佰函	63,000	北平東皇城根小草廠7號
劉廷澧	675,000	天津(1)長春道54號
劉寶銓	420,000	天津(2)厦门路37號
劉孚宏	9,650	仝上
劉椿年	550,000	唐山啟新工廠
劉瑞孫	903,050	仝上
劉耀定	70,000	天津(1)遼寧路寧遠里2号
劉志庭	270,000	仝上

江南水泥股份有限公司股東名册

戶名	股數	住址
劉志菴	675,000	天津(1)遼寧路[illegible]里[illegible]號
劉[illegible]丹	225,000	天津(10)咸肯道[illegible]里[illegible]號
劉[illegible]棠	175,000	天津(1)[illegible]路[illegible]9號
劉[illegible]安	[illegible]9,350	[illegible]
劉[illegible]夫	22,500	北平[illegible]
劉[illegible]則兼	70,080	天津(1)[illegible]道62號
劉[illegible]蘭	1,[illegible]80,000	北平[illegible]
劉清宇	4,410,000	天津中孚銀行
劉[illegible]瑜	35,000	天津(6)[illegible]里12號
劉[illegible]	[illegible]10,000	天津羅斯福路62號津源[illegible]
劉[illegible]	350,000	天津(1)[illegible]大街6號
劉[illegible]德	25,000	天津泰康商場[illegible]大煙行
劉[illegible]	[illegible]19,000	天津(1)[illegible]17號
劉[illegible]菊如	25,000	天津成都道[illegible]里26號
劉[illegible]之	66,000	天津(1)[illegible]里14號
劉[illegible]	[illegible]3,400	上海[illegible]406號320室
劉[illegible]生	3,[illegible]4,200	上海九江路[illegible]
劉[illegible]	[illegible]	上海[illegible]180號
劉清[illegible]	203,000.0	仝
劉[illegible]	135,[illegible]000	上海[illegible]路150號7樓
劉寶文	115,000	天津(1)大沽路38號
劉[illegible]	1,000,000	天津(10)[illegible]里19號
劉[illegible]德	2,200,000	天津(1)[illegible]19號
劉[illegible]	[illegible]	[illegible]
劉[illegible]	20,000	天津(1)[illegible]

江南水泥股份有限公司股東名册

戶名	股數	住址
劉致祥	200,000	天津(6)[illegible]道3號
劉[illegible]航[illegible]	500,000	唐山[illegible]設[illegible]家
劉[illegible]芙	500,000	仝上
劉[illegible]農	500,000	仝上
劉[illegible]竹	500,000	仝上
劉[illegible]年	500,000	仝上
劉全[illegible]	1,400,000	天津(2)復興道48號
劉[illegible]學	35,000	天津海關
劉恩朱	60,000	天津自由道62號
劉[illegible]士	200,000	仝上
劉[illegible]瀛	35,000	天津[illegible]道126號
劉[illegible]健	56,000	天津一區新華路13號
劉[illegible]德	50,000	天津[illegible]金道161號
劉[illegible]民	128,000	天津自由道62號
劉[illegible]寧	500,000	天津(1)[illegible]德道33號
劉[illegible]庸	1,[illegible]00,000	天津(10)重慶道231號
劉大[illegible]	35,000	天津河北路33號
劉志謙	1,029,[illegible]00	天津[illegible]路3[illegible]號
劉[illegible]三	400,000	天津[illegible]市街118號
劉恩之	1,208,000	天津(1[illegible])[illegible]定[illegible]19[illegible]
劉蓬洲	101,160	開封[illegible]街43號

江南水泥股份有限公司股東名册

户名	股數	住址
蘇永義	350,000	天津國華銀行于惠清轉
葛光琴	350,000	天津六直沽中紡一廠
葛國棟	445,000	天津(1)新華路華僑里9號
葛蓮莛	122,500	天津估衣街五彩號胡同2号
閻蓮瑞	675,000	天津(10)貴州路38號
蒯智廷	70,000	天津(6)開濱路3號
[illegible]文曉	450,000	天津北馬路萬家胡同2號
赫崇選	2,170,000	北平東直门西南小街30号
銓季達	725,000	天津(10)重慶道65号
熊席來麟	600,000	天津(10)鄭州道安益里5号
鄭克襄	122,500	唐山啟新洋灰公司
鄭李席芬	350,000	仝上
鄭高素娟	1,300,000	天津(10)河北路316號
鄭鍾定	225,000	天津西北角上[illegible]公祠西鉅華里4号
鄭德徽	147,000	天津(10)重慶道182號
鄭瑞波	225,000	唐山市南廠路扶義里四條一號
鄭松	122,500	北平西單[illegible]
鄭鐵鉉	175,000	天津福州路淑慎里9號
鄭金慧	673,300	天津濱江道達仁堂樂松生
鄭州金城銀行	396,750	天津(10)解放路金城銀行
鄭仁波	700,000	天津(2)自由道30号
鄭何奇姿	367,500	天津(10)重慶道大理邨18號
鄭克新	490,000	天津國華銀行于惠清轉
鄭逸文	10,500,000	天津(10)泰安道9號
鄭文錦	15,000	天津南市[illegible]街10號

江南水泥股份有限公司股東名冊

戶名	股數	住址
鄭錦波	70,000	天津鼓樓東大街277號
鄭增元	209,450	天津(10)解放路久安信託公司
鄭仲清	25,000	天津(1)長春道山東路安樂里7号
鄭大貞	385,000	天津(1)營口道166號
鄭蕙章	450,000	天津羅斯福路利昌表行
鄭覺君	1,750,000	天津中孚銀行
鄭翰西	1,212,750	上海河南路濟陽里11号王履和轉
鄭道儒	88,200	南京寧夏路22号
鄭君知	5,000,000	上海襄陽南路399號
樊清源	250,000	天津啟新洋灰公司
樊鮮廷	61,740	浙江興業銀行天津分行轉
樊榮安	415,000	天津(1)昆明路大興里38号
樊小乾	315,000	北平前门外廿井胡同7号
樊虎廷	14,700	唐山啟新洋灰工廠
樊齋青	52,500	仝上
樊志甫	1,400,000	上海江西路406號320室
樊紹玲	100,000	天津(1)長春道吉慶里鐵廬
欒艾琳	3,675,000	天津(10)成都道167號
欒嵐	3,675,000	仝上
欒達德	18,911,550	仝上
欒士驤	857,500	天津(1)濱江道遠仁堂
欒賢堂	1,050,000	泰安縣西门內二號轉
欒氏	245,000	天津啟新公司帥詢澹轉
臧毅卿	140,000	唐山啟新修機廠轉
臧其超	1,537,500	天津(1)長春道四德里4号

江南水泥股份有限公司股東名册

戶名	股數	住址
潘仲若	3,692,500	天津(1)營口道中業大樓二樓9号
潘文秀	200,000	天津(10)沙市道恒昌里6號
潘文魁	525,000	北平崇外國強胡同14號
潘李貞	35,000	天津(10)河北路光明里二号
潘韞德	122,500	上海建國東路401号
潘張靜娟	350,000	天津(10)鎮南道112號
潘素	250,000	天津(10)解放路金城銀行
潘潤涵	2,250,000	天津(1)哈尔滨道106號
潘三宜	50,000	天津西头双庙街69号
潘耀芹	3,082,450	天津(10)重庆道102号
潘康志	700,000	天津(10)貴州道吉安別墅2号
潘麗蓀	175,000	天津(7)四馬路南開中学校
潘耀芬	52,500	天津(10)常德道久安里3号
潘承基	450,000	天津洪江道122号
潘欣潭	49,500	北平和內安福胡同甲97号
潘尚言	1,337,500	北平中孚銀行
潘步英	262,500	天津(10)成都道112号
饒仲英	122,500	天津(1)赤峰道裕津銀行
黎周競復	289,100	天津(10)成都道昭明里1号
黎婉芬	70,000	天津(10)河北道光明里2号
黎楠	70,000	天津北洋大學
黎韻鸞	45,000	天津(10)新華路宝華里202号
黎詠衿	175,000	北平东城大雅宝胡同28号
黎嗣徽	279,300	天津(10)成都道親仁里12号
黎鄭亦鶴	29,400	北平金城銀行

江南水泥股份有限公司股東名冊

戶名	股數	住址
樓圭芸	1,650,000	北平東四前拐棒胡同一號
樓士椿	450,000	仝上
樓瑞甫	2,444,600	天津一區河北路慈豐里九號
樓詠琴	10,800	北平什八半截一號
蔣絅裳	1,102,500	唐山啟新工廠
蔣麗金	402,500	仝上
蔣潤金	402,500	仝上
蔣香雲	36,750	仝上
蔣韋盦	245,000	仝上
蔣淑端	122,500	仝上
蔣雪襆	113,737	北平府內老君堂79号
蔣君傑	14,000,000	天津一區花園路二號
蔣子建	35,000	天津(10)解放路久安董事部轉
蔣董	157,500	天津中國銀行蔣副理轉
蔣嶽東	225,000	天津十區漢口道尚德里四号
蔣承賢	945,000	上海延慶路71弄7号
蔣承富	666,225	上海虹口塘沽路41号
蔣宗毅	217,350	仝上
蔣承慶	117,180	仝上
蔣恩鈿	5,000,000	北平景山大街五号
諸葛文屏	17,500	天津福安大街西头婦嬰医院
諸葛寶琛	1,675,800	浙江興業銀行天津分行
諸承謀	70,000	古治趙各莊開灤礦務總工處
魯庸榮	70,000	天津(10)河南道43号
魯丹階	122,500	北平西單北大街益友社轉

江南水泥股份有限公司股東名册

戶名	股數	住址
慶和行	1,277,500	天津(11)承德道50号
慶昌厚	3,100	天津(11)大沽路97号
蔡仲琦	420,000	天津(10)山西路耀華里4条
蔡培根	300,000	仝上
蔡瑾瑗	35,000	仝上
蔡仲玉	43,750	仝上
蔡張雙安	100,000	仝上
蔡蓉生	37,500	仝上
蔡壽生	35,000	仝上
蔡茀生	50,000	仝上
蔡娴貞	211,925	天津(10)上海道义慶里123号
蔡守之	140,000	天津(10)久安公司轉
蔡荷英	35,000	天津(10)曲阜道志同里4号
蔡梅英	35,000	天津(10)常德道四友学校
蔡逸塵	120,050	天津(11)營口道興怨里3号
蔡慕韓	2,144,975	天津(10)杜魯门路72号
蔡君郁	1,041,250	天津(10)杜魯门路72号
蔡光勣	200,000	天津中正路開灤大樓
蔡叔瑛	175,000	天津(10)大沽路106号
蔡悟慎	22,500	北平西直门内翠華菴胡同
蔡頌	1,225,000	天津(10)大沽路106号轉
蔡幹卿	827,400	天津(1)長春道185号
蔡福蔭	45,000	天津(10)大理道15号
蔡燮棠	4,500	天津(10)宜昌道惠東南里十号
蔡善培	575,225	天津(10)重慶道80号

江南水泥股份有限公司股東名册

戶名	股數	住址
蔡陞霞	315,000	天津一區羅斯福路242号
蔡宗栅	2,754	天津十區洛陽道積善里19号
蔡述談	98,329	天津濟安自來水公司
蔡淑容	105,000	天津(1)河南路新華利里11号
蔡　承	5,000,000	上海襄陽南路399号
蔡景軾	7,000,000	仝　上
蔡伊秉	5,000,000	仝　上
蔡　琪	5,088,000	仝　上
蔡振東	20,000	上海吳家巷實驗小學
蔡祥圭	20,000	天津(10)耀華里80号
蔡佑圭	28,000	仝　上
蔡鳳圭	35,000	仝　上
蔡莊生	20,000	南京萊威街99号
蔡孝思	28,000	天津(10)山西路耀華里80号
遲峻三	6,575	天津
鞏廣文	70,000	天津北洋大學
鞏書春	70,000	天津(10)襄陽道62号
鞏德志	300,000	天津長春道185号
談煊秀	35,000	天津(10)成都道生生里9号
竇　覺	1,000,000	天津馬廠道新武安胡同2号
盧雅商	70,000	天津(10)岳陽道昇福里3号
盧英講	175,000	天津小于莊中紡七廠
盧瑞貞	200,000	天津(1)河南路協利營造廠
盧崇敏	1,600,000	天津海河楂甲寺北洋紗廠
盧鍾玫	315,000	天津(四)風德大樓四樓

江南水泥股份有限公司股東名册

戶名	股數	住址
盧 君 賢	871,500	北平舊刑部街20号
盧 筱 陵	871,500	仝 上
盧 開 驥	871,500	仝 上
盧 鼎 公	311,450	仝 上
盧 宜 娩	800,000	仝 上
盧 紹 南	500,000	仝 上
盧 鳴 圖	871,500	仝 上
盧 玉 青	800,000	仝 上
盧 開 驪	651,500	仝 上
盧 女 青	800,000	仝 上
盧 梅 仙	800,000	仝 上
盧 紹 賢	71,500	仝 上
盧 霆 武	800,000	仝 上
盧 志 藎	800,000	仝 上
盧 彬 質	256,200	北平东城林駙馬胡同12号
盧 咏 莊	800,000	北平舊刑部街20号
盧 鼎 霆	256,000	仝 上
盧 清 泉	15,750	仝 上
盧 五 富	247,100	仝 上
盧 李 鑒 清	271,250	仝 上
盧 雲 青	1,533,700	天津(10)湖北路6號
盧 定 生	2,659,930	仝 上
盧 崔 可 言	175,000	天津(2)勝利路25號
盧 守 愚	105,000	天津新華路176号
盧 毅 仁	119,350	天津(2)東樓路5号

江南水泥股份有限公司股東名冊

戶名	股數	住址
盧廣源	35,000	天津[illegible]
盧習瑗	1,400,000	天津(10)常德道51号
盧懷義	17,500	天津中[illegible]行
盧婉如	945,000	天津(10)[illegible]108号
盧仲炎	2,025,000	天津一區營口道46號仁祥號
盧慕蕭	22,500	天津四行儲蓄會
盧鳳鸞	186,200	天津一區河南路[illegible]西里5號
盧廷士	75,000	天津常德道13號
盧鳴敏	26,250	天津(1)[illegible]101号
盧陳秀霞	108,000	[illegible]26号
錢昭之	300,000	天津(10)[illegible]道98号
錢惠道	287,000	唐山啟新洋灰工廠
錢智生	1,450,000	天津(10)[illegible]4号
錢林吾	525,000	成都[illegible]大學
錢英平	175,000	四川自流井[illegible]行
錢儉約	875,000	重慶林森路[illegible]號
錢亨[illegible]	175,000	廣州太平南路14號
錢謹訓	875,000	成都春熙路29號
錢超	455,000	蘇州城內孝義坊五號王宅
錢君直	360,000	天津(10)[illegible]
錢存漢	288,000	天津一區[illegible]15號
錢慈忠	1,134,000	天津10[illegible]道77号
錢德照	135,000	天津開灤礦務總局
錢伯桐	45,000	天津(11)[illegible]405号
錢福謙	270,000	台北[illegible]

江南水泥股份有限公司股東名册

戶名	股數	住址
錢拱北	3,500,000	天津中孚銀行轉
錢琴西	248,062	上海中國銀行
錢馥	10,640,000	南京頤和路2号
錢伯荃	50,000	天津(10)馬場道老武官胡同
錢桂林	10,000	天津
錢玉新	500,000	天津(11)岳陽道鴻達里
歐陽年	70,000	天津(10)耀華里八号
歐亞商行	585,000	天津(1)渤海大樓191号
歐陽幹材	650,000	天津(1)長沙路鴻德里
歐美同學會	735,000	北平南河沿25号
歐陽積	200,000	天津(1)河北路竹蔭里8
興潔璋	945,000	北平王府井大街71号
穆如陶	49,612	北平北新橋大头条胡同3
穆冠軍	315,000	唐山礦地公司18号
穆長勝	350,000	仝上
鮑寄仙	225,000	天津大王莊南溹里8号
鮑周淑娥	90,000	天津四行儲蓄会轉
鮑靖安	225,000	天津(1)羅斯福路327号
鮑任仰	157,500	北平後门外東黄城根18
鮑克琴	90,000	北平中南銀行
鮑潤芝	100,000	天津(10)湖南路燕安里
駱春舫	22,500	天津(6)哈屯路哈屯里31
闞叔彭	225,000	天津中南銀行
闞鍾禎	225,000	天津中山路114号
闞星圃	900,000	北平中孚銀行轉

江南水泥股份有限公司股東名册

户名	股數	住址
霍炳文	90,000	天津開灤礦務局
霍建樂	17,500	天津啟新[illegible]
霍福蓀	735,000	天津濟安大樓34號
霍學樞	45,000	天津烟台道河北銀行倉庫[illegible]
賴蝶孫	700,000	天津(10)桂林路新華村9号
冀豐公司	110,250	天津一區承德道24号
薛紹薰	1,102,500	天津一區大沽路文興里13号二樓
薛迪燕	35,000	天津十區岳陽道永志里9号[illegible]
薛菁成	350,000	天津中央銀行
薛贊廷	33,075	天津東萊銀行
薛宗堯	350,000	天津十區岳陽道鄭業里13号
薛曼岩	350,000	天津二區光明道25号
薛永暉	45,000	天津十區重慶道育文坊20号
薛健行	135,000	天津十區襄陽道志興里7号
薛宴三	262,500	天津十區烟台道[illegible]
薛守澄	52,290	天津中國銀行樓
濟安[illegible]地產公司	1,147,500	天津十區泰安道濟安大樓
戴郁齋	245,000	天津十區耀華里16号後门
戴華農	122,500	仝上
戴維華	551,250	仝上
戴懷德	175,000	天津中國農民銀行
戴英	12,500	天津六區南口道31号
謝夢魚	2,170,000	唐山啟新工廠內[illegible]4号
謝李夢英	2,108,715	仝上
謝夢蕙	700,000	仝上

江南水泥股份有限公司股東名册

戶名	股數	住址
謝夢英	1,050,000	唐山啟新工廠內草場4号
謝慕堯	315,000	天津一區興安路288號
謝彥志	35,000	天津十區泰安道9號
謝錫純	51,450	天津十區解放路78號
謝學瑜	35,000	北平交道口大頭条33號
謝鐵明	214,900	天津一區錦州道168號
謝志成	45,000	天津興安路40號
謝祥雲	225,000	天津一區羅斯福路106號
謝敏遜	612,500	北平西四大茶葉胡同16號
謝光淑	176,400	北平崇外下二條47号
謝光澤	176,400	仝上
謝光瀛	176,400	仝上
謝敏遜	1,242,500	北平中南銀行
謝慰農	4,158,000	上海(18)汾陽路64弄3号
謝劍青	610,050	安徽石埭南门大街仙源謝寓
謝鍾豪	136,480,000	上海九江路民丰纱廠江子礪轉
謝培玉	210,000	北平東單東堂子胡同45号
蕭淑義	770,000	唐山啟新工廠
蕭緒昌	355,000	天津啟新洋灰公司蕭若曾
蕭玉珍	50,000	天津一區赤峰道116號
蕭杞柟	579,000	北平東單水磨胡同49號
蕭梅	100,000	仝上
鍾明光	1,814,235	天津一區山西路259号
鍾泰生	35,000,000	天津哈尔滨道66号
鍾謹文	90,000	天津一區新華路186号

江南水泥股份有限公司股東名册

戶名	股數	住址
鍾平棠	900,000	天津(1)赤峰道51号樓1
鍾伯琴	450,000	〃(10)河北[illegible]路140号
鍾桂華	180,000	北平[illegible]大院府胡同13号
鍾佳彤	270,000	〃 〃
鍾桂祥	105,000	〃 〃
鍾桂照	135,000	〃 〃
鍾高農	135,000	〃 〃
鍾袁媛	200,000	天津(1)山西路239号
儲 才	95,465,712	〃(1)大沽路啟新公司轉
繆希賢	473,500	漢口[illegible]湖北鹽務[illegible]處
繆鴻祚	100,000	天津郵政局
鄺恂華	245,000	北平鹽業銀行轉
鄺存堃	10,339,700	〃 〃
鄺体乾	2,250,000	天津成都道[illegible]文星里4号
鄺煥綉	35,000	〃(1)營口道15号
龍貴楨	105,000	〃(1)長春道33号
頤華證券行	37,500	〃(1)濱江道69号
舊直隸省銀行清理處	283,500	〃河北省銀行内
韓春章	45,000	〃南門外[illegible]里10号
韓存千	3,200,000	〃久安信託公司
韓鴻岐	450,000	〃河北小王莊同益巷5号
韓筱珠	25,650	〃(1)上海道[illegible]里1号
韓樹[illegible]	35,000	唐山[illegible]工程
韓靜恒	122,500	天津[illegible]皇閣[illegible]号
韓[illegible]予	227,850	〃(1)菜市街1号

江南水泥股份有限公司股東名册

戶名	股數	住址
韓守銑	306,250	天津河北關下韓家胡同13號
韓宗顏	245,000	天津中正路河北省銀行
韓大鵬	500,000	天津(1)寶鷄道維賢里1號
韓育良	450,000	北平西四大醬房胡同甲14號
韓宗儀	201,250	天津赤峰道上海銀行
韓裕成	-0-	天津中紡五廠
韓巨山	455,000	仝上
韓希三	517,500	天津(10)大沽路134號
韓淑榮	45,000	天津(10)大理道32號宋宅轉
韓鍾英	700,000	天津(10)重慶道175號
韓寶晋	101,900	天津(1)承德道66號
韓仲篪	5,910,000	天津(1)長春道達生貿易行
韓譽宣	245,000	天津證券交易所一樓25號
韓娃生	35,000	天津城內鼓樓東大街277號
韓利溥	2,285,000	天津國華銀行于惠清轉
韓栢麟	490,000	仝上
韓恩棣	700,000	天津(1)長春道四德里3號
韓瑞和	49,000	林西開灤醫院
韓礎石	402,500	天津中孚銀行轉
韓逸民	175,000	天津大直沽3號路3號
韓照澄	12,300	北平西城方街西口南順城街28號
韓誦裳	89,600	北平鹽業銀行轉
韓國樑	2,800,000	上海南市裏馬路恒興里25號
魏謙益	9,310,000	南京高岡里26號
魏廣木	382,500	天津(10)山道43號

江南水泥股份有限公司股東名册

户名	股數	住址
魏粹安	5,582,850	上海英士路仁華里14號
魏訓彤	3,500,000	天津(10)成都道32號
魏怡生	1,697,500	南京南城高岡里26號
魏鴻賓	105,000	天津啟新洋灰公司
魏庸華	700,000	天津(10)岳陽道福林里頭条62號
魏仲藩	2,200,000	天津中孚銀行轉
魏寶華	90,000	天津東門外扒頭街11號
魏泉孫	263,550	天津赤峰道裕津銀行轉
魏宜貞	43,750	天津(10)杜魯门路72號
魏予衡	45,000	天津(1)羅斯福路285號
魏際堯	175,000	天津(10)西安道尚文里15號
魏養泉	2,250,000	天津(1)哈尔濱道106號
魏汝昌	1,524,600	天津(1)大生銀行轉
魏木广	102,900	仝上
魏伯駿	1,158,000	天津保定道樹德里6號
魏鴻鈞	450,000	天津(1)承德道62號
魏待貴	45,000	天津(10)岳陽道同益成86號
魏是	45,000	天津(10)曲阜道90號
魏士如	70,000	天津(6)咸尔還路187號
魏秀貞	735,000	天津新華大樓601號
魏恩溥	350,000	天津(1)裕津銀行轉
魏德明	5,000	天津(1)羅斯福路信源遠
魏兆淇	67,500	唐山國立唐山工學院内
魏晉	91,747	天津江南公司轉
簡召景	10,000	天津河北省銀行

江南水泥股份有限公司股東名冊

戶名	股數	住址
聶樂民	1,400,000	唐山啟新工廠草場14号
聶書琴	1,050,000	〃 〃
聶國英	6,829,998	天津(二)建國道34号
聶賢元	62,475	〃(10)湖北路45號
聶玉玲	672,000	〃馬場道192号
顏駿人	2,062,275	〃上海銀行
顏樸生	2,392,500	〃 〃
顏楨生	4,307,500	〃 〃
顏也愚	45,000	天津(1)樂郊村祥基里2号
顏柳風	385,000	唐山啟新洋灰工廠
顏楠生	2,777,500	上海中正中路95号
顏櫻生	2,677,500	〃 〃
顏彬生	2,677,500	〃 〃
顏棣生	2,677,500	〃 〃
顏霞影	100,000	天津(1)紹興道保成里7号
關龍章	245,000	〃(1)郵政儲金匯業局
關頌凱	94,325	〃(1)長春大樓 [illegible]
關蘭芳	157,500	〃(3)河北四馬路四勿里6号
關蓮璞	377,500	〃河北省立工學院
關茂林	175,000	〃[illegible]大街福[illegible]里12号
關頌韜	5,040,000	北平東城西石槽7号
關心民	496,125	天津九江路11号
關榮一	1,000,000	北平滙豐銀行
邊瑞彭	252,700	天津(1)新華大樓31号
邊張文敏	201,150	〃 〃

江南水泥股份有限公司股東名冊

戶名	股數	住址
邊潤如	350,000	天津(10)重慶道23號
邊長榮	23,625	天津東馬路義倉街33號
邊爲貞	417,500	天津(1)遼寧路信記[illegible]號
邊文忠	5,250,000	天津(10)第二[illegible]所
邊文保	350,000	仝上
瞿峻明	2,190,300	上海新開路565弄27號
羅璋	300,000	天津(10)上海道三鑑6號
羅耀尭	368,812	天津(10)耀華里4條83號
羅友松	175,000	天津[illegible]道上海銀行
羅樹瑱	700,000	天津(1)民園大樓14號
羅淑貞	225,000	天津(10)長沙路董德別墅2號
羅世偉	175,000	天津(10)[illegible]路[illegible]銀行
羅陳玉鸞	87,500	天津(10)[illegible]道36號
羅致華	61,250	天津(6)[illegible]路4號
羅伯愚	350,000	天津(1)長春道[illegible]里35號
羅致遠	61,250	天津(6)[illegible]路4號
羅致銘	61,250	仝上
羅麗湘	254,300	天津鎮南道91號
羅麗釗	364,350	仝上
羅長光	220,000	天津樹森路寶華里2號
羅昭賢	525,000	天津鎮南道91號
羅秀英	5,000	天津大森路雲莊里2號
羅恩波	35,000	寧波東鄉莊子港[illegible]34號
羅政平	735,000	南京棲霞山江南水泥廠
羅敦本	2,174,500	仝上

江南水泥股份有限公司股東名册

戶名	股數	住址
羅誦詩	745,000	南京棲霞山江南水泥廠
羅道同	367,500	仝上
羅道隆	367,500	仝上
羅道淳	367,500	仝上
羅道昌	367,500	仝上
羅道和	367,500	仝上
羅良錦	1,225,000	仝上
羅旭超	1,000,000	北平開灤礦務總局轉
譚文發	294,000	唐山小廣大街[illegible]條五號
譚應佳	112,500	天津(1)大沽路81號
譚克強	225,000	北平東池子葡萄園北第一胡同5號
譚金甫	1,155,000	天津中孚銀行西南辦事處
藍國鈞	70,000	唐山啟新洋灰公司
藍德鎏	22,500	天津(1)濱江道廣田巷11號
嚴鄭端一	141,187	天津(1)林森路45號嚴仁[illegible]
嚴智安	352,100	天津(10)重慶道86號
嚴乾府	9,800	天津新華銀行轉
嚴仁遠	12,528	仝上
嚴佩達	550,000	天津東新[illegible]家胡同6號
嚴毅淑	1,250,000	天津(10)中正路金城銀行
嚴靜如	221,135	秦皇島開灤礦務局工程處轉
嚴馨如	101,500	天津(1)文昌宮西廣翰林胡同43
嚴恂如	4,155	仝上
嚴仁緒	131,647	仝上
嚴必康	428,750	南京鐵管巷50-1

江南水泥股份有限公司股東名冊

戶名	股數	住址
嚴達	361,900	天津(8)[illegible]60號
嚴張玉崑	35000	仝上
嚴鏡榮	1,050,000	天津(1)山東路136號
嚴六符	8,100	
嚴仁澤	9,147	天津西北角嚴翰林胡同4號
嚴仁穎	9,147	仝上
嚴仁華	9,147	仝上
嚴仁駒	9,147	仝上
嚴仁菊	9,147	仝上
嚴梅	9,147	仝上
嚴冀	9,147	仝上
嚴荃	9,147	仝上
闞運隆	330,250	天津(1)[illegible]8號
鄒玉瑩	6,300,000	
鴻記	5,600	
饒嫚娥	12250	浙江興業銀行[illegible]
魏貴	36688	天津
龐樹英	700,000	唐山啟新洋灰工廠
龐寶洲	105000	仝上
龐鳳鳴	4,550	天津(1)長春道186號
鐘樂公司	1,837,500	天津(10)杜魯門路124號
蘇濤	1,065,000	天津(1)大沽路103號
蘇佩球	11,200	天津杜魯門路福安里16號
蘇雨眉	347,500	天津(1)[illegible]62號
蘇曲辰	1,350,000	天津(10)[illegible]29號

江南水泥股份有限公司股東名册

户名	股數	住址
蘇清林	70,000	天津河東王莊子興義里9號
蘇又泉	350,000	天津(1)青海路83號
蘇生	1,225,000	天津(1)興安路南首郵局
蘇伯陶	6,125,000	天津(1)哈爾濱道33號
蘇允康	264,400	仝上
蘇瑞珍	498,750	天津(10)成都道312號
蘇定甫	8,750	天津(1)[illegible]福蔭路益興珍銀號
蘇向晨	5,000	天津(2)光明路9號
蘇錫瑞	500,000	天津(1)浙江興業銀行
黨慈雲	220,000	天津(10)長沙路恩德里9號
簡佩姑	17,500	天津西安大街西多婦嬰醫院
竇默邨	70,000	天津(6)蘇州道太平莊4號
酆璧蘭	15,000	天津(10)岳陽道[illegible]學校
顧傅學	130,000	天津(10)鄭州道永安里14號
顧時禎	61,250	天津(1)長春道四德里3號
顧彥康	3,300,000	天津仁立公司轉交
顧承宗	1,600,000	天津哈爾濱道惠安行
顧寒瑞	70,000	北平西直門內翠華巷胡同號
顧國寶	1,440,000	天津(10)鎮南道241號
顧墨北	61,250	唐山灤州礦地公司
顧育和	26,250	天津(1)吉林路21號天瑞銀號
顧子焕	122,500	天津台兒莊路96號和公司
顧鳳孫	140,000	天津(1)陝西路德鄰里5號
顧式衡	315,000	天津(10)常德道25號
顧敏哲	97,300	天津(10)鎮南道241號

江南水泥股份有限公司股東名册

戶名	股數	住址
顧幼卿	88,200	秦皇島開灤礦務局
顧逸農	56,700	上海天津路85號東萊銀行
顧仁根	286,650	上海英士路82弄1號
顧北孚	1,500,000	天津(1)承德道5號
顧仲康	12,600	北平甘石橋灵鏡胡同13號
顧佩瑛	200,000	天津(10)林森町路288副號
顧先瑜	5,000,000	天津(10)大理道45號
鐵珊	405,000	天津海關
龔玫蓁	977,875	北平崇内弘通觀4號
龔祖同	1,440,000	秦皇島鉄道南耀華玻璃廠
龔作霖	175,000	天津(1)赤峯道33號
龔文謙	215,000	北平崇内弘通觀4號
龔琬珍	1,050,000	天津(10)廣西路福音里32號
龔韻生	297,500	北平西交民巷6號
龔際會	787,500	天津(2)東浮橋1號
龔可南	11,310,250	南京棲霞山江南水泥廠
龔晋華	523,912	上海江寧路210號
龔和鳴	4,938,458	天津久安信託公司轉
龔安慶	165,000	北平宣外永光寺中街3號
龔理和	400,000	天津(10)重慶道114號
龔安棣	402,500	仝上
鹽業銀行天津分行	1,236,375	天津(1)赤峰道
鹽山私立兩級小學校	154,550	天津(6)小劉莊經堂後街30號
灤州礦地公司	1,550,850	天津(1)大沽路103號
灤州礦務公司	160,126,000	天津(1)大沽路101號